10대와 통하는

노동 인권 이야기

10대와 통하는 노동 인권 이야기

제1판 제1쇄 발행일 2013년 1월 14일
제1판 제11쇄 발행일 2022년 8월 4일

글 ㅣ 차남호
그림 ㅣ 홍윤표
감수 ㅣ 이수정
기획 ㅣ 책도둑(김민호, 박정훈, 박정식)
디자인 ㅣ 이안디자인
펴낸이 ㅣ 김은지
펴낸곳 ㅣ 철수와영희
등록번호 ㅣ 제319-2005-42호
주소 ㅣ 서울시 마포구 월드컵로 65, 302호(망원동, 양경회관)
전화 ㅣ (02)332-0815
팩스 ㅣ (02)6003-1958
전자우편 ㅣ chulsu815@hanmail.net

ISBN 978-89-93463-39-2 43300

철수와영희 출판사는 '어린이' 철수와 영희, '어른' 철수와 영희에게 도움 되는
책을 펴내기 위해 노력합니다.

10대와 통하는

노동 인권 이야기

차남호 선생님이 들려주는 노동과 세계

글 **차남호** · 그림 **홍윤표** · 감수 **이수정**

철수와영희

제게는 중학생 딸이 있습니다. 이름은 한이에요. 만 나이로 열셋이니 이제 갓 10대 (teenager)가 된 셈이죠. 저는 줄곧 한이를 생각하며 이 책을 썼습니다. 마침 10대에게 들려주는 이야기인지라 쓸 내용이 고민스러울 때마다 스스로에게 물었지요. '한이는 이런 얘기를 어떻게 받아들일까?', '이렇게 쓰면 한이가 쉽게 이해할 수 있을까?' …… 이런 식으로요.

그렇다고 한이를 '위해' 이 책을 쓴 건 아닙니다. 인도 총리를 지낸 J. 네루는 당시 열세 살이던 외동딸 인디라 간디를 위해 『세계사 편력』을 썼다지만요. 사실 『10대와 통하는 노동 인권 이야기』는 전직 노동 운동가의 '활동 갈무리 기획'에서 비롯됐어요.

저는 반평생을 노동 운동에 몸담았고, 주로 기자·편집자로서 노동 현장을 기록하는 일을 했습니다. 몇 해 전 여러 사정으로 노동 운동을 그만두었는데, 지난 활동 경험을 어떤 식으로든 갈무리하고 싶었어요. 성난 파도처럼 휘몰아친 20세기 말~21세기 초 우리나라 노동 현장을 기록했던 사람으로서 말이죠. 그러던 중 '10대를 위한 책도둑 시리즈'를 만나게 되었습니다. 제가 겪은 과거의 노동뿐 아니라 오늘의 의미와 가치, 바람직한 미래에 이르기까지 노동의 모든 것을 비춰 볼 수 있는 괜찮은 기획이라 생각했어요. 가뜩이나 학교 교육이 노동 문제를 소홀히 하고 있는 마당이잖아요. 더욱이 노동법 해설서나 청소년 노동 관련 서적은 더러 있지만 노동 세계 전반을 다룬 책이 없다는 사실도 좀 놀라웠죠. 그래서 우리나라 공교육에 비어 있는 '노동 교과서'를 엮어 낸다는 생각으로 이 책을 썼습니다.

이 책에는 크게 세 가지 이야기가 실려 있습니다. 1부(노동, 그리고 노동자)에서는 노동에 대한 기초적 인식을 바탕으로 그것의 과거, 현재, 미래를 살펴보았어요. 특히 10대들이 궁금해할 법한 내용을 많이 다뤘죠. 2부(노동자의 권리)는 우리나라의 노동관계 법령과 제도를 중심으로 직장 생활을 하는 데 꼭 알아 두어야 하는 내용이에요. 노동자에게 보장된 권리를 자세히 설명하고, 노동자들이 힘을 모아 권익을 지키는 방법 등을 다뤘습니다. 아르바이트와 현장 실습을 다룬 3부(청소년 노동, 우리의 권리)에는 일하는 10대들이 자신의 권익을 지키는 데 실제 도움이 되는 내용을 실었어요.

이 책을 쓰는 와중에 저는 농사를 짓는 새로운 노동 세계로 들어섰습니다. '노동'을 하는 공통점은 있지만 '노동자'는 아닌 삶이죠. 이 책도 벼농사를 짓는 틈틈이 썼습니다. 그러니까 낮에는 벼농사를, 밤에는 '책 농사'를 지어 온 셈이에요. 오늘도 이모작 보리밭을 둘러보고 와서 이 글을 씁니다. 이렇듯 노동자 처지에서 벗어나 또 다른 시각으로 노동을 바라보니 많은 것이 새롭게 다가왔어요.

무엇보다 생태적 가치가 그래요. 모두가 풍요로운 삶을 바라지만, 그것이 자연을 해치고 생태계를 파괴한 대가라면 결코 떳떳할 수 없어요. 설령 그 풍요로움을 누리는 게 노동자라 해도 말이죠. 저 또한 출판 제의를 받고 '애꿎은 나무를 베어 낼 만큼 가치 있는 책인지' 한참 고심했어요. 아무튼 이 책을 위해 생명을 바친 나무들의 희생이 헛되지 않았으면 합니다.

이 책이 나오기까지는 많은 분의 도움이 컸습니다. 그중에서도 청소년 노동인권 네트워크 이수정 노무사의 세심한 법률 감수가 아니었다면 마음 놓고 이 책을 세상에 내보낼 수 없었을 겁니다. 이 자리를 빌려 특별히 감사드립니다. 또한 이 책의 첫 녹자이면서 '10대의 눈높이'에서 원고를 자세히 검토해 준 우리 딸 한이에게도 고마움을 전합니다. 나아가 이 책은 앞서 나온 많은 저작들에도 큰 신세를 졌습니다. 하지만 편집 방향에 따라 일일이 출처를 밝히는 대신 맨 뒤에 참고 문헌 목록을 실었습니다.

아무쪼록 이 책이 미래 사회의 주인공인 10대들에게 바르고 건강한 노동관을 심어 주는 하나의 길잡이가 될 수 있기를 바랍니다.

2013년 1월 차남호

차 례

10대와 노동이라는 '미지의 세계'

"노동요? 막노동 말이죠? 그거 무척 힘들잖아요."

"그런데 그 얘기를 왜 하는데요? 우리하고 무슨 상관이라고……."

"그런 문제에 신경 쓸 시간 있으면 인터넷 강의 하나라도 더 듣는 게 낫지 않나요?"

"앞으로 노동 같은 거 안 하고 편히 살기 위해서라도 더 열심히 공부해야 되는 거 아닌가요?"

노동에 대해 알아보자고 하면 10대들 상당수가 이런 반응을 보일 것 같습니다. '노동'이라는 낱말부터가 살아오면서 자주 듣기 어렵지요. 더러 들어 본 사람이라도 그 뜻을 정확히 모를뿐더러 자세히 알고 싶다는 생각이 들지도 않았을 거예요. 나아가 그 말을 들었을 때 그리 좋은 이미지가 떠오르는 것도 아닐 겁니다.

그런데도 저는 10대 여러분에게 노동을 이야기하려 합니다. 제가 20년 남짓 노동 운동을 하면서 쌓아온 그에 관한 식견을 알려 주고 싶어서만은 아니에요. 노동이라는 것은 여러분이 공부하는 국어, 영어, 수학만큼 중요하기 때문이지요. 어떻게 보면 노동 문제를 제대로 아는 게 국·영·수보다 우리 삶에 실제로 도움이 된다고 할 수 있어요. 왜 그럴까요?

앞으로 자세히 살펴보겠지만 우리나라에서 일하는 사람, 그러니까 '경제 활동 인구' 가운데 대다수는 '노동자'예요. 경제 활동 인구는 2,500만 명쯤 되고, 그 가운데 노동자가 1,700만 남짓이니 70%를 헤아립니다. 이 얘기는 여러분의 부모님 가운데 열에 일곱은 노동자라는 뜻이에요. 노동자가 이렇게 많다니 좀 놀랐나요? 그렇다면 여러분은 그동안 노동이나 노동자에 대해 뭔가 오해하고 있었다는 얘기예요. 흔히 인간을 '사회적 동물'이라고 하죠. 다른 사람과 관계를 맺고 살아갈 수밖에 없는 존재예요. 따라서 우리 사회 구성원 중 가장 많은 노동자에 대해 이제라도 제대로 아는 건 무척 중요하겠지요.

그런데 우리가 노동, 특히 노동 인권을 잘 알아야 하는 데는 현실적인 이유가 있어요. 우리들은 대부분 학업을 마친 뒤 노동자로 살아가게 되기 때문이에요. 생각해 보세요. 현재 우리나라 경제 활동 인구의 70%가 노동자라면 사회가 급변하지 않는 이상 우리 세대 또한 크게 다르지 않겠지요. '딴 사람은 몰라도 나는 열심히 공부해서 절대 노동자로 살지 않을 거야. 그런데 내가 왜 노동 인권을 알아야 하지?' 이렇게 생각하는 친구도 있을 겁니다. 그럼 한번 물어볼게요. 노동자가 싫다면 어떤 일을 하고 싶은가요? 법조인, 의료인, 공무원, 교육자, 방송인, 과학자, 엔지니어……. 이것 말고도 여러분은 좀 더 '폼 나는' 직업을 생각하고 있을 거예요. 그런데 어쩌죠. 나중에 보겠지만 이런 직업을 가진 사람들도 대부분 노동자예요. 역시 놀라운가요?

저는 '어쨌든 노동자는 되기 싫다'는 그 심정을 십분 이해해요. 노동(노동자)에 대한 부정적 생각은 여러분만이 아니라 우리 사회 전반에 퍼져 있기 때문이에요. 심지어 자신이 노동자인데도 그 사실을 모르거나 애써 부정하는 사람도 적지 않으니까요. 그러니 깊이 생각해 보지 않은 여러분이야 오죽할까요.

그래도 여러분 대다수가 앞으로 노동자로 살아가게 된다는 사실은 바뀌지 않아요. 더욱이 우리가 희망하는 직업도 알고 보니 노동자라면, 애써 부정하기보다는 정확히 알아보는 게 합리적 태도 아닐까요. 노동자는 여러분이 막연히 생각하는 것처럼 딱한 처지에 있지만은 않아요. 한번 볼까요. 방송인도 다수가 노동자라고 했죠. 그들 처지가 딱하던가요? 물론 어렵게 사는 방송인이 전혀 없는 건 아니에요. 그러나 많은 10대가 방송인을 선망하고 있는 게 현실입니다. 방송인을 꿈꾼다면 방송인이 누리는 혜택이 궁금할 겁니다. 봉급은 얼마나 받을 수 있는지, 근무 시간이나 복지 제도는 어떤지도 알고 싶겠지요. 이런 것들이 바로 노동자의 권익이에요.

이렇듯 사회 구성원 대다수가 노동자라는 점, 무엇보다 우리 대부분이 앞으로 노동자로 살아가게 된다는 점에서 노동과 노동자, 노동 인권을 제대로 알아야 합니다. '노동자는 어렵게 산다'는 편견에 갇혀 지레 겁먹을 필요도 없어요. 요컨대 '노동자로 살아도 괜찮을까'를 놓고 씨름하는 대신 '내 꿈을 이루려면 어떤 노동자가 될지' 깊이 생각하는 게 현명한 태도라 하겠습니다.

물론 우리 모두가 노동자가 되는 건 아니에요. 우리들 가운데 30%쯤은 노동자가 아닌 삶을 살아갈 겁니다. 어떤 경우일까요? 여러분 가운데는 "나는 경영학을 공부해서 기업가(사장)가 되겠다"는 사람도 더러 있을 겁니다. 기업가를 꿈꾸는 이유는 여러 가지가 있겠지만 무엇보다 경제적 풍요가 크겠지요. 돈이 지배하는 세상에서 부자를 꿈꾸는 건 어쩌면 당연한 일입니다. 하지만 부유하다고 다 행복한 건 아니에요. 재산이 너무 많으면 오히려 심한 스트레스로 우울증이나 심인성 질환 같은 질병에 걸리기 쉽고, 자신의 처지에 불만인 상태가 된다는 연구 결과도 있어요. 경제적 안락이 어느 정도를 넘어서면 행복감은 되레 줄어든다고 해요. 그저 부자가 되고 싶어서 기업가를 꿈꾼다면 이 점을 거듭 새겨 봐야 할 거예요.

기업가는 노동자가 아닙니다. 거꾸로 노동자들에게 일을 시키는 사람이죠. 그럼 기업가를 꿈꾸는 사람은 노동(자)에 대해 몰라도 될까요? 이 또한 어리석은 물음이죠. 노동자가 의욕적이고 창의적으로 일해야 경영 성과도 좋아요. 노동자를 그렇게 이끌려면 노동(자)을 깊이 이해해야 하겠지요. 갈수록 노사 관계(노동자－사용자 관계)가 중요해지는데 사용자가 노동 인권을 침해한다면 비난 여론이나 노사 분쟁을 부를 수밖에 없죠.

흔히 '자영업자'라 하는 계층 또한 노동자로 볼 수 없습니다. 이들은 가족 또는 직원 몇 명과 함께 일하며 자기 사업을 꾸려 가요. 거리에서 쉽게 볼 수 있는 가게 주인, 즉 보통 '사장'이라 불리는 사람들이죠. 자기 땅 또는 빌린 땅에서 농사를 짓거나, 자기 배 또는 빌린 배로 어업을 하는 사람도 마찬가지예요. 2010년 통계에 따르면 우리나라 자영업자는 전체 경제 활동 인구의 23.5%입니다. 그런데 우리보다 산업이 더 발달하고 경제가 안정된 나라들은 자영업자 비율이 10%가 안 된다고 해요. 자영업자 비율이 높다는 것은 그만큼 경제 수준이 낮고, 고용 사정이 불안하다는 뜻이에요.

처음부터 자영업을 하는 경우는 드물고, 직장 생활을 하다가 이런저런 사정으로 그만두고 자기 사업을 하는 게 보통이에요. 사업이 실패하면 다시 직장을 구해 노동자로 되돌아가는 경우도 많고요. 그러니 '한번 노동자는 영원한 노동자' 또는 '한번 자영업자는 영원한 자영업자'가 아님을 알 수 있습니다. 이 글을 쓰고 있는 저 또한 노동자였다가 농업인(자영업자)으로 바뀐 경우고요.

요약하면, 우리들 대다수는 앞으로 노동자가 될 테니 앞날을 대비해 노동과 노동 인권에 대해 알아 두자는 것입니다. 설령 노동자가 되지 않더라도 노동(자)과 연관될 수밖에 없으니 기본적 이해는 필요해요. 더구나 10대들 가운데는 미래가 아니라 지금 당장 노동하는 사람이 적지 않아요. 흔히 '알바'라 부르는 아르바이트생 말이죠. 전국교직원노동조합(전교조)이 전국의 고등학생 1,681명을 상대로 실시한 설문 조사(2011년 6월)에 따르면 우리나라 고등학생 10명 중 4명 꼴(37.4%)로 아르바이트를 해 봤다고 합니다.

중학생은 이보다 적지만 그래도 20%대는 되는 듯해요. 그만큼 10대 청소년 상당수가 아르바이트를 하고 있는 셈이지요.

사용자들은 학생이라고, 어리다고 봐주지 않아요. 오히려 무시하거나 부당하게 대우하는 경우가 많지요. 세상 물정 모르고, 실정법과 제도에 어둡다는 점을 악용하는 거예요. 물론 모두가 그렇지는 않아요. 하지만 인권을 침해하거나 법이 정한 근무 조건을 어기는 사례가 언론 매체에 꾸준히 실리는 형편이죠.

말이 '아르바이트'여서 그렇지 하는 일은 다른 '노동'하고 다를 게 없어요. 위의 조사 결과를 보면 응답자 절반이 '경제적 이유', 그러니까 돈을 벌려고 아르바이트를 한다고 합니다. 집안 형편이 넉넉지 못해서든, 다른 사정이 있어서든 수입을 목적으로 일을 한다면 어른들의 노동과 다를 게 없지요. 그렇다면 10대 아르바이트생한테도 당연히 노동자의 권리를 보장해야 합니다. 아니, 어른보다 힘이 약하고 미숙하니까 더 특별히 보호해야죠. 실제로 노동법은 그런 규정을 두고 있어요. 문제는 일부 고용주들이 그걸 무시하고 부당한 대우를 한다는 점이에요. 10대 청소년들이 노동(자)과 노동 인권을 알아야 하는 중요한 이유가 바로 이겁니다.

직업계 고등학생의 현장 실습도 마찬가지예요. 사실 현장 실습을 들여다보면 '교육' 취지는 거의 사라지고 '노동'만 남은 경우가 많아요. 당연히 법과 제도를 바로잡고, 실질적 노동에 대해서는 합당한 처우를 해야 합니다. 하지만 현실은 불법·부당 행위가 판치고 있어요. 직업계 고교생들은 더더욱 현장 실습 관련 규범과 그 바탕이 되는 노동의 가치를 잘 알아 두는 게 좋습니다.

이렇듯 우리는 장래 직장 생활에 대비해서도, 당장 자신의 권리를 지키기 위해서도 노동(자)과 노동 인권을 제대로 알아야 합니다. 어떤 면에선 국·영·수보다 더 중요한 공부죠. 따라서 그 내용은 학교 교과 과정에서 다뤄야 마땅해요. 실제로 우리가 배우는 교과서에는 그 내용이 일부 실려 있어요. 하지만 분량이 너무 적은 데다 잘못된 내용도 있어 별 도움이 안 된다고 해요. 그러니 하루빨리 노동 인권 교육을 개선해야겠지요. 학교 교육 과정을 바꾸고, 새로운 프로그램도 만들어야 해요. 특히 '사회 문제'라는 시각에서 노사 갈등, 노동 쟁의, 노사 협조 따위만 다룰 게 아니라 노동의 가치, 노동자의 권리를 중요하게 다뤄야 합니다.

학교 교육 과정을 개편하고 새로운 프로그램을 도입하려면 복잡한 절차와 오랜 시간을 거쳐야 해요. 그렇다고 그때까지 부실하고 문제 많은 교육 내용에 얽매어 있을 순 없겠지요. 교과 내용이 개편되기 전이라도 학생과 교사, 그리고 민간 차원의 다양한 노력이 필요합니다. 특히 '창의적 재량 활동' 시간을 활용해 나름의 창의적 노동 인권 수업을 진행할 수도 있겠지요. 관련 단체나 전문가들 또한 강연회를 비롯해 강좌, 토론회, 도서 출판 같은 활동에 적극적으로 나서는 방법도 있고요. 이 책도 사실 그런 노력의 하나라고 할 수 있어요.

여러분 가운데는 처음 이 책을 보면서 '별 흥미도 없는 노동 문제를 굳이 따로 책을 내면서까지 다룰 필요가 있나?' 하고 생각한 사람도 있을 거예요. 이 글을 읽는 지금도 그 생각에 변함이 없는지 궁금하군요. 적어도 '우리가 꼭 노동과 노동 인권을 알아야 해?' 하지는 않으리라 믿고 싶어요. 이 책을 통해 노동이라는 '미지의 세계'를 두루 이해하고, 미래의 노동자로서 자신의 권리 의식을 다지기 바랍니다.

1부 노동, 그리고 노동자

1. 노동이란 무엇일까요?

'노동' 하면 떠오르는 것

먼저 물어볼게요. '노동' 또는 '노동자' 하면 무엇이 떠오르나요. 아마 '신성하다'거나 '보람차다' 같은 긍정적 느낌보다는 뭔가 어둡고 칙칙한 느낌이 클 거예요. 실생활에서 별로 쓰지도 않거니와 듣게 되더라도 막노동, 중노동, 노동의 고통 따위의 부정적 어감이 강한 게 많아요.

그러다 보니 10대 여러분이 많이 물어보는 것 가운데 하나가 '열심히 공부하는 것도 노동이냐?'는 거예요. 이 물음에는 '노동은 원래 힘든 건데, 공부도 힘들기는 마찬가지니까 노동 아니냐!'는 속뜻이 담겨 있는 것 같아요. 다시 말해 여러분은 무의식중에 '노동은 힘든 것'으로 생각하고 있다는 거죠. 물론 공부는 노동이라고 보기 어려워요. 하지만 학자나 연구원처럼 공부를 직업으로 하는 경우엔 노동입니다.

그런 탓인지 노동에 대한 우리나라 10대들의 생각은 몹시 부정적이에요. 몇 년 전 서울 지역 고등학교 2학년 400여 명을 상대로 실시한 설문 조사(2005, 전교조 실업위원회)에서 '노동자 하면 주로 어떤 이미지가 떠오르는가'라고 물어

봤어요. 그랬더니 55.3%가 '제대로 대접을 못 받는다'는 이미지를 떠올렸고, 가난하다 34.7%, 불쌍하다 33.6%, 나는 되고 싶지 않다 39.4%였어요. 반면 '사회에 꼭 필요한 존재다'라는 응답(35.2%)은 꽤 됐지만 '자랑스럽다'(3.2%)거나 '미래의 내 모습'(5.0%)이라고 생각하는 학생은 거의 없었죠.

이 결과를 종합하면 '노동자는 사회에 꼭 필요한 존재지만, 제대로 대접받지 못해 가난하고 불쌍하므로 나는 되고 싶지 않다'는 게 우리나라 10대들이 흔히 하는 생각이라 할 수 있어요. 학생들만 그런 게 아니에요. 성인을 상대로 실시한 조사에서도 '노동은 고통스런 과정'이라거나 '되도록 노동하지 않고 돈을 벌 수 있으면 좋겠다'는 반응이 높게 나타났어요.

이렇게 된 데는 학교 교육이 미친 영향도 커요. 노동 문제를 다룬 교과서에는 노동에 대해 나쁘게 묘사하는 내용이 적지 않아요. 그 결과 노동(자)에 대해 부정적 인식을 심어 준 것이죠. 현실이 이러니 '나는 커서 노동자가 되고 싶지 않다'고 생각하는 것도 무리가 아니죠. 그런데 우리 10대 가운데 70% 정도는 앞으로 '제대로 대접받지 못해 가난하고 불쌍한' 삶을 살게 될 것입니다. 정녕 믿고 싶지 않은 얘기죠? 그렇다면 우리는 자신의 미래를 지나치게 낙관하고 있거나, 노동(자)에 대해 뭔가 잘못 알고 있거나 둘 중의 하나겠지요. 과연 어느 쪽일까요?

노동이 뭐길래

우리는 지금까지 '노동'하면 떠오르는 '이미지'를 살펴보았습니다. 노동의 '개념'은 아직 알아보기 전이에요. 그렇다면 노동이란 무엇일까요.

알다시피 노동은 일할 로(勞)와 움직일 동(動)으로 이루어진 한자 낱말입니다. 먼저 국어사전을 찾아보면 '사람이 생활에 필요한 물자를 얻기 위하여 육체적 노력이나 정신적 노력을 들이는 행위' 또는 간단히 '몸을 움직여 일을 함'으로 풀이해 놓았어요. 노동은 순 우리말 '일'에 해당합니다. '일'을 국어사전에서 찾아보면 '무엇을 이루거나 적절한 대가를 받기 위하여 어떤 장소에서 일정한 시간 동안 몸을 움직이거나 머리를 쓰는 활동'으로 풀어 놓았어요. 노동과 그 뜻이 거의 비슷하죠. 그런데 오늘날 우리가 쓰는 개념어 다수가 그렇듯 '노동' 또한 일본을 거쳐 들어온 근대 번역어예요.

노동은 사람의 정체성(正體性, identity)을 이루는 핵심 요소예요. 정체성이란 어떤 것의 변치 않는 고유한 속성을 뜻해요. 다시 말해 누가 무슨 일(노동)을 하는지를 알면 그가 어떤 사람인지를 알 수 있다는 거죠. 근대 이전에는 신분과 성별이 한 사람의 정체성을 결정했어요. 어떤 사람이 귀족(양반)이냐, 중인이냐, 평민이냐, 천민이냐가 그 사람을 식별하는 일차적 기준이었죠. 특별한 변고가 없는 한 그 지위는 대대손손 이어졌고요. 이 점은 서양에서도 마찬가지였어요. 영주·성직자-기사-평민-농노로 이어지는 위계질서만 다를 뿐이었죠. 근대 이전 사회에서는 이렇듯 어떤 신분으로 태어나느냐, 그리고 남성이냐 여성이냐가 그 사람의 일생을 좌우했습니다.

하지만 근대 사회로 접어들면서 신분제는 차츰 사라져요. 이에 따라 사람의 정체성을 가르는 기준도 신분이 아닌 '그가 무슨 일을 하느냐'로 바뀌게 되죠. 신청서, 원서 따위의 서식을 보면 보통 성별과 함께 직업을 적는 칸이 있잖아요. 이는 직업이 그 사람을 판단하는 가장 중요한 요소라는 걸 보여 줘요. 명함을 보더라도 이름 앞에 보통 직장과 직업(직위)을 표시합니다. 직업 활동 자체를 노동으로 볼 수도 있는데, 이 경우 노동은 인격의 일부가 되는 셈이죠.

그럼 노동이 무엇인지, 그 본질적 속성을 알아볼까요. 앞에서 살펴본 노동에는 '사람이 하는 짓'이라는 전제가 깔려 있어요. 그런데 모든 생물은 자연의

산물을 거둬들이고 이용합니다. 식물은 땅속의 물과 양분을 빨아들이고, 동물은 식물이나 다른 동물을 먹이로 삼아요. 원시 인류도 과일, 곡물 같은 야생 식물을 채취하거나 물고기, 짐승을 잡아먹고 살았어요. 그 공통점은 자연물을 그대로 섭취한다는 거예요. 물론 좀 수고스럽긴 하지만 노동보다는 '소비'에 가까워요. 사실 이렇듯 단순한 소비 행위는 노동이라 보기 어렵습니다.

자연물에 변화를 주어 새로운 쓰임새를 만들어 낼 때에야 노동이라 할 만해요. 이 점에서 새나 벌, 개미, 애벌레 같은 동물이 자연물을 옮기거나 변형해 집을 짓는 일도 노동의 일종이라 할 수 있죠. 더구나 이들 동물의 '건축 노동'은 놀랍도록 정교해요. 단 한 치의 오차도 없이 자연환경에 딱 맞게 집을 짓는 모습을 볼 수 있죠. 그것만 보면 사람보다 훨씬 수준 높은 노동이에요. 하지만 이 노동은 어디까지나 본능적 행위에 지나지 않습니다. 본능은 배워서 익히는 게 아니라 지니고 태어나는 능력이에요. 자극에 한 가지로만 반응하죠. 예컨대 고치를 반쯤 지은 누에는 그 반쪽이 없어지더라도 나머지 반쪽만을 짓는다고 해요.

사람의 노동이 동물의 그것과 질적으로 다른 것은 자신의 구상에 따라 실행한다는 점이에요. 같은 건축 행위라도 본능대로 하는 동물과 달리 사람은 미리 설계를 하고 건축을 시작하죠. 사람의 노동은 이렇듯 원재료를 변형해 새로운 쓰임새를 만들 뿐 아니라 미리 생각해 둔 목적을 이루는 과정이기도 합니다. 할 일을 미리 머릿속에 그려 본(구상) 뒤 손과 도구를 써서 그것을 행동으로 옮기는(실행) 거죠. 인간의 노동이 동물의 노동보다 뛰어난 것은 '구상과 실행의 통일'이라는 목적의식적 활동이기 때문입니다.

한편 구상과 실행이 통일된 활동이라고 해서 다 노동은 아니에요. 같은 활동이라도 그것이 이루어지는 맥락에 따라 노동일 수도, 아닐 수도 있는 거죠. 예컨대 같은 낚시질이지만 어떤 경우는 노동이고, 어떤 경우는 취미 활동이에요.

여러분이 가장 궁금해하는 것 중의 하나가 "축구나 농구 같은 스포츠도 노동이냐?" 하는 거예요. 어떤 행위가 노동이려면 다음과 같은 몇 가지 요건을 갖춰야 합니다. 첫째, 무상이 아닌 수입(소득)이 생긴다. 둘째, 나름대로 힘든 노력을 기울여야 한다. 셋째, 심심해서가 아니라 '필요'해서 한다. 넷째, 어딘가에 유용하게 쓰이는 활동이다. 다섯째, 특정한 규율이 따른다.

이런 기준에 따르자면 이른바 '프로 스포츠'는 노동이라 할 수 있어요. 하지만 흔히 '아마추어'라고 하는, 직업이 따로 있고 취미로 하는 스포츠는 노동이라고 할 수 없는 것이죠. 요컨대 구상과 실행이 연계되었다 하더라도 사회적 가치를 지니고, 사회적 통제에 따를 때에야 비로소 노동이 될 수 있다는 겁니다.

Q 방송이나 신문에서 보면 '노동'이나 '노동자'보다는 주로 '근로'나 '근로자'라고 씁니다. 그게 공식 용어니까 그렇겠지요? 같은 뜻인 거 같은데 어떤 차이가 있나요?

A 이런 물음을 접할 때마다 저는 무척 씁쓸해집니다. 아직도 이런 얘기를 해야 하나 싶어서죠. 허균의 『홍길동전』에 보면 이런 대목이 나와요. "아버지를 아버지라 부르지 못하고 형을 형이라 부르지 못하는……" 그래요. 이것은 한마디로 '노동을 노동이라 부르지 못하는' 현실이죠. 원래가 '노동'이에요. 우리나라를 비롯한 한자 문화권에서는 근대 번역어로 줄곧 그렇게 써 왔죠. 그런데 1948년 대한민국이 수립되면서 '노동'에 해당하는 법률 용어는 모조리 '근로'로 바뀐 겁니다. 그 이유가 지금 생각하면 무척 황당한데요. 다음의 발언에서 짐작할 수 있습니다.

"'국민'이라는 것을 '인민'이라고 하는 것에 나는 절대로 반대합니다. 북조선 인민위원회 운운만 하더라도 나는 지긋지긋하게 들립니다. 나는 '인민'이라고 쓰는 데에는 절대 반대합니다." 우리나라 헌법을 만든 제헌 의회(1948년) 의원 윤치영(국회 부의장)의 발언입니다. '인민 주권론'이라는 개념도 있듯이, 그 당시 '국가의 구성원'을 뜻하는 용어로는 보통 '인민'을 썼어요. 하지만 북한에서 쓴다는 이유로 우리 헌법은 결국 인민을 버리고 '국민'이라는 용어를 채택하게 되죠. 같은 맥락에서 당시 북한의 집권당 이름이 '북조선 노동당'이었다는 점을 떠올리면 왜 '노동'이 '근로'가 되었는지 십분 이해할 수 있을 거예요. 근로기준법 안에서도 그 씁쓸한 흔적을 찾을 수 있어요. 제2조(정의) 1항 3호는 "'근로'란 정신노동과 육체노동을 말한다"고 돼 있어요. 왜 '정신 근로와 육체 근로'가 아닐까요?

이렇듯 시작은 아주 군색했지만 그 파장은 컸습니다. 제가 1980년대 후반 자동차 부품 회사에서 일한 적이 있는데, 동료들은 '노동자'라는 용어를 무척 꺼렸어요. 보통은 직원, 사원, 심지어 종업원 같은 용어를 썼는데, 노동자 개념이 필요한 경우엔 대부분 '근로자'라고 했어요. 공식적으로 쓰이는 법률 용어일 뿐 아니라 방송이나 신문에서도 이 용어만 썼기 때문이에요. 물론 그때까지도 '노동'이 금기시됐던 측면이 강했죠.

또 하나는 '노동'이라는 용어가 어딘지 모르게 비천해 보였던 거 같아요. 보통 때는 안 그러다가 자신이나 동료의 처지를 비하할 때면 "노동이나 해서 밥 먹고 사는 주제", "내가 비록 노동으로 잔뼈가 굵었지만……", "나도 노동자지만……" 식으로 얘기했거든요. "근로나 해서", "근로로 잔뼈가" 이런 표현은 쓰지 않잖아요. 노동보다는 근로가 어감이 뭔가 나아 보였기 때문이겠지요. 그러니까 '근'자가 들어가는 '근면', '근검', '근무' 같은 낱말은 '스스로 열심히 한다'는 어감이 강하잖아요. 반면 '노'자가 들어가는 '노고', '노역', '노무' 같은 낱말은 '내키지 않고 힘들다'는 어감이 강합니다.

실제로 두 용어의 쓰임새는 어감과 비슷해요. '근로'라는 말은 보통 '자기 사업, 자기 일'하고 관계가 깊어요. 자영업자, 농어민 같은 사람들이 일하는 걸 콕 집어 얘기할 때 적당한 표현이 바로 근로예요. 이들은 자기 사업을 하기 때문에 누가 시키지 않아도 열심히 일해요. 가령 '농사일은 고되지만 그만큼 보람도 크다'에서 농사일 대신 '농업 노동'으로 써도 괜찮아요. 하지만 농업인 모두를 '농업 노동자'라고 할 수는 없어요. 우리나라 농민은 대부분 자작이든, 임대든 자기 농사를 짓거든요. 요컨대 자영업자를 포함해 '일하는 사람'이라는 걸 강조하고 싶을 때 쓰는 말이 바로 '근로 대중', '근

로 인민'이에요.

반면 '노동'이란 '고용돼서 하는 일'로 대다수 직장인이 여기에 해당하죠. '내 일'이 아닌 탓에 의무감이 들거나 스스로 내킬 때만 열심히 하는 게 보통이죠. 혹시 오해할까 싶어 덧붙이자면 이건 양심의 문제가 아니라 원리가 그렇다는 얘기예요.

앞으로 자세히 살펴보겠지만 '다른 사람에게 고용돼 임금을 받아 생활하는 사람'만이 노동자예요. 위에서 농업인은 노동자가 아니라고 했지만, 기업형 농장에 고용돼 임금을 받고 농사짓는 사람은 당연히 노동자입니다. 실제로 근로기준법 제14조[근로자의 정의]는 "이 법에서 '근로자'라 함은 직업의 종류를 불문하고 사업 또는 사업장에서 임금을 목적으로 근로를 제공하는 자를 말한다"고 나와 있어요.

우리나라 노동관계법에 나오는 법률 용어 '근로'는 '노동'으로 바꿔야 제대로 된 표현이에요. 하지만 현실은 정반대죠. 우리나라 최초의 노동관계법은 일본 법을 거의 그대로 베꼈는데, 그때 앞에서 살펴본 남북 대치 상황 때문에 일본 법의 '노동'을 모조리 '근로'로 바꾼 거예요. 그러나 '노동조합'같은 몇 가지는 이미 널리 퍼져 있어서 '근로조합'이라 할 수 없기 때문에 그대로 유지됐습니다.

2. 왜 노동을 해야 하나요?

    우리는 왜 일을 할까요? 사람들이 노동을 하는 이유가 뭘까요? 이런 물음에는 흔히 "먹고살려고!"라는 답이 돌아옵니다. 많은 유산을 물려받거나 복권이 당첨돼 거액을 손에 쥔 사람이라면 모를까 일을 하지 않고선 먹고살기 힘든 게 사실이죠. 일을 해야 수입이 생기고, 그것으로 생활에 필요한 재화와 서비스를 얻을 수 있으니까요. 우리나라 사람들은 직업 활동을 하는 가장 큰 이유로 보통 '경제적 보상'을 꼽습니다. 돈벌이(수입)가 직업 활동에서 가장 중요한 요소라는 얘기죠. 그밖에 고용 안정성, 쾌적한 근무 환경, 일의 흥미 따위를 중요시합니다.

    하지만 노동을 하는 이유가 이게 전부는 아닐 거예요. "밥만 먹고는 못 살아"라는 얘기도 있잖아요. 좀 더 고상하게 "노동은 신성한 것", "노동은 권리이자 의무"라 하기도 해요. '먹고사는 문제'를 넘어서는 가치가 노동 속에 스며 있다는 거죠. 실제로 사람들은 의식주가 해결되고 나면 본능적, 생리적 욕구를 뛰어넘는 가치를 추구합니다. 명예욕이나 권력욕, 탐구욕 따위 말이죠. 이는 '왜 사느냐'는 철학적 물음, 그러니까 행복 추구, 자아실현 같은 삶의 최종 목표와도 연관돼요. 노동은 삶과 뗄 수 없고, 삶의 목표를 이루는 수단이라는 얘기입니다. 결국 노동을 함으로써 욕구 충족도, 행복 추구도, 자아실현도 이루어지는 셈이죠.

개인뿐 아니라 사회를 보더라도 노동은 더없이 중요합니다. 노동하지 않는 사람이 살아가기 힘든 것처럼, 노동이 없는 사회 또한 상상할 수 없어요. 한번 생각해 보세요. 농업인들이 농사를 그만두면, 산업체 기능인들이 일손을 놓으면, 운전기사들이 대중교통을 멈추면, 환경 미화원들이 청소를 안 하면, 공공 기관과 각종 서비스 업체 종사자들이 서비스를 중단하면……. 그래요. 사람들은 큰 불편을 겪고, 사회는 혼란에 빠질 거예요. 뭇 사람의 목숨이 위태로운 상황이 올 수도 있습니다.

오늘날 우리가 누리는 물질문명, 생활 편의는 산업 혁명, 기술 진보, 과학 발전 덕분입니다. 그런데 그 속을 가만히 들여다보면 이 진보와 발전이 일하는 사람들의 노고, 즉 노동의 결정체임을 알 수 있어요. 우리가 그것을 제대로 보지 못하는 것은 평소에 공기의 소중함을 잊고 지내는 것과 같은 이치죠. 그 흔해 빠진(?) 노동에는 미처 눈이 가지 않는 거예요. 요컨대 자아실현과 사회 발전에서 가장 중요한 요소가 다름 아닌 노동이라는 얘기죠.

하지만 노동은 우리 사회에서 '천덕꾸러기' 신세를 면치 못하고 있어요. 막노동, 중노동에 스민 어감처럼 '힘겹고 고통스러운 행위'로 여기는 거죠. 우리만 그런 게 아니에요. 고대 그리스인에게도 노동은 '저주스러운 것'이었다고 해요. 오직 노예들만 하는 짓이었죠. 자유란 '노동에서 벗어난 상태'를 뜻했어요. 그러니 고대 그리스·로마 시대에 공휴일이 1년에 115일이나 됐던 것도 충분히 이해할 수 있죠. 물론 자유민들만의 얘기였죠. 고대 이집트도 한 해의 절반은 거의 일을 하지 않았다고 해요.

중세 유럽에서도 노동은 '저급하고 비천한 활동'일 뿐이었어요. 사람들이 노동에서 해방되기를 갈구한 것도 무리가 아니었죠. 하지만 너도나도 노동을 안 하면 세상이 돌아가지 않으니 힘들더라도 일하게 만들 구실이 필요했겠죠. 그래서 중세 유럽을 지배한 기독교는 노동을 '원죄에 대한 속죄 행위'라 설파했어요. 신에게 죄를 짓고 낙원에서 쫓겨난 인류가 마땅히 감당해야 할 고통이라는 거죠. '노동은 신을 섬기는 자의 의무'라는 교리, "일하기 싫거든 먹지도 말라"는 성경 구절(데살로니가 후서 3:10)이 이를 상징합니다.

그러다 종교 개혁으로 개신교(프로테스탄트)가 등장하면서 노동에 더 높은 가치를 두게 돼요. 즉, '노동은 신이 인간에게 부여한 소명'이라고 해석한 거예요. 16세기 종교 개혁을 주도한 프랑스 신학자 칼뱅(Jean Calvin, 1509~1564)은 노동을 '인간을 구원하는 복음'으로 보았어요. 노동의 목적은 생활 수단이 아닌 구원에 있다면서 규율과 금욕을 강조합니다. 칼뱅은 어떤 사람이 구원을 얻었는

지 확인하려면 자신의 직업 성과를 높이라고 설파했어요. 여기서 노동은 '저주스러운 것'에서 '신성한 것'으로 탈바꿈해요. 19세기 독일 사회학자 막스 베버(Max Weber, 1864~1920)는 이런 노동 윤리가 자본가 탄생의 정신적 기초가 되고, 결국 자본주의를 세계 역사의 중심에 올려놓았다고 보았어요. 노동이 신성하다는 칼뱅의 교리는 자본주의 사회뿐만 아니라 20세기 사회주의 국가에서도 가장 중요한 노동 윤리로 받들었어요.

옛 소련을 비롯한 사회주의 국가는 노동을 '인간의 본성'으로까지 추켜세우죠. 스스로를 '노동자의 나라'로 선언하는 한편으로 '신성한 의무'로서 노동 규율을 다룬 거예요. 이에 따라 '스타하노프 운동', '천리마 운동' 따위로 노동 경쟁을 부추깁니다. 심지어 '강제 노동'이 불가피하다고까지 강변하죠. 예컨대 소련의 1936년 헌법은 "소련에서 노동은 하나의 의무이며, 일할 수 있는 육체를 지닌 시민에게 명예로운 일이다. 일하지 않는 자는 먹지도 말라"고 밝히고 있습니다. 또 단결, 단체 교섭, 단체 행동 같은 권리도 보장하지 않았어요. 노동자가 사회의 주인이므로 스스로 결정하면 된다는 논리였죠.

지금까지 인류의 노동관이 어떻게 변해 왔는지 훑어 봤습니다. 그 내용을 들여다보면 그 시대 지배 세력의 관점이란 걸 알 수 있어요. 다시 말해 정작 노동을 실행했던 사람들의 생각은 빠져 있다는 거죠. 여기서 생기는 의문, 몸소 노동을 했던 옛 사람들은 정말이지 노동을 '신성한 것', '규율과 금욕이 따르는 소명'이라고 여겼을까요? 나아가 오늘날의 노동자들도 그렇게 생각할까요? 아마 "터무니없다"고 할 거예요.

사람들은 오히려 정반대의 노동을 갈망해 왔고, 지금도 갈망하고 있어요. 힘에 부치거나 고통스럽지 않은 노동, 다른 사람의 감시나 간섭·강제가 없는 노동, 생체 리듬에 무리가 가지 않는 노동, 싫증이 나지 않는 노동, 뿌듯한 보람을 느끼는 노동, 사람들은 대부분 이런 노동을 바랍니다. 나아가 노동 과정 자체가 즐겁고, '놀이' 같다면 더 바랄 나위가 없겠지요. 하지만 이는 말 그대로 꿈 같은 얘기죠. 그렇다고 이런 경우가 전혀 없는 건 아니었어요. 유럽 르네상스 시대의 노동이 그랬어요. 문예 부흥의 열정이 노동 세계에도 퍼져 노동 그 자체를 목적으로 여기는 '장인 기질'이 생길 때였죠. 하지만 그건 일시적 현상일 뿐이었어요.

자본주의에서 노동은 '임금 노동'으로 존재합니다. 동전의 양면이라 할 자본주의－임금 노동 체제는 원래부터 있었던 게 아니에요. 오랜 인류의 역사에서 아주 최근에 등장한 체제죠. 앞에서 본대로 노동관은 시대에 따라 미묘하게 변해 왔어요. 관점만이 아니라 노동의 성격 그 자체도 변해 왔죠. 이제 노동 형태는 시대에 따라 어떻게 변해 왔는지, 자본주의－임금 노동이 등장하는 과정은 또 어떤지 살펴보도록 하겠습니다.

3. 노동자는 어떻게 생겨났나요?

노동자는 누구인가?

우리는 지금까지 노동의 여러 측면을 살펴봄으로써 그 실체를 어렴풋이 이해할 수 있게 됐습니다. 아직 이해가 뚜렷하지 못한 것은 노동을 추상적으로 분석한 탓도 있어요. 노동을 제대로 이해하려면 실제적이고, 구체적인 노동 유형을 살펴봐야 합니다.

그런데 노동은 눈에 보이는 형상이나 존재가 아닌 하나의 행위(움직임)예요. 특히 구상과 실행이 연계된 명실상부한 노동 행위의 주체는 오직 사람뿐이죠. 이 점에서 노동하는 사람을 살펴보는 것은 노동을 제대로 이해하는 지름길입니다.

자, 여기 '노동하는 사람' 또는 '일하는 사람'이 있다고 칩시다. 이들을 가리키는 말로서 가장 귀에 익은 용어가 '노동자'예요. 그렇다면 거꾸로 '노동하는 사람', '일하는 사람'이면 모두 노동자라 할 수 있을까요? 예컨대 여기 네 가지 부류의 사람이 있습니다. 이 가운데 노동자는 누구일까요?

(1) 자기 땅에서 농사를 짓는 사람

(2) 자기 가게에서 손수 장사를 하는 사람

(3) 자기 공장에서 손수 제품을 만드는 사람

(4) 많은 직원을 두고 회사를 경영하는 사람

정답부터 말하면 이 가운데 노동자는 없어요. 그럼 뭐라 부를까요. (1)농업인 (농부, 농민) (2)상인(자영업자) (3)공업인(자영업자) (4)기업인(경영자)이 이들을 가리 키는 직업상의 이름입니다. 이 밖에도 몇 가지 다른 이름(예컨대 농사꾼-장사꾼 -제조업자-자본가)이 있긴 하지만 역시 노동자라 부를 수는 없어요.

그렇다면 이들과 노동자 사이에는 어떤 차이가 있을까요? 이들과 노동자를 가르는 가장 중요한 차이점은 두 가지예요. 첫째, 노동자는 이들과 달리 '생산 수단'(토지, 가게, 공장, 회사와 각종 기자재)을 갖고 있지 못해요. 둘째, 노동자는 이들과 달리 남의 일을 해 주고 임금을 받아 살아가죠. 이런 특성을 지닌 사람 들을 보통 뭐라고 부르나요? 월급쟁이, 봉급생활자, 직장인, 회사원, 종업원, 사 원, 직원……. 많이 들어본 용어죠? 그렇습니다. 여기에 해당하는 사람들이 바 로 '노동자'예요.

그런데 '생산 수단이 없어서 남이 일을 해주고 임금을 받는' 노동자가 처음 부터 있었던 건 아니에요. 수십, 수만 년에 이르는 오랜 인류 역사에서 노동자 가 나타난 건 아주 최근, 길게 잡아 봤자 600여 년밖에 안 됐어요. 만약 현생 인 류(호모 사피엔스)가 출현한 지 하루(24시간)가 지났다 치면 노동자가 등장한 건 채 5분도 안 되는 셈이에요.

이제 노동자가 지구상에 등장하는 과정을 살펴보도록 하겠습니다. 이 과정 은 한편으로 인류의 노동사이기도 해요. 미리 말해 둘 것은 '노동'이 유럽에서 들어온 번역어일뿐더러 노동(자)과 관련한 오늘날의 법·제도·관행 또한 유럽에 뿌리를 두고 있다는 사실이에요. 그래서 우리가 살펴볼 노동의 역사 또한 주로 유럽이 중심 무대가 될 수밖에 없습니다.

원시 공동체 사회의 노동

노동의 역사는 다름 아닌 인간의 역사입니다. 인류가 오랜 세월에 걸쳐 발전해 왔듯 노동 또한 조금씩 바뀌어 왔어요. 그 기원은 수십만 년 전으로 거슬러 올라갑니다. 문헌 사료가 남아 있지 않은 기간을 선사 시대라 하죠. 그러니까 현생 인류의 등장—뗀석기(구석기) 시대—간석기(신석기) 시대—청동기 시대를 아우르는 기간이에요. 기록이 없는 탓에 이 시대 노동의 자취를 파악하기란 무척 어렵습니다. 다만 고고학이나 인류학의 연구를 바탕으로 당시 상황을 재구성하는 것이죠.

앞서 보았듯 노동은 사람을 사람답게 하는 본질적 속성입니다. 노동이 사람을 만들었고, 사람은 다시 노동의 생산력을 높여 왔죠. 초기 인류의 경제 활동이라 해 봤자 수렵과 채취가 다였어요. 여기에 최초의 도구인 나무 막대기와 돌을 활용함으로써 생산력을 높일 수 있었죠. 이로써 영양 상태가 나아지고 생산력이 더 높아지면서 인류는 생산성을 올리기 위한 성별 분업을 꾀하게 돼요. 신체가 강인한 성인 남성은 수렵을 전담하고 여성은 채집과 보살핌, 그 밖의 모든 노동을 떠맡죠. 이때까지만 해도 함께 살아가는 무리(공동체)는 모계 사회를 이루었어요. 힘을 모아 함께 먹거리를 마련해 골고루 나누었죠. 노동에 활용한 도구들은 최초의 생산 수단(재산)이기도 했어요.

그즈음엔 농기구가 좋아져 정착 생활이 시작돼요. 농사를 짓고, 야생 동물을 길들여 사육하게 되죠. 이어 축력을 이용하는 쟁기가 도입돼 생산력은 더욱 높

아집니다. 이제 농사짓는 일은 대부분 남자가 맡게 돼요. 그런데 생산력이 부쩍 오르자 이제까지 겪어 보지 못한 전혀 새로운 현상이 나타납니다. 공동체 식구 모두가 배불리 먹고도 남을 만큼 식량 생산이 늘어난 거예요. 이처럼 생활의 필요를 채우고도 남는 양을 '잉여 생산물'이라 해요. 잉여 생산물은 인류 사회에 커다란 변화를 몰고 옵니다.

첫째, 사회적 분업이 일어납니다. 공동체 식구 중 일부는 농사에서 아예 손을 떼고, 예컨대 쟁기를 더 좋게, 더 많이 만드는 데만 매달려요. 일이 전문화되는 거죠. 그렇게 해도 식량이 남아도니 굶지는 않아요. 더구나 전문화는 생산성 향상을 촉진하죠. 또 다른 사회적 분업은 목축만 하는 유목 부족의 탄생입니다. 이들 또한 목축에만 매달리므로 생산성이 높아져요. 식량은 곡물이 남아도는 농경 부족한테서 구하면 되죠.

둘째, 사회적 교환이 일어납니다. 농업인과 수공인(먹거리-수공품), 농경 부족과 유목 부족(곡물-가축)이 서로 잉여 생산물을 교환하는 거죠. 전에는 생산물이 오직 소비의 대상으로서 '사용 가치'만 띠었어요. 하지만 이제는 다른 물건과 바꿀 수 있는 '교환 가치'를 띠게 된 거예요. 다른 것과 교환하기 위해 만든 생산물을 '상품'이라고 해요. 머잖아 교환에 따르는 시간적, 공간적 불편을 없애기 위한 '화폐'도 등장하죠.

한편 잉여 생산물은 이렇듯 인간 생활을 향상시키기도 하지만 불행의 씨앗이 되기도 해요. 원시 부족들은 전에도 사냥감이나 곡물을 놓고 종종 다툼(전쟁)을 벌였어요. 생산력이 낮았던 시기에 그것은 목숨을 건 싸움이었죠. 싸움에서 이긴 부족은 상대 부족이 가진 것을 빼앗은 뒤 모두 죽여 버렸어요. 포로로 잡아 일을 시켜 봤자 그 소출이 자기가 먹기도 빠듯하므로 감시 비용만 들기 때문이죠. 그러나 잉여 생산이 가능할 만큼 생산력이 높아지면 사정이 달라져요. 이제 포로는 자기 식량을 빼고도 남을 만큼 생산해서 이득을 안겨 주죠. 이때부터 전쟁의 목적은 생존이 아닌 포획과 약탈로 바뀌고 전쟁은 더욱 자주 벌어집니다.

공동체 안에서도 소유 관계에 변화가 생깁니다. 전엔 남는 게 없었으니 아무도 소유에 관심을 두지 않았어요. 옷이나 장신구 말고는 생산 수단 모두가 공동체의 공동 소유였습니다. 그러나 잉여가 생겨나고, 포획과 약탈로 여유분이 생기자 사정이 달라져요. 예컨대 전쟁에 공이 큰 자(당연히 남자겠지요)에게 가축이나 포로를 상으로 주면서 개인 소유가 생기게 돼요. 이 남자는 공동체보다는 제 잇속부터 차리기 시작하고, 자기 포로의 잉여 생산물을 사적으로 챙기게 되죠. 공동체는 이제 모계 사회에서 부권 사회로 넘어갑니다. 생산 수단과 재산을 쌓은 남자가 지배하고, 여성 차별 구조가 싹트는 거지요. 나아가 한 공동체 안에서도 새로운 구별이 생기고 구성원 사이에도 약탈이 벌어지죠. 잉여 생산물 덕에 일을 하지 않고도 살 수 있는 무리가 생겨납니다. 사람들은 사회적 지위에 따라 서로 다른 경제적 기능을 하는 '계급'으로 나뉘게 돼요.

노예제 사회의 노동

전쟁 포로의 노동은 차츰 세상을 움직이는 중요한 원동력이 됩니다. 그래서 포로의 공급원인 전쟁이 끊이지 않지요. 자연스레 전쟁의 지도자는 지위가 높아지고 영향력이 커지면서 부족 지도자로, 끝내는 왕으로 변신하죠. 왕은 이제 지배자로서 공동체를 통치하게 돼요. 왕과 그 신하들은 많은 가축과 전쟁 포로를 거느린 대토지 소유자이기도 하죠. 토지는 갈수록 늘어나고 그걸 경작하려면 더 많은 가축과 전쟁 포로가 필요합니다. 이들은 마음만 먹으면 전쟁 포로를 죽일 수도, 죽을 때까지 일을 시킬 수도 있어요. 전쟁 포로는 이제 노예가 되죠. 그리하여 원시 공동체는 해체되고 노예제 사회가 들어섭니다.

노예는 '말만 할 줄 아는 생산 도구'였습니다. 노예는 생산자로서 큰 몫을 하고 차츰 그 수가 늘어나죠. 노예는 이제 중요한 생산 수단으로서 사고팔 수 있는 노예 소유주의 재산이 되었어요. 그러자 노예 소유주들은 이들을 통제하기 위한 권력 기구로서 국가를 세웁니다. 국가는 노예에게 노동을 강제하고, 노예의 저항을 억눌러요. 이로써 노예 소유주를 지켜 주고 잉여 생산물을 챙기도록 도와줍니다. 그렇다면 노예 소유주는 노예를 어떻게 부렸을까요. 노예제가 최고조에 올랐던 고대 그리스·로마 사회로 한번 가 볼까요.

노예는 우선 단순하면서도 1년 내내 일을 시킬 수 있는 노동에 배치됐어요. 예컨대 가사 노동이나 광산 노동, 어로 작업이라든가 도자기 제작, 무기 제작 같은 수공업에 배치됐고, 늘 무언가를 해야 하는 대농장(라티푼디움)에서 일을 했죠. 값나가는 중요한 생산 수단인 노예가 조금이라도 '놀고먹는' 건 수지에 맞지 않는 일이니까요. 반면 노예들은 그들대로 하는 일에 정성을 쏟지 않았어요. 아무리 정성을 쏟아 봤자 그 성과물은 결국 주인 차지였기 때문이죠. 그래서 노예제는 기술 진보를 가로막았어요.

그럼에도 노예제는 원시 공동체보다는 훨씬 진전된 사회였고, 인류의 진보에 크게 기여했습니다. 특유의 사회적 분업 덕분이었죠. 노예제 사회의 잉여 생산물은 여러 가지로 소비됐어요. 무엇보다 지배 계급인 귀족의 사치 생활, 화려한 건물과 기념비 조성, 전쟁 자금으로 주로 쓰였지요. 하지만 학자와 예술가들의 활동, 새로운 기술 연구, 탐험 같은 곳에 투자되기도 했어요. 고대 그리스·로마 사회에서 꽃핀 정치, 법률, 예술, 과학 따위의 발전은 여기서 비롯된 거예요. 그 시대 노예들은 하루 12~14시간에 이르는 고통스런 노동과 가난, 억압이라는 비참한 삶을 살았어요. 그래도 이들이 만들어 낸 잉여 생산물은 결과적으로 '빛나는 정신노동'을 뒷받침했던 거죠.

하지만 노예제 사회는 결국 막을 내리게 돼요. 노예의 공급원인 점령지가 갈수록 멀어지면서 전쟁 비용과 노예 수송 비용이 늘어나 경제성이 크게 줄어들게 됩니다. 가령 로마 제국처럼 끝없는 정복 전쟁으로 영토가 넓어져 전쟁터 또한 로마에서 멀어지게 되는 것이죠. 노예들의 비참한 생활상도 출산과 육아를 어렵게 합니다. 결국 노예는 그 수가 줄어들기에 이르죠. 더욱이 대규모 노예 작업장을 중심으로 반란이 일어나기 시작하는데 그중 3년 동안 지속된 스파르타쿠스의 항쟁이 유명해요. 경제 상황까지 나빠져, '노예 유지 비용'은 계속 들어가는데 그들이 만든 상품은 팔리지 않으니 노예를 풀어 주는 게 차라리 낫게 되었죠.

귀족들의 사치도 종말을 재촉했어요. 귀족들은 사치 생활에 들어가는 많은

비용을 자유민(농민, 수공업자)의 세금으로 채웠습니다. 이를 견디다 못한 농민은 결국 토지를 잃고 소작인(콜로누스) 신분으로 떨어졌어요. 노예 소유주들은 그들대로 노예 유지 비용을 견디다 못해 콜로누스로 풀어 주고 소작료를 수취하게 되죠. 노예 소유주들도 작업자의 생산성이 높아지면 이런 간접적 수탈 방식이 더 이득임을 깨달았던 거예요. 로마 시대 말기에 이르면 노예 노동을 이용한 대농장 경영은 차츰 사라집니다. 그 대신 소유지를 직영지와 소작지로 나눠 여러 소작인한테서 지대를 거둬들이는 방식이 늘어나죠. 노예제를 대체할 새로운 생산관계는 이렇게 싹텄습니다.

봉건 사회의 노동

고대 로마의 노예제는 3세기부터 금이 가 8세기에 이르면 해체가 완료되고 봉건 사회가 들어섭니다. 반면 동양의 노예제는 유럽보다 일찍 무너졌어요. 중국에서는 기원전 2세기 한나라 때에 이미 유럽을 뛰어넘는 봉건 문화와 과학이 꽃을 피웠습니다. 물론 중국의 봉건제는 유럽의 그것과는 조금 다른 형태를 띠긴 했지요.

봉건 영주와 농노

노예제의 속박에서 벗어난 유럽 농민들은 넓진 않지만 자기 땅을 경작하며 한동안 안정된 삶을 누렸어요. 그러나 로마 제국 멸망기의 혼란을 틈타 게르만족이 대거 몰려들면서 곳곳에서 농민들을 약탈합니다. 이에 국왕과 영주, 교회는 군사적 보호를 약속했고, 방어막이 절실했던 농민들은 그 대가로 잉여 생산물 일부를 곡물로 바치죠. 그러다 뜻밖의 자연재해를 만나 밀린 공물이 쌓이면 토지를 잃게 돼요. 결국 대부분의 토지가 국왕이나 황제에게 귀속되고, 이는 다시 제후들에게 봉토로 하사되거나 교회에 제공됩니다.

이렇듯 대규모로 토지를 보유한 제후들은 그걸 농민들에게 소작지로 나눠 줍니다. 토지 보유권을 쥔 제후인 봉건 영주는 농민 촌락과 경작지로 구성되는 '장원'을 조성해요. 여기서 알아 둘 건 봉건 영주 또한 토지 보유권을 '주군' 한테서 받았다는 점이에요. 이 보유 관계는 형식상으로는 '국왕 → 공작 → 백작 → 영주' 식으로 이어지는 위임의 연쇄 고리였어요. 영주는 요즘으로 치면 군수와 경찰서장, 지방 법원장, 주요 공기업 사장 자리를 두루 겸직하면서 장원을 제멋대로 지배했죠.

장원의 농민은 노예와 달리 영주의 '소유물'은 아니었어요. 그러나 경작지에 묶여 마음대로 거주지를 옮길 수 없었습니다. 그래서 이때의 농민을 '농노'라는 용어로 부르기도 하죠. 농노는 농지 보유 정도에 따라 날품팔이 소농부터 예농에 이르기까지 몇 가지 부류로 나눌 수 있어요. 이것이 서양 중세 봉건제의 뼈대를 이루는 구조입니다.

봉건 시대 농민의 삶은 팍팍했지만 그래도 고대 노예보다는 나았어요. 첫째, 그들의 소유주는 영주가 아닌 농민 자신이에요. 노예보다 더 많은 자유를 누렸고, 가족이 팔려 나가는 아픔도 겪지 않았죠. 둘째, 농민은 토지에 묶여 있었기에 쫓겨나는 일도 없었어요. 셋째, 쟁기나 가축, 수레 따위 경작에 필요한 모든 생산 수단은 농민의 소유였어요. 넷째, 이건 매우 중요한 사실인데, 잉여 생산물 일부는 농민 몫이었기 때문에 스스로 생산성 증대를 꾀할 수 있었다는 거예요.

농노는 노예와 달리 잉여 생산물을 일부만 영주에게 바쳤는데 이를 '지대'라고 해요. 영주는 지대를 받아 주로 사치 생활을 하고 웅장한 성을 짓는 데 썼어요. 아울러 성직자들의 생활 보조, 봉건 질서를 지키는 군사, 행정, 전쟁 자금 따위로도 지출했죠.

지대는 시기에 따라 그 형태가 달랐습니다. 최초의 지대는 '노동 지대'였어요. 이는 영주가 직영하는 농지에서 일정 시간 일을 해 주는 방식이에요. 예컨대 일주일 중 사흘은 자신의 경작지에서 일하고 나머지 사흘은 영주 직영지에서 일해 주는 식이죠. 이를 흔히 부역 노동이라고 해요. 농민들은 어쩔 수 없이 부역을 나갔지만 그리 힘껏 일하지는 않았어요. 자신의 경작지인 경우 열심히 하면 할수록 소출이 늘어나죠. 그러나 영주의 직영지에서는 열심히 일해 풍작을 거둔다 해도 자기에게 돌아올 건 없었어요. 아니, 부역을 열심히 할수록 기운이 빠져 자기 농사엔 외려 손해였죠. 이에 영주는 자신의 직영지를 최우선 경작토록 하는 한편 갈수록 부역 노동 시간을 늘려 수탈의 고삐를 조여요.

이후에는 한동안 '생산물 지대'가 통용되기도 했어요. 생산물 지대란 곡물을 비롯해 가축, 양모 같은 농민의 생산물을 일정량 바치는 방식이에요. 눈여겨볼 것은 이 생산물 지대가 노동 지대보다는 농민에게 유리하다는 점입니다. 생산성이 올라 늘어나는 추가 소득은 모두 농민 몫으로 떨어지기 때문이죠. 설령 정률제로 하더라도 생산량이 많을수록 농민 몫이 많아지기는 마찬가지죠. 당연히 생산성을 높이려 애쓰게 되죠.

영주 처지에서 보면 생산물 지대가 다소 불만일 수 있었어요. 자신과 가족, 성에 딸린 식솔들이 쓸 수 있는 만큼만 거둬들일 수 있기 때문이죠. 그 이상 거둬 보았자 쓸모가 없었거든요. 예컨대 고기를 필요 이상 거두더라도 머잖아 썩어 버리잖아요. 그런데 도시에서 통용되던 화폐를 사용하면서 사정이 바뀝니다. 화폐는 농산물과 달리 얼마든지 저장할 수 있고, 그걸로 도시에서 만든 상품을 살 수 있기 때문이죠. 영주는 이제 생산물 지대 대신 화폐 지대를 요구하게 돼요. 노동 지대를 받던 영주 또한 마찬가지였죠.

화폐 지대는 12~14세기에 일어난 현상입니다. 그 밑바탕에는 도시의 변화가 놓여 있죠. 그즈음엔 상품 수요가 부쩍 늘면서 상인들이 큰 부를 쌓아요. 수공업자들 또한 제품을 전문화해 생산성을 크게 높이죠. 차츰 사람들이 몰려들자 도시는 지방 영주한테서 독립해 강력한 세력으로 떠오릅니다. 화폐 사용도 늘어나 도시에서 전국 각지로 퍼지죠.

그런데 14세기 중반에 흑사병이 유럽을 휩쓸면서 일할 수 있는 농민이 크게 줄어들게 됩니다. 이에 영주들은 지대를 올리거나 노동 지대로 돌아갈 것을 강요함으로써 갈등이 커집니다. 끝내 영주와 농민 사이의 처절한 살육전이 벌어지고 농민 전쟁이 유럽을 휩쓸어요. 교회가 영주 세력을 한껏 비호하는 가운데 도시민의 지원을 받지 못한 농민 세력은 수십만의 희생자를 남긴 채 결국 패하고 맙니다. 그러나 역사 발전이라는 도도한 흐름을 막을 순 없었죠. 15세기 중반에 이르면 화폐 지대가 일반화됩니다. 이는 사실상 농민의 해방을 뜻했어요. 일정 금액을 영주에게 납부한 농민은 자유롭게 옮겨 다닐 수 있었고, 토지를 자손에게 물려주었습니다.

중세 도시와 길드

중세 시대 사람들은 필요한 물자를 스스로 만들어 썼습니다. 먹거리는 말할 것도 없고, 다른 생활용품도 그랬어요. 가구가 필요하면 스스로 나무를 자르고, 깎고, 짜 맞췄어요. 옷이 필요하면 식구들이 직접 실을 잣고, 천을 짜고, 바느질해서 만들었습니다. 영주들 또한 기술이 좋은 농노를 따로 두어 필요한 물품을 만들도록 했지요.

그러다 왕궁이 있는 곳에 도시가 들어섭니다. 하지만 중세의 도시는 몇 곳 되지 않았고, 주민 또한 많아야 수천에 지나지 않았어요. 상업이 번성하기 전에는 일주일에 한 번 서는 시장 말고는 도시도 한적한 편이었죠. 도시 주민은 대부분 상업이나 수공업에 종사했고, 식량은 주로 농촌에서 구했어요. 농촌과 도시 사이에 사회적 분업이 생겨나 도시는 상공업에만, 농촌은 농업에만 힘쓰게 됩니다.

여기서 도시 수공업이 어떻게 생겨났는지 살펴볼까요? 도시가 들어서고 화폐가 통용되자 솜씨가 좋은 사람들은 도시로 나가 가게를 차리게 돼요. 이제 그들은 자기 식구나 가까운 친지를 위해서가 아니라 시장을 오가는 사람들에게 팔 수공품을 만들었어요. 도시 수공업엔 큰돈이 늘지 않았어요. 작업장은 사는 집의 방 한 칸, 가게는 길가 쪽으로 창을 낸 작은 공간이면 됐어요. 손재주가 있느냐, 그걸 사 줄 손님이 있느냐가 문제였죠.

솜씨가 빼어난 장인으로 소문이 나 수요가 늘어나면 조수를 몇 명 두어 생산을 늘립니다. 조수는 도제와 직인 두 부류가 있어요. 도제는 보통 2~7년 동안 작업장에서 숙식하며 기술을 배우는 견습생이에요. 견습 기간을 채우고 자격을 얻으면 장인으로서 자기 가게를 차릴 수 있어요. 하지만 그럴 돈이 없으면 품삯을 받고 다른 장인 밑에서 일했는데 이를 직인이라고 해요. 물론 작업 도구와 기자재 같은 생산 수단은 장인의 소유였죠.

한편 수공업과 더불어 상업 또한 중세 도시를 떠받치는 산업이었습니다. 자급 자족 체제의 중세 초기엔 상업이 그리 중요하지 않았어요. 주민들은 살 물건이 있더라도 일주일 한 번 서는 시장에 나가 물물 교환 방식으로 구했습니다. 물자가 흔치 않은 데다, 도로 사정도 나빠서 상거래 자체가 어려운 시절이었으니까요. 11세기 말부터 200여 년 동안 지속된 십자군 전쟁을 거치며 상업은 크게 발달합니다. 이슬람 세계의 선진 문물이 밀려들면서 상품 수요가 늘어났기 때문이죠. 유럽 대륙을 아우르는 커다란 정기시(정기적으로 열리는 시장)가 열리고, 그 영향으로 화폐 경제가 발달합니다.

여기서 상인이라는 새로운 계급이 등장합니다. 봉건 영주는 상인에게도 공납과 부역 같은 봉건적 속박을 강요했어요. 상인들은 이에 '길드(guild)'나 '한자(hansa)' 같은 조합을 결성해 맞서지요. 아울러 영주의 지배권을 돈으로 사들여 독립을 얻기도 했어요. 상인은 점점 부를 쌓아 도시 재산을 대부분 손에 넣습니다. 나아가 재력을 바탕으로 도시를 지배하기에 이르죠.

상인 길드나 한자는 온갖 특권과 독점으로 시장을 지배했어요. 더욱이 독일의 '한자 동맹'은 국가에 버금가는 권력을 휘두르기도 했죠. 중세 말기에 이르러 유럽 전역에는 1,000곳이 넘는 도시가 생겼어요. 도시는 자유의 상징이었죠. "도시의 공기는 인간을 자유롭게 한다"는 독일 속담이 있어요. 실제로 농노가 영지에서 도망친 뒤 도시에서 1년 넘게 머물면 자유인으로 인정받았습니다.

한편 수공업자들도 상인들을 뒤따라 길드를 조직합니다. 길드는 한 도시의 같은 직종에 종사하는 장인, 직인, 도제가 모두 참여하는 동업자 조합이라 할 수 있죠. 길드는 무엇보다 조합원의 공동 이익을 도모하는 조직으로, 상인들처럼 도시의 작업(영업)권을 독점했어요. 길드에 가입하지 않으면 그 직업에 종사할 수 없었죠. 길드는 아울러 상부상조하는 조직으로서 딱한 처지의 조합원을 돕고, 지나친 경쟁이나 직인 빼내기를 금지했어요. 아울러 길드의 명성과 권위를 지키기 위해 품질을 관리했죠. 생산·판매량과 제품·서비스 가격까지 통제했어요. 나아가 모든 조합원이 반드시 도제 과정을 거쳐 필요한 기술을 갖추도록 했습니다.

그러나 14세기를 지나면서 길드는 차츰 변질됩니다. 사업이 잘돼 부를 쌓은 장인이 생기면서 길드 안에 차별이 생긴 거죠. 사업이 쪼그라든 장인들은 품을 팔기도 했어요. 끝내는 '큰 길드'와 '작은 길드'로 나뉘죠. 나아가 장인과 직인 사이에도 틈이 벌어집니다. 전에는 직인이 장인과 함께 살면서 일하다, 여건이 되면 장인으로 올라섰어요. 하지만 지원자가 몰리자 '도제 → 직인 → 장인'으로 이어지는 지위 상승은 옛말이 되었어요. 자격을 까다롭게 함으로써 장인이 되는 길을 사실상 가로막았죠. 이에 직인들은 자신들만의 길드를 따로 만들어 장인 길드와 맞서게 돼요. 길드 체제는 이런 혼란을 겪은 끝에 사양길로 접어들게 됩니다.

임금 노동 탄생; 노동 계급 형성

우리는 지금까지 원시 공동체 사회, 노예제 사회, 봉건제 사회를 거치면서 노동이 어떻게 변해 왔는지 살펴봤습니다. 그 속에는 몸소 노동을 실행한 사람들이 여러 부류 등장하지만 그 가운데 '노동자'라 불린 경우는 없었어요.

봉건 사회가 막을 내리면서 비로소 그런 사람들이 나타납니다. 이들은 이전의 노동 실행자들과 달리 자유로웠어요. 반면 사회를 지배하는 자본가와는 뗄 수 없는 관계를 맺습니다. 둘 사이를 이어 주는 것은 임금과 노동(정확히는 '노동력')입니다. 원래 임금을 받고 노동하는 사람이라 해서 '임금 노동자'지만 보통은 '임금'을 떼고 그냥 노동자라고 하죠. 이들은 어느 날 홀연히 나타난 게 아니에요. 이제 이 임금 노동이 어떻게 등장했는지 자세히 살펴보겠습니다.

산업 생산이 중요해지면서 농경 사회는 막을 내립니다. 영국에서는 14세기가 저물 무렵 농노제가 사실상 사라지고, 15세기가 되면 농업 인구의 대부분이 자유로운 자영농으로 바뀝니다. 땅이 많은 자영 농민은 영세 소농의 품을 사서 농사를 짓죠. 이는 봉건 사회와는 전혀 다른 생산관계가 농업 부문에서 나타났음을 보여 줍니다.

울타리 치기(인클로저) 운동과 '자유민'의 등장

14~15세기에 걸쳐 영국 각지에서는 양털을 생산하는 목양업이 발달하고 이를 바탕으로 상업도 번성합니다. 영국은 그때까지 대륙(플랑드르 지방)에 양털을 수출해 왔어요. 그러다가 양털 수요가 급증하고 대륙의 모직 산업 발전을 보며 직접 모직 산업에 뛰어들죠. 이에 영국 농촌에서는 삽시간에 양치기 붐이 일어납니다. 세계사는 이를 '울타리 치기(인클로저) 운동'으로 기록하고 있지요. 16~17세기에는 영주를 비롯한 대토지 소유자들이 앞다퉈 대목장을 조성해요. 경작지에 울타리를 둘러치고 집을 허물어 농민들을 내쫓았어요. 양 치는 일은 농사보다 일손이 훨씬 적게 들기 때문에 농민이 남아돌았죠. 더욱이 공동으로 가축을 방목하거나 목재, 땔감 따위를 구하던 공유지까지 울타리를 쳐서 '쓸모없는' 농민들을 내쫓습니다. 이때 70~80%나 되는 농촌 인구가 밀려났다고 해요.

이때의 참상은 토머스 모어(Thomas More, 1477~1535, 영국 정치가·인문주의자)가 쓴 『유토피아』에 '양이 사람을 잡아먹는 이상한 나라'로 잘 묘사돼 있어

요. "얌전하고 조금만 먹던 양들이 이제는 먹을 걸 너무 밝히고 사나워져 급기야 사람까지 잡아먹을 기세입니다. 양떼가 들판과 집과 마을을 유린, 약탈하고 있는 것입니다."

양치기 붐으로 땅에서 쫓겨난 농민들은 살림살이를 헐값에 팔아 연명하다가 결국엔 도둑질, 비럭질로 비참하게 살아가게 됩니다. 게다가 농경지가 대거 목장으로 바뀌면서 식량 생산도 줄었어요.

결국 쫓겨난 농민들은 다른 농경지에서 품을 팔든가, 도시로 떠나 새로운 일자리를 구하든가, 그도 저도 아니면 정처 없이 떠도는 신세가 되고 말았죠. 말 그대로 '자유민'이 된 거예요. 정확히는 이중적 의미로 자유로웠죠. 하나는 봉건 영주에 예속됐던 신분의 굴레에서 벗어났다는 의미예요. 또 하나는 농경지에서 떨려 났다는 의미로, 생계의 원천인 생산 수단을 잃었다는 것이죠. 이제 이들이 가진 거라곤 보잘것없는 세간 몇 점과 자신의 몸뚱이가 다였어요. 따라서 이들이 살아남으려면 '몸뚱이'를 파는 수밖에 없었습니다.

한편 생산 수단에서 밀려나 생계가 막막해진 '자유민'은 도시에서도 생겨났어요. 도시 수공업 종사자들은 앞서 본대로 길드라는 질서 속에 있었어요. 처음엔 우애 정신을 바탕으로 모든 구성원의 안정된 생활을 추구했죠. 그러나 사업 규모에 따라 길드가 나뉘는가 하면 직인들만의 길드도 생겼어요. 이때, 농촌에서 쫓겨난 자유민들이 도시로 몰려들자 직인 길드는 장인들이 그랬던 것처럼 노동(고용)을 독점하려 했어요. 예컨대 직인 길드 성원을 우선 고용하도록 하는 식이죠.

반면 직인 길드에 가입하지 못한 대다수 사람들은 악조건 속에서 아주 적은 품삯을 받고 일했어요. 당연히 생활환경도 초라하고 비참했죠. 이들은 길드 소속 직인들과 달리 작업도구도, 원자재도 없었어요. 이들도 가진 것이라곤 맨몸뚱이뿐이었습니다.

세계 최초의 '노동자'는 이렇게 생겨났습니다. 앞서 노동자라는 말이 원래 '임금 노동자'에서 나왔고, '임금을 받고 노동하는 사람'이라는 뜻이라 했죠. 그래요. 밥줄이나 한가지인 생산 수단에서 떨려난 이상 이들 '자유인'에게는 선택의 여지가 없었어요. 결국 몇 푼 임금을 받고 몸뚱이를 팔아 생계를 이어가야 했어요. 물론 관용적 표현이라 그렇지 실제 몸뚱이를 파는 건 아니에요. 그러면 노예가 되는 거니까요. '인신매매'를 하는 게 아니라 몸뚱이에 깃든 힘(노동 능력)을 매매할 뿐이죠. 쉽게 말해 '품'을 팔아 '품삯'을 받는 겁니다.

영국에서 이런 임금 노동자가 처음 출현한 건 14세기 말이에요. 농토에서 쫓겨나 자유로워진 사람들이 곳곳에서 늘어났어요. 이제 자본(가)이 나타나서 이들의 노동 능력을 사주기만 하면, 좀 전까지 떠돌이 신세이던 이들은 곧장 노동자로 탈바꿈하는 거예요. 곳곳을 떠도는 이들 '자유인'이 임금 노동자가 되느냐, 백수건달로 남느냐는 결국 자본(가)에 달린 셈이 되는 거죠. 그렇다면 자본 (가)은 대체 어디에 있었을까요?

산업 자본 축적

봉건 영주는 농민을 수탈해서 생활하고 사치를 누렸어요. 농민은 토지를 생산 수단으로 농사를 지어 영주에게 지대를 바쳤죠. 따라서 토지는 봉건 영주의 생산 수단이기도 했어요. 이제 봉건적 생산관계가 차츰 사라져 농민이 자유로운 노동자로 탈바꿈하죠. 따라서 거기에 어울리는 새로운 생산 수단이 필요하게 됐습니다. 예컨대 공장이나 기계 같은 산업 시설 말이죠. 토지도 여전히 생산 수단이었지만 사정이 바뀌었어요. 쫓겨난 농민 대신 들어선 다른 농업인이 전과는 다르게 토지를 이용합니다.

생산 수단을 마련하고, 노동자에게 임금을 주려면 적잖은 밑천이 필요한데 이 돈을 자본이라 합니다. 물론 건물이나 토지, 생산 시설, 기계, 도구, 원자재 같은 생산 수단 자체도 (실물) 자본이에요. 식비, 주거비, 교육비처럼 소비하는 돈은 자본이라 하지 않고 자금이라 하죠. 자본이란 쉽게 말해 '돈을 버는 돈' 또는 '새끼 치는 돈'이라 할 수 있어요.

한편 옛 봉건 사회에서도 '돈을 버는 돈'은 있었어요. 고리대 자본이나 상인 자본이 그것이죠. 하지만 이 둘은 '생산'과는 거리가 멀었어요. 고리대금은 오로지 시간의 대가인 이자로 돈을 불려요. 상인 자본의 경우 '싸게 사서 비싸게 팔아' 이문을 얻죠. 당시 상인들은 매점매석과 독과점, 식민지 약탈, 투기, 기만행위 같은 옳지 못한 방법으로 거래 상대에게 손해를 안겨 줬어요. 상대가 손해 본 만큼 이문을 얻는 것이죠. 고리대·상인 자본은 이렇듯 사회적 통념을 거스르는 방법으로 돈을 벌었습니다. 그래서 옛사람들이 이들 대부업자나 상인을 업신여긴 거예요. '불로소득'이었던 만큼 당연히 생산적이지 못했고 임금 노동자를 쓸 이유도 없었죠.

따라서 임금 노동이 이루어지려면 고리대·상인 자본과는 전혀 다른 자본이 나타나야 했어요. 그 스스로가 사회적 생산 과정의 일부로서, 생산 수단을 소유한 자본이 그것이죠. 그러니까 공장이나 기계 같은 산업 시설을 소유한 자본인데, 이를 흔히 '산업 자본'이라 합니다. 봉건 시대에는 이 산업 자본이 존재하지 않았어요. 따라서 산업 자본이 형성되면 노동자를 고용해 상품을 생산하는 체제, 자본주의 사회로 발전할 수 있는 거예요.

노동자가 어느 날 하늘에서 내려온 게 아니듯, 산업 자본 또한 갑자기 땅속에서 솟아나지 않았어요. 노동자가 봉건 시대 농민과 도시민에 뿌리를 두고 있듯, 산업 자본 또한 봉건 체제의 태내에서 생겨났습니다. 어떤 사업을 처음 시작하려면 적잖은 밑천이 필요하죠. 물론 사업하기 전이므로 갖은 방법을 써서 어렵게 마련할 수밖에 없어요. 자본주의 초기 산업 자본도 마찬가지였어요. 초기 자본은 봉건 질서 안에서 만들어 낼 수밖에 없었는데, 이 초기 자본 형성 과정을 '시초 축적'이라고 해요. 그것은 흔히 얘기되듯 근면 성실한 사람이 열심히 벌어, 지독히 아끼고 저축해서 모은 게 결코 아니에요. 그건 누군가가 꾸며 낸 신화일 뿐이지요. 진실은 재산을 모으려고 숱한 사람을 희생양으로 내모는 잔혹극에 가깝습니다. 이미 살펴본 울타리 치기 운동의 참상 자체가 시초 축적 과정이기도 했으니까요.

시초 축적, 그 세 갈래 길

이제 시초 축적이 실제 어떻게 이루어졌는지 살펴보겠습니다. 먼저 알아 둘 것은 그게 한 가지 경로만은 아니었다는 거예요. 마치 인류가 주위 환경에 따라 여러 갈래로 진화해 온 것처럼, 자본 또한 여러 갈래로 자신을 완성해 온 거죠.

시초 축적의 첫 번째 경로는 상인 자본을 통해 이루어졌어요. 앞서 보았듯 상인 자본은 비생산적 거래로 돈을 불렸어요. 울타리 치기 운동 이전, 영국 목장에서 사들인 양털을 유럽 대륙에 팔아 판매 차익을 챙긴 거죠. 양털을 수출하던 영국이 직접 모직 산업에 뛰어들면서 울타리 치기 운동이 전국을 휩쓸었다고 했죠. 이때 모직 산업에 뛰어든 건 다름 아닌 양털 무역상이었어요. 오랜 양털 무역으로 큰돈을 모은 이들은 양털로 실을 잣고, 모직물을 짜서 파는 게 양털을 수출하는 것보다 더 이득임을 알았어요. 해서 대규모 모직물 매뉴팩처(manufacture, 공장제 수공업)가 생기게 되죠. 울타리 치기 운동의 여파로 이곳에서 일할 '자유인'은 얼마든지 있었어요.

상인 자본은 농촌에도 매뉴팩처를 세웁니다. 직영 목장에서 양털을 생산해 가공하면 운송비 같은 간접 비용이 절감돼 수익이 더 커지기 때문이죠. 이들은 또한 풍부한 자금력을 바탕으로 많은 농가에 생산 도구와 양털을 대줘 제품을 생산토록 했어요. 이를 선대제(putting-out system, 先貸制)라고 합니다. 귀에 익은 용어로는 가내 수공업이라고도 하죠. 특히 방직 분야가 활발했어요. 토지에서 내쫓긴 농민들은 선택의 여지가 없었고, 상인 자본이 멋대로 정한 노동 조건을 감수해야 했어요.

상인 자본의 또 다른 축적 수단은 원거리 무역이었습니다. 앞서 보았듯 십자군 전쟁을 거치며 상업이 번성하죠. 동방의 선진 문물과 보석, 약품, 향료, 비단 같은 게 당시의 주요 교역 품목이었어요. 동방 무역은 상인들에게 엄청난 폭리를 안겨 주죠. 그 여파로 인도로 가는 새로운 무역 항로를 찾는 '탐험의 시대'가 열립니다. 이때 포르투갈의 항해사 바스쿠 다가마(Vasco da Gama, 1469~1524)가 아프리카를 돌아가는 인도 항로를, 이탈리아 탐험가 콜럼버스

(Christopher Columbus, 1451~1506)가 '신대륙'을 발견한 사실은 여러분도 잘 아실 거예요.

이를 통해 '상업 혁명'이라 불린 급속한 성장이 이루어져요. 동인도 회사 같은 주식회사가 수없이 생기고, 엄청난 자본을 축적합니다. 하지만 '신대륙' 멕시코와 페루에서 들여온 어마어마한 금·은 때문에 '가격 혁명'이 일어났어요. 물가가 150~400%나 오른 거예요. 모두가 고통스러운 와중에도 상인 자본은 외려 큰 이득을 봅니다. 이렇게 쌓인 상인 자본은 그 뒤 산업 자본으로 변모해 산업화 시대를 활짝 열게 되죠.

하지만 시초 축적 과정은 끔찍한 폭력으로 얼룩져 있어요. 원거리 무역이 열리는 곳마다 원주민에게 온갖 원자재를 빼내고, 상품은 비싸게 팔았어요. 토지를 빼앗고, 곡물과 향료, 금·은을 약탈했죠. 심지어 아프리카 원주민을 납치해 팔아넘기는 '노예무역'도 서슴지 않았어요. 이렇듯 온갖 만행으로 얼룩진 시초 축적을 두고 유명한 사상가이자 경제학자인 카를 마르크스(Karl Marx, 1818~1883)는 "자본은 머리에서 발끝까지 모든 털구멍에서 피와 오물을 흘리면서 태어났다"고 개탄했지요.

시초 축적의 두 번째 경로는 농업 부문입니다. 생산 수단 문제를 다루면서 '쫓겨난 농민 대신 토지를 챙긴 다른 농업인'을 얘기한 바 있죠. '근대적 차지 농장주'(차지농)가 그들이에요. 차지농은 이름 그대로 토지를 빌려 농사를 짓는 사람입니다. 차지농이 등장한 것은 근대적 토지 소유제가 도입되면서부터죠. 15세기를 지나며 자영 농민의 토지는 차츰 귀족이나 대지주들에게 넘어갑니다. 울타리 치기 운동이 그 결정적 계기였죠. 게다가 드넓은 국유지도 대지주들 손에 넘어갑니다. 여기엔 헐값 매각, '국왕의 하사' 같은 불법이 동원됐어요. 심지어 교회의 토지까지 빼앗았죠. 영국에서는 종교 개혁 뒤 국왕이 종래의 가톨릭 소유지를 몰수해 귀족, 공신에게 하사하거나 대토지 소유주에게 헐값에 팔아넘깁니다. 이를 통해 농경지에는 사적 소유 제도가 들어섭니다.

근대적 차지농은 이런 배경에서 생겨났어요. 대지주(영주)들은 울타리 치기와 가혹한 지대 수탈로 농민을 몰아낸 뒤 더 많은 지대를 내겠다는 사람에게 농지를 임대해요. 장원 관리자 같은 일을 하면서 큰돈을 모은 이들이 농지를 빌리는데 이들이 바로 차지농이에요. 이들은 대지주한테서 농지를 빌린 뒤, 땅에서 내쫓긴 옛 농민을 임금 노동자로 고용해 농사를 지었어요. 여기서 거둔 잉여 생산물 가운데 일부를 지주에게 '지대'로 건네죠.

그런데 차지농은 상인 자본처럼 아메리카에서 들여온 금·은 탓에 가격 혁명이 일어나자 큰 이득을 봅니다. 농지 임대차 계약은 보통 장기 계약으로 맺었거든요. 따라서 차지농은 인플레이션으로 농산물 값은 오르는 가운데 품삯과 지대의 가치는 떨어지는 이중 효과를 본 거예요. 16세기 말에 이르면 이들은 부유한 자본주의적 차지농으로 성장합니다. 이로써 농업은 봉건 잔재를 걷어내고 자본주의적 생산관계로 넘어갔어요.

끝으로 세 번째 시초 축적 경로인 수공업 분야를 살펴보겠습니다. 수공업은 중세 도시에서 생겨나 길드를 통해 성장한 뒤 차츰 쇠퇴했어요. 그래서 대다수 도시 수공업자들은 상인과 달리 산업 자본을 축적하는 데 실패하고 말았어요. 길드의 낡은 전통에 얽매어 생산력 향상과 시장 여건 변화라는 시대 상황을 따라가지 못한 탓이죠.

장인들은 직인 한두 명을 두고 제품을 만들어 단골손님 위주로 팔았어요. 장인은 일인 다역을 했어요. 원자재를 구입할 때는 상인, 직인을 부리는 고용주, 직접 작업하고 감독하는 작업반장, 완성품을 판매하는 가게 주인이 그것이죠. 상업이 발달해 제품 시장이 커지자 중간 상인이 나타납니다. 주로 국제 무역을 했던 중간 상인은 장인에게 원자재를 대주고, 완제품을 받아다 팔았어요. 사실상 선대제나 마찬가지였죠.

수요가 늘어나면 생산도 늘려야 하고, 그러려면 더 많은 사람을 써야 합니다. 또한 작업 공정을 나눠 전문화하거나 기술적 분업을 도입하면 생산성이 올라가죠. 모직을 예로 들자면, 양모 다듬기—실 잣기—천 짜기—옷감 다듬기—포장하기처럼 공정을 나눠 각각 작업자를 두는 식이죠. 이해 득실에 밝은 중간 상인은 이를 실행했지만 수공업자들은 길드의 낡은 전통을 고집했어요.

그러자 중간 상인들은 길드의 영향권 밖인 시골로 생산 근거지를 옮깁니다. 앞서 보았듯 여기서 선대제(가내 수공업)를 운영하죠. 많은 작업자에게 원자재를 공급하자면 큰 자본이 들어가요. 결국 선대제를 운영할 수 있는 사람은 큰돈을 지닌 사람, 즉 자본가였어요. 앞서가는 자본가들은 아예 큰 작업장을 지은 뒤 일꾼 수백 명을 모아 작업을 시켰죠. 이것이 바로 16세기 초에 등장한 매뉴팩처예요. 처음엔 작업자들이 자기 연장으로 자본가가 대주는 원자재를 가공했지만 차츰 생산 도구까지 자본가가 공급하게 돼요.

이때까지도 매뉴팩처에 흡수되지 않은 독립 수공업자가 많았어요. 하지만 길드의 낡은 전통 아래서는 생산량과 생산 속도, 제품 가격에서 상인 자본을 당해 낼 수가 없었죠. 이들은 경쟁력 차이를 절감했고, 공장에 증기 기관까지 도입되자 더는 버틸 수가 없었죠. 그때쯤에는 자기 공장을 세우고 싶어도 엄청난 설립 자금을 댈 능력도 없었어요. 이리하여 16~18세기에 중세 독립 수공업자들은 차츰 사라져 가고, 장인과 직인들은 자본가가 경영하는 공장의 임금 노동자로 일하게 됩니다.

자본주의와 노동자, 뿌리를 내리다

우리는 지금까지 시초 축적 과정을 살펴보았습니다. 그 출발점이 무엇이었는지 한번 기억을 더듬어 볼까요. 그것은 '토지에서 내몰린 자유민의 노동 능력을 사 줄 자본(가)'이 어디서 생겨났는지 알아보려는 것이었죠. 그리고 우리는 세 갈래의 시초 축적을 살펴보면서 산업 자본의 출처를 확인할 수 있었습니다. 자본주의 사회에서 산업 자본이 그만큼 중요하기 때문이죠. 산업 자본은 실제로 사회의 핵심 세력이 됩니다. 산업 자본이 주도하고, 자본을 가진 사람(자본가)이 이윤을 목적으로 경제 활동을 하는 체제를 '자본주의'라 하는데 여러분도 많이 들어 봤을 거예요. 자본주의는 결국 생산 수단(자본)을 소유한 자본가와 상품을 생산하는 임금 노동자가 생산관계를 형성한 사회라 할 수 있어요. 자본가는 이윤을 얻기 위해 투자하고, 노동자는 임금을 벌기 위해 노동하죠.

임금 노동자는 이렇게 탄생했어요. 임금 노동자는 산업 혁명으로 기계제 공업이 발전하면서 빠르게 늘어나죠. 영국에서 석탄을 에너지원으로 하는 증기기관이 본격적으로 도입된 1780년 즈음을 보통 산업 혁명의 시발점으로 봐요. 발달된 기계 공업은 바다를 건너가 임금 노동자를 유럽 대륙에까지 퍼뜨리기에 이릅니다.

우리나라의 임금 노동 유입

처음부터 노동자가 존재하지 않았던 건 우리나라도 서양과 마찬가지예요. 노동의 역사 또한 원시 공동체 사회에서 시작해 예속 농민의 노동에 바탕을 둔 농경 사회를 거쳐 근대 자본주의 사회에 이르는 비슷한 발자취를 보여 주죠. 다만 각 시대의 신분 제도와 계급 구성은 서양과 적잖은 차이가 있었고, 근대 자본주의 체제는 서양에서 옮겨왔어요.

커다란 차이 중의 하나는 고대 그리스·로마에서 발달한 노예 제도가 우리나라를 비롯한 다른 세계에는 없었다는 점이에요. 우리나라의 경우 고조선 시대부터 여러 사료에 '노비(奴婢)'가 나오는데 매매·증여·상속을 할 수 있어 신분상으로는 노예와 비슷했어요. 그러나 하는 일을 보면 농노에 가까웠습니다. 물론 '솔거 노비'라 하여 주인과 함께 살면서 '종노릇'을 하는 노비도 있었죠. 하지만 대개는 '외거 노비'로 따로 살면서 농작물 수확량의 일부를 주인에게 바쳤어요. 노비 수는 시대나 국가 정책에 따라 늘기도, 줄어들기도 했지만 조선 초에는 대략 전체 인구의 1/3에 이르렀다고 해요. 그러나 임진왜란과 병자호란 뒤 신분제가 느슨해지면서 대부분 면천되었고, 1894년 노비제가 폐지될 즈음엔 극소수 솔거 노비만 남게 되죠.

서양의 중세 시대에 해당하는 고려·조선은 귀족(양반)-상민-천민으로 이어지는 신분제 사회였어요. 노비는 천민에 해당했고, 상민은 농(農)-공(工)-상(商)을 아우르는 평민으로서 그 대다수는 농민이었죠. 농민은 노비와 달리 신분적 예속은 없었지만, 다수가 양반 지주의 농지를 부쳐 먹고살았어요. 그 대가로 유럽 장원의 생산물 지대에 해당하는 도조(賭租, 농지를 빌린 대가로 해마다 내는 벼)를 바쳤죠.

고대 사회부터 조선 후기까지는 노비와 농민이 노동을 담당하는 농경 사회가 지속됐다고 할 수 있어요. 또 다른 생산 계층으로 공(工)과 상(商), 즉 장인과 상인이 있었지만 조선 후기 이전에는 자급자족 수준에 머물렀습니다.

조선 후기는 봉건적 사회 질서가 흐트러지면서 차츰 근대적 사회 질서로 나아가는 과도기였어요. 18세기 즈음에는 신분제가 흔들리는 가운데 농업 기술이 발달하고 화폐 경제가 퍼져 나갔어요. 빈부 격차가 커지고 농민층이 갈라지면서 임금 노동자가 생길 수 있는 토대를 갖추게 되죠. 서양과 비슷하게 농지에서 떨려 난 농민들은 남의 논밭에서 품을 팔거나 도시, 광산 등지로 떠나 노동자로 탈바꿈하게 되죠. 이 과정을 좀 더 자세히 살펴볼까요.

조선 후기로 접어들면서 농기구가 개량되고 모내기 같은 농업 기술이 발달합니다. 한 사람이 지을 수 있는 경작 면적이 넓어지죠. 농지를 늘려 큰 농사를 짓는 광농 (廣農)이라는 부농층도 나타나요. 반면에 농지를 떼인 농민(소작농)도 많이 생기죠. 경작지가 넓은 광농은 자신과 식구들만으론 농사를 감당키 어려웠어요. 그래서 농지를 떼인 농민을 머슴이나 날품팔이로 고용하죠. 이 경우는 과거 지주-소작농 관계와 달리 신분상으론 대등했고, 근대 임금 노동과는 거리가 있었지만 '품삯'을 주고받는 게 당연했어요.

한편 농지를 떼인 농민 가운데는 농촌에서 살아갈 방도를 찾지 못하고 떠돌며 구걸하거나 도시로 흘러드는 경우도 있었어요. 이들은 이런저런 장사를 하거나 유기 제작소, 대장간 같은 곳에서 삭전(朔錢), 즉 월급을 받고 일했어요. 하지만 광산에서 일하는 경우가 많았죠. 특히 18세기 말~19세기 초 상품 화폐 경제가 빠르게 발달하면서 화폐로 쓸 금, 은, 동 수요가 부쩍 늘어 광업 발달을 재촉했어요. 당시 광산은 덕대제라 하여 물주(物主)가 자본을 대고 덕대(德大)가 개발·경영을 맡았죠. 덕대는 광부를 수십에서 수백 명 고용했는데 이들이 받는 품삯은 농업이나 다른 분야 노동자보다 많았습니다.

이처럼 조선 후기에 나타난 경제적 변화는 완전하진 않지만 근대적 임금 노동의 새싹이라 할 만했어요. 여기에다 몇 가지 변화가 보태지면 자본주의적 임금 노동이 출현하는 것이지요. 그 변화란 첫째, 생산력과 상품 화폐 경제가 더욱 발달해 자본의 시초 축적이 충분히 이루어지는 거예요. 둘째, 농민층이 신분적 예속과 농지에서 벗어나 자신의 노동 능력을 팔 수밖에 없는 처지가 되는 거죠. 물론 그렇게 되기까지는 시간이 얼마나 걸렸을지는 의견이 갈릴 수 있어요. 아무튼 그런 변화가 머

지않아 보이던 바로 그 시점에 자생적 자본주의 이행은 좌절되고 말아요. 1876년 부산을 시작으로 외세가 개항을 강요하면서 서양식 자본주의가 흘러든 거지요.

개항과 함께 발달된 서구 문명과 외래 자본주의가 밀려들자 사회 전체가 급변합니다. 제국주의 일본의 원료·식량 공급지와 상품시장으로 내몰림으로써 타율적이고 종속적인 자본주의 체제가 들어선 거예요. 일제는 식량과 원료를 확보하려 농업을 수탈합니다. 이로써 가뜩이나 흔들리던 농촌 사회의 분화와 몰락을 재촉하죠. 또한 기계 제품이 밀려들자, 당시 소상품 생산 또는 매뉴팩처 단계로 발전해 가던 조선의 수공업도 몰락합니다.

한편 개항과 더불어 항만이 건설되고, 1899년 경인선을 시작으로 철도가 부설되는 등 각종 토목 건설 공사가 이어져요. 서구 열강의 지하자원 채굴 이권 경쟁 속에 광산업도 더 활기를 띠게 되죠. 그 결과 노동력 수요가 부쩍 늘고, 농업 몰락으로 생긴 농촌 과잉 인구를 흡수합니다. 이로써 근대적 임금 노동이 본격화하고 각 부문별 노동자도 크게 늘어납니다. 그 가운데서도 철도와 선박에 짐을 싣고 내리는 하역 노동자, 특히 부두 노동자가 눈에 띄게 늘어나죠. 개항 직후 늘어난 교역 상품을 주로 선박으로 수송한 데 따른 결과예요.

학자들은 대체로 일제 강점기를 거치면서 우리나라에 자본주의 제도가 유입 또는 이식됐다고 봅니다. 따라서 우리나라 임금 노동자 역시 이때가 돼서야 비로소 출현한 셈이에요. 요컨대 개항 이후 이 땅에 흘러든 일본 자본이 식민 지배를 위한 기반 시설 건설과 원료·식량 수탈 사업에 농촌 과잉 인력을 흡수하면서 비로소 근대적 임금 노동이 자리를 잡게 됐다는 것이죠.

4. 임금 노동은 어떻게 이루어지나요?

우리는 지금까지 임금 노동과 임금 노동자가 어떻게 생겨났는지 살펴봤습니다. 원시 공동체 사회 이후 노동의 발자취를 보면 '다수의 노동 집단'이 만들어 낸 성과를 '소수의 지배 집단'이 차지해 온 역사예요. 다시 말해 생산 수단을 손에 쥔 지배 세력이 노동 집단이 만들어 낸 '잉여 생산물'을 빼앗아 온 거지요.

고대 사회 귀족인 노예 소유주는 농지와 작업장에서 '말하는 도구'(노예)에게 강제로 일을 시켰습니다. 거기서 나온 생산물은 모두 자기가 챙겼고, 노예한테는 꾸준히 일할 수 있을 만큼만 주었지요. 중세 사회 농노는 노예보다는 처지가 나았지만 봉건 질서에 갇혀 있었어요. 신분은 자유민이었지만 농지에 묶여 있었고, 그 농지를 보유한 봉건 영주에게 잉여 생산물, 곧 지대를 바쳐야 했지요. 처음엔 노동 지대라 해서 영주 직영지 농사를 지어 주었죠. 그 뒤에는 부역 대신 자신이 생산한 농산물(생산물 지대)이나 돈(화폐 지대)을 바쳤어요. 그러나 봉건 질서에 억눌려 온 농민은 사회 전반의 생산력이 발전하면서 '자유민'으로 해방되고 머잖아 임금 노동자로 다시 태어납니다.

자본주의 체제의 노동이란?

이제 자본주의 시대의 노동인 임금 노동을 자세히 살펴볼 차례입니다. 이 시대의 노동 집단인 임금 노동자는 앞에서 본대로 생산 수단(자본)을 가진 자본가와 생산관계를 맺습니다. 그렇다면 귀족 – 노예, 영주 – 농노 관계처럼 노동자도 자본가에게 자신이 만들어 낸 잉여 생산물을 빼앗기는 것일까요? 일을 시키고, 시키는 대로 일하는 관계는 비슷한데 자본가가 뭘 빼앗는 거 같지는 않네요. 그렇죠? 외려 일한 대가(임금)를 노동자에게 주기까지 합니다. 그래서 자본가 – 노동자는 이전처럼 지배 – 종속 관계가 아니라 서로 대등한 관계로 보이죠. 노동자와 자본가는 서로 '자유롭게' 계약을 맺습니다. 그렇다면 실제로 둘의 관계도 대등할까요?

이 의문을 풀려면 자본가가 노동자를 시켜 상품을 생산한 뒤 시장에 내다 팔아 돈을 버는 과정을 살펴봐야 합니다. 그것은 자본가에게는 상품 생산 과정이고, 노동자에게는 노동 과정이지요.

자본가는 생산 수단과 노동자를 사서 상품을 생산하고, 그것을 팔아 이윤을 챙깁니다. 여기서 자본가가 생산 수단을 사는 건 맞지만 '노동자를 산다'는 건 정확한 표현이 아니에요. 앞에서도 노동자가 '자신의 몸뚱이를 파는 게 아니라 몸뚱이에 깃든 힘, 노동 능력을 파는 것'이라고 얘기했죠. 맞아요. 자본가가 사는 건 노동자가 아닌 그의 노동 능력이에요. 노동 능력을 경제학에서는 '노동력'이라고 합니다. 사전식으로 풀이하자면 노동력은 '사람 몸에 깃든 육체적, 정신적 능력의 총체'라 할 수 있어요.

이 노동력을 사용(소비)하는 행위가 바로 자본주의 체제의 노동입니다. 노동력을 쓴다는 건 쉽게 말해 노동자가 일을 한다는 거예요. 그런데 가령 '노동자는 하루에 8시간 동안 노동을 하고, 자본가는 소정의 임금을 지급한다'고 계약

한 뒤 노동력을 자본가에게 넘겨 버린 노동자는 이제 일도 자기 맘대로 할 수 없어요. 노동력의 임자는 이제 자본가이기 때문이죠. 자본가는 약정된 시간 동안엔 자기 뜻대로 노동력을 소비할 수 있어요. 결국 노동자는 자본가의 뜻에 따라, 시키는 대로 일하는 거예요. 실제로 회사에서 업무 지시를 받았는데 다른 일, 예컨대 인터넷으로 개인적 관심사를 검색하다가 들키면, 하라는 일은 않고 엉뚱한 짓을 한다고 타박할 게 뻔해요.

노동 현장에 있는 시간만큼은 온전히 자본가에게 자신을 내맡겨야 한다는 뜻이에요. 자본가는 '노동자의 목숨을 빼앗는 것' 말고는 무엇이든 시킬 수 있었어요. 자본주의 초기에는 실제로 노예나 진배없이 혹독하게 일을 시켰대요. 지금은 상상할 수 없는 작업 환경에서 무시무시한 착취에 시달렸죠. 하루도 쉬는 날 없이, 12시간 넘게 꼬박 일해야 했으니까요. 필요하면 어린이한테도 힘든 일을 시켰어요. 결국 위험하고 더러운 환경에서 일한 탓에 오래지 않아 '폐기

처분'되거나 짧은 생을 마감해야 했죠. 그 뒤 노동자의 권리 의식과 사회 전반의 인권 의식이 높아지면서 극한적 노동은 법과 제도로 금지돼요. 하지만 지금도 가혹하게 일을 시키는 자본가가 더러 있긴 해요.

우리는 앞에서 인간 노동의 중요한 속성이 '구상과 실행의 통일'이라고 배웠는데 여기서는 그게 아닌 것 같죠? 자본주의 사회의 노동 과정은 '구상 따로, 실행 따로'예요. 노동력을 써서 무엇을 할지, 다시 말해 노동자에게 어떤 일을 시킬지를 '구상'하는 건 자본가죠. 노동자는 이 구상에 따라 노동을 '실행'할 뿐이에요. 이것만은 고대 노예제와 비슷합니다. 이처럼 구상하는 사람과 실행하는 사람이 나뉘는 현상을 '구상과 실행의 분리'라고 합니다.

구상과 실행이 분리되면 어떤 현상이 벌어질까요? 노동자들은 자신의 노동력을 팔고 나면 노동에 별 관심을 두지 않는 경우가 많아요. 남이 시키는 일일 뿐더러 그 결과도 나와 별 상관이 없기 때문이죠. 그저 시키는 대로만 하면 그만이에요. 실제 우리 주변을 둘러봐도 노동자들이 직장 업무에 흥미를 느끼지 못하고 마지못해 일하는 걸 자주 보게 돼요. 노동자들이 원래 마음씨가 고약하거나 뒤틀려서 그런 게 아니에요. 내 뜻과는 상관없이 남이 시키는 일을 누군들 달가워할까요. 자본주의 체제의 '구상 따로, 실행 따로' 노동 과정이 그렇게 만든 셈예요. 취업하고 처음 얼마간은 의욕에 넘치던 노동자도 갈수록 의욕이 꺾이게 돼요. 결국 노동자는 생산 수단에서 떨려 난 데다 일도 자기 뜻대로 못 하는 신세가 되었어요. 이를 흔히 '소외된 노동' 또는 '노동의 인간 소외'라 합니다. 소외란 '사람의 생산물이 사람의 손을 떠나 거꾸로 사람을 지배하는 현상'을 말합니다. 노동자는 열심히 노동을 해서 자본을 만들어 내죠. 그러나 그 자본은 어이없게도 노동자를 착취하고, 억압합니다.

노동과 노동력, 이해하기가 어려운데 쉽게 설명할 순 없나요?

A 노동력과 가장 가까운 순 우리말은 '품'입니다. 사전에 나와 있는 품의 뜻은 '어떤 일에 드는 힘이나 수고이며 삯을 받고 하는 일'이에요. 따라서 품은 노동력과 마찬가지로 사기도 하고 팔기도 합니다. 품을 파는 일 또는 품 파는 사람을 품팔이라 하고, 날마다 품 파는 것은 날품팔이가 됩니다. 서로 품을 주고받는 걸 품앗이라 하는 건 잘 아실 거예요. 품을 사고판 대가는 품삯이고요. 품을 쓰는 것이 '일'입니다. 품을 팔면 '일하는' 것이고, 품을 사서 쓰면 '일 시키는' 것이죠.

아무튼 노동력은 '상품'인데 비해 노동은 '행위' 또는 '과정'이라는 점이에요. 노동력이 상품인 이상 다른 상품처럼 사고팔아요. 노동력을 파는 건 노동자고, 사는 건 자본가예요. 상품을 사고팔 때는 판매자와 구매자 사이에 판매 대금 또는 구입 대금으로 돈이 오가잖아요. 화폐 단위로 표현되는 상품의 가치는 가격이고요. 노동력 상품도 대금이 오가는데 노동력 판매(구입) 대금이 바로 임금이에요.(이에 대해서는 2부의 임금 항목에서 자세히 알아보겠습니다.)

노동자와 자본가 사이에 거래가 이루어지면 노동력 소유권은 노동자에서 자본가로 바뀝니다. 이때부터 노동력을 쓸 수 있는, 즉 소비할 수 있는 권한은 자본가에게 있죠. 자본가가 노동력을 소비하는 '과정'이 노동입니다. 이는 노동자가 노동력을 쓰는 '행위'이기도 하죠.

노동 과정은 곧 가치 형성 과정 - 잉여 노동과 가치 증식

진실을 알고 보니 노동 과정의 실제 주인공은 일을 '하는' 노동자가 아니라, 일을 '시키는' 자본가였네요. 문제는 여기서 그치지 않아요. 아니, 더 심각한 문제는 노동의 결실을 누가 챙기느냐 하는 거예요. 구슬땀을 흘리며 물건을 생산하는 건 노동자지만 그 제품은 정작 딴 사람이 가져요. 전자 회사 노동자들은 자기가 만든 최첨단 3D TV를 가질 수 없어요. 섬유 회사 노동자들은 자신이 만든 명품 가방에 감히 눈독 들일 수 없고요. 그것은 회사를 소유한 자본가의 몫이에요. 이렇듯 노동자는 자신의 생산물에서도 소외됩니다. 노동의 결실은 모두 자본가 챙겨 가고, 노동자에게는 애초 노동력을 팔면서 계약했던 '쥐꼬리'만한 임금만 지급될 뿐이죠. 그래서 자본가는 나날이 부를 쌓아 부자가 되는 반면 노동자는 열심히 노력해도 살림살이가 늘 빠듯하기만 합니다. "재주는 곰이 부리고 돈은 왕서방이 챙긴다"는 속담처럼 말이죠. 여러분도 아마 너무 불공평하고 뭔가 잘못됐다는 생각이 들 겁니다.

그러나 자본가들도 할 말은 있어요. "공장도 내 돈으로 짓고, 기계도 내 돈으로 사고, 원자재도 내 돈으로 들여왔으니 그 생산품을 내가 챙기는 게 당연하지 않아? 나도 이것저것 신경 쓸 게 많고, 얼마나 골치가 아픈지 몰라. 어렵게 회사 경영해서 이 정도도 못 벌 거라면 차라리 그 돈 은행에 넣어 놓고 이자 받아서 편히 사는 게 낫지! 아, 물론 노동자들도 힘들게 일하는 거 잘 알아. 그래서 넉넉하진 않지만 약속한 대가를 줬잖아. 뭐가 문제야?"

듣고 보니 그럴듯합니다. 이 말을 들은 누군가는 고개를 끄덕이며 말하죠. "하긴…… 자본가도 투자를 했으니까 당연히 남는 게 있어야겠지." 그리고 보니 자본가의 주장도 일리가 있어 보이네요. 정말 그럴까요?

그걸 알아보려면 자본가가 노동의 결실을 어떻게 챙겨 가는지 자세히 살펴봐야 하겠지요. 자본가는 먼저 노동자에게 무언가를 만들도록 일을 시켜요. 고대 노예 소유주나 봉건 영주도 그랬죠. 하지만 그 사이에는 결정적으로 다른 점이 있습니다. 노예 소유주·봉건 영주는 노예·농노가 만들어 낸 먹거리나, 물건을 자신이 소비했습니다. 화폐 지대라도 결국은 소비 제품이나 사치품을 사는 데 쓰이죠. 하지만 자본가는 노동자가 만든 물건을 자신이 소비하는 게 아니라 모두 시장에 내다 팝니다. 아니, 처음부터 팔기 위해 만들죠.

팔려고 만든 물건이 '상품'입니다. 상품을 팔면 돈이 들어옵니다. 자본가가 벌어들인 수입을 흔히 '이윤'이라고 해요. 그런데 상품 판매 수입 전부가 이윤은 아니에요. 그 가운데는 비용도 포함돼 있으니까요. 원자재 구입비 같이 이미 지출한 비용이 있고, 갚아야 할 돈도 있죠. 노동자에게는 약정한 임금을 줘야 해요. 공장을 임대했다면 그 임대료도 내야 하고요. 그 밖에 세금, 외상값 같은 비용도 지불해야 합니다. 이 모든 걸 덜어 내고 나서야 비로소 자본가의 이윤이 돼요. 이윤이란 이렇듯 '총수입에서 임금, 임대료, 이자 같은 생산 비용을 모두 뺀 소득'을 말합니다.

자본가가 자본을 투자해 상품을 생산하는 목적은 오직 이윤을 얻는 데 있어요. 따라서 자본가에게 모든 생산 요소는 이윤을 얻기 위한 수단, 비용으로 보이죠. 그래서 인격체인 노동자조차 자본가에게는 생산 설비, 원자재 따위와 똑같은 생산 요소일 뿐입니다. 그러니 이윤의 본질과 원천에 대해서도 같은 맥락에서 생각해요. 사람이란 모름지기 자기 위주로 살아가는 존재라고 하니 자본가의 사고방식을 이해할 수는 있어요. 그런데 자본가가 아닌 대다수 사람한테도 같은 생각이 퍼져 있어요. 어찌 된 일일까요?

한마디로 그렇게 배웠기 때문이에요. 우리나라 경제 교과서는 '상품의 가치=생산 원가(비용)+이윤'처럼 자본가의 사고방식대로 서술돼 있어요. 아울러 우리나라 경제학자들도 대부분 자본가의 이해를 반영한 학설을 따릅니다. 그래서 이를 '주류 경제학'이라 부르기도 해요. 그 대표격인 '신고전학파' 경제학도 자본가와 자본주의를 편들려고 생겨났어요. 그러니 조금만 생각하면 뻔한 사실조차 어려운 전문 용어와 복잡한 수식을 끌어대 엉뚱한 결론을 내기 일쑤죠. 예컨대 주류 경제학이 세워 놓은 '경제 법칙'과 '경제 원리'는 주로 '다른 모든 조건이 동일하다면' 같은 아주 비현실적 전제가 붙어 있어요. 세상에는 서로 다른 경제 현상이 수없이 벌어지지만 '모든 조건이 같은 경우'는 하나도 없거든요. 그런 있을 수 없는 가정을 붙여서 일단 법칙과 원리를 세워 놓아요. 하지만 그다음에는 그 조건이나 맥락과 상관없이 적용하고, 무조건 맞는 것으로 간주하는 거예요. 이윤에 대한 주류 경제학의 설명도 마찬가지죠.

그러나 새로운 가치를 만들어 내는 건 오직 인간의 노동이고, 인간의 노동이야말로 자본가가 가져가는 잉여 가치(이윤)의 원천입니다. 그런데 잉여 가치란

개념은 처음이지만 꽤 낯익은 느낌이죠? 그래요. 우리는 이미 잉여 생산물을 알고 있어요. 노동하는 사람이 차지하고 남은 것, 현실에서는 노동을 시킨 사람이 노동을 한 사람에게 주고 남은 게 그것이죠. 그러니까 이 잉여 생산물의 가치가 바로 잉여 가치예요. 우리는 고대 귀족이 노예의 잉여 생산물을, 봉건 영주가 농노의 잉여 생산물을 챙겨 갔던 사실도 알고 있어요. 이제 보니 자본주의 사회에서 노동자가 만들어 낸 잉여 가치를 자본가가 차지한 것도 같은 이치군요.

그래서 저 유명한 미국 대통령 링컨(Abraham Lincoln, 1809~1865)도 이런 얘기를 했어요. "좋은 물건은 대부분 노동이 생산하므로 그 모든 것은 당연히 노동하는 사람들에게 돌아가야 한다. 하지만 전 세계 모든 시대에, 어떤 사람들은 노동을 하지 않고도 그 열매를 대부분 가져갔다. 이것은 잘못된 일이며 계속돼서는 안 된다"고 말이죠.

자본주의 이전 사회에서는 노동하는 사람이 착취당한다는 걸 바로 알 수 있어요. 노예야 말할 것도 없죠. 중세 유럽 농민도 일주일에 사흘은 자기 밭, 나머지 사흘은 봉건 영주의 밭, 이런 식으로 일했잖아요. 이 가운데 영주 땅에서 일하는 사흘은 누가 보더라도 잉여 생산 착취예요. 자본주의 사회의 잉여 착취 또한 같은 원리예요. 그럼에도 그동안 이 진실을 제대로 알 수 없었던 것은 자본의 논리인 '상품의 가치=생산 원가+이윤' 등식만 가르쳐 온 경제 교육 탓이 커요. 자본가에게는 노동이 기계, 원자재와 다름없는 생산 비용으로 보일 뿐이에요. 따라서 생산 과정에서 노동자가 어떤 기여를 하고, 어떤 가치를 창출하는지 따져 볼 이유가 없죠. 자본주의 질서를 옹호하는 주류 경제학은 자본가의 이런 시각을 자신의 학설에 그대로 담아내는 것이고요.

산업 혁명이 노동에 미친 영향 – 노동의 기능적 변화

자본주의 생산 체계 안에서 자본가는 늘 더 많은 이윤을 얻으려고 애쓰죠. 이윤을 더 뽑아내는 가장 손쉬운 방법은 노동자에게 일을 더 시키는 거예요. 다시 말해 잉여 가치를 더 많이 생산하게 하는 거죠.

실제로 자본주의 초창기에는 버젓이 긴 시간 중노동을 강요했어요. 자연과 신체 리듬에 맞춰 농사나 수공업을 해 오던 노동자들은 이제 공장 질서에 맞춰 일해야 했어요. 휴식 회수는 갈수록 줄고, 시간도 짧아져요. 노동 시간이야 어찌어찌 견딘다 해도 문제는 공장의 낯선 질서였죠. 단 일 분의 지각도 용납하지 않는 엄격한 시간표, 지겨운 반복 작업, 기계에 예속된 신체, 감독자의 감시와 폭력 따위가 그것입니다. 영국 맨체스터의 한 방적 공장은 창문 열어 놓기, 몸 씻기, 가스등 늦게 끄기, 휘파람 불기 같은 행동에도 벌금을 매길 정도였대요.

하지만 노동 시간을 아무리 늘려 봤자 하루 24시간 이상일 순 없잖아요. 자본가들은 결국 다른 수를 찾게 되는데, 노동 생산성을 높이는 방법이 그거에요. 노동 생산성이 높아진다는 것은 시간당 생산량이 늘어난다는 뜻이죠. 이는 노동 강도만 높인다고 해서 될 일이 아닙니다. 노동자를 아무리 닦달해도 육체의 능력엔 한계가 있으니 생산량을 두 배, 세 배씩 늘릴 순 없다는 얘기죠. 그런데 생산 공정을 개선하거나 특히 생산 설비를 기계화하면 노동 생산성을 얼마든지 높일 수 있어요.

이 사실을 깨달은 자본가들은 앞다퉈 생산 설비를 기계화했어요. 그 결과 1780년 즈음에 산업 혁명이 시작됐습니다. 문제는 기계화가 하면 좋고, 안 해도 그만인 게 아니라는 점이에요. 기계화에 앞선 자본가가 낮은 생산 원가를 무기로 제품 가격을 내려 판매를 독점하면 기계화에 뒤진 자본가는 큰 타격을 받게 되죠. 자본은 결국 사활을 건 경쟁 속으로 빨려 들 수밖에 없었어요. 먼저 기계화하면 엄청난 초과 이윤을 얻지만 뒤지면 도산 위기를 맞는 거죠. 산업 혁명을 꽃피운 역사의 뒤안길에는 이런 사정이 숨어 있었던 겁니다. 그리고 그때 시작된 자본의 생산성 경쟁은 지금 이 순간까지 계속되고 있어요.

그렇다면 기계는 노동자들의 고된 노동을 덜어 주었을까요. 아뇨, 정반대였어요. 기계화의 속성상 한 업체가 고성능 기계를 들여놓으면 다른 동종 업체도 재빨리 그 추세를 따라가야 살아남잖아요. 게다가 워낙 생산성 경쟁이 치열하니 언제 또 신제품이 개발될지 모르는 상황이에요. 그래서 일단 새 기계를 들여놓으면 최대한 빨리 '본전'을 뽑아내는 게 상책이죠. 다시 말해 기계를 최대한 가동해야 한다는 얘기죠. 그래서 다시 노동 시간이 길어졌어요. 잠자는 시간을 빼고는 일에 매달려야 하는 하루 16시간 노동도 그리 낯설지 않게 되었죠. 자본가들은 아예 기계를 24시간 쉬지 않고 돌리기 위해 12시간 맞교대 근무를 도입합니다. 결국 기계화는 얼핏 드는 생각과 달리 일하는 시간을 줄여 주는 게 아니라 더 늘린다는 겁니다.

지금까지 우리는 임금 노동이 출현한 이후 산업 혁명이 일어나기까지 그것이 어떻게 작동했는지 살펴봤습니다. 그런데 이 노동 과정 탐색에서 발견된 주인공은 노동이 아니라 자본이었다는 점이에요. 이는 '구상과 실행의 통일'이라는 인간 노동의 본질을 뒤엎는 것이기도 하죠. 자본주의 체제의 노동은 이미 구상 기능을 자본에 빼앗겼어요. 해서 자본의 구상에 따라, 그저 시키는 대로 실행할 뿐이죠. 노동자는 노동조차 제 뜻대로 못 하고, 자기가 만들어 낸 생산물도 갖지 못하는 소외된 존재가 됐어요. 잉여 가치를 착취당한다는 점에서는 그 옛날의 노예, 농노나 다를 바 없다는 씁쓸한 사실도 확인할 수 있었죠. 하여 잉여 가치(이윤) 수취를 위한 자본의 구상에 이리저리 휘둘릴 뿐이에요. 산업 혁명이 불러온 기계화도 구세주가 되지 못했어요. 아니 그것은 또 하나의 지배자일 뿐이죠. 노동자는 이제 기계에까지 종속되는 처지가 됐어요.

그렇다면 노동의 맞은편에 선 자본은 어떨까요. 짐작과는 달리 자본 또한 그리 행복한 것 같지 않아요. 앞서 보았듯 자본은 끊임없이 잉여 가치를 쌓아 제 몸집을 불려 나가는 속성을 지니고 있어요. 그러지 않으면 자본 사이의 사활을 건 경쟁에서 도태되고 맙니다. 마치 끊임없이 페달을 밟아야 하고 그것을 멈추면 머잖아 넘어지고 마는 자전거처럼 말이죠. 따라서 자본은 자신이 살기 위해서라도 탐욕스러울 수밖에 없는 운명을 타고났습니다.

여기서 알 수 있듯 노동자들이 착취에 시달리는 건 자본가들의 본성이 사악해서가 결코 아니에요. 자본가는 자신의 의지, 양심과 무관하게 자본의 생리에 따를 수밖에 없는 처지죠. 비록 자본을 소유한 사람이지만 현실에서는 거꾸로 자본에 매인 존재가 자본가예요. 양심 때문에, 또는 인정에 끌린 나머지 자본의 명령을 뿌리친다? 만약 그런 일이 벌어진다면 그는 자본주의의 약육강식 원리에 따라 도태되는 운명을 맞을 수밖에 없어요. 이 점에서 자본가는 '인격화된 자본', 다시 말해 사람의 탈을 쓴 자본이라 할 수 있죠. 자본가 또한 인간으로서 자본주의 체제의 피해자인 셈입니다.

5. 자본주의의 발달 과정을 알고 싶어요

우리의 상식과 달리 기계는 사람의 고된 노동을 덜어 주려고 태어난 게 아닙니다. 앞서 보았듯 초과 이윤 창출이 기계화의 목적이었죠. 그 결과 사람의 피조물인 기계가 거꾸로 인간 노동을 지배하는 어이없는 일이 벌어졌어요. 기계 문명이 발달할수록, 심지어 사람을 편리하게 한다는 '자동화'로 나아갈수록 노동자는 더욱 기계에 종속됩니다.

산업 혁명 이전까지 노동자는 높은 숙련 기능을 갖춰야 했어요. 예컨대 기계 설치공은 기하학, 측량법, 응용 수학, 기계 역학에 밝았고, 설계 도면 작성 능력(제도법)도 갖췄죠. 그러나 기계화가 진전되면서 숙련 기능은 기계에 장착되고, 노동자의 그것은 차츰 쓸모가 없어졌어요.

기계는 이처럼 숙련 기능을 쓸모없게 함으로써 노동력의 가치를 떨어뜨립니다. 비싼 숙련공 대신 값싼 반숙련·미숙련 노동자를 쓸 수 있게 한 것이죠. 실제 산업 혁명 당시에는 주로 여성과 어린이가 고용돼 기계를 돌렸고, 성인 남자들은 보통 집에서 놀았다고 해요.

기계화는 또한 노동자의 재량권을 노동 과정 밖에 있는 자본가 또는 관리자한테 넘겨 버렸어요. 생산 방법과 절차쯤은 숙련공이 알아서 처리했는데 말이죠. 자본주의 생산 체계는 '구상과 실행의 분리'가 특징이라 했지요. 노동자는 결국 '실행'만 맡을 뿐이에요. 떨어져 나간 '구상' 기능은 관리자에게 넘어가고 말았어요. 관리란 다름 아닌 노동 통제입니다.

테일러 시스템, 그리고 구상과 실행의 분리

20세기가 시작될 무렵, 미국의 기계 기사 테일러(F. W. Taylor, 1856~1915)는 '과학적 관리'라는 이름으로 노동자한테서 구상 기능을 떼어 냈습니다. 이를 테일러 시스템 또는 테일러주의라 하죠. 그는 "어떤 결정도 노동자에게 넘기면 안 된다"고 강변했어요. 사전에 모든 걸 판단한 뒤 노동자에게 작업 지시를 내린 거예요. 그는 스톱워치로 작업 동작을 재서 가장 빠른 방법을 찾아낸 뒤 '작업 표준'으로 정했어요. 그 결과 노동자는 노동 수단, 노동 대상 같은 생산 수단으로 전락했습니다.

테일러 시스템은 그 후계자의 한 사람인 미국의 능률 기사 길브레스(F. B. Gilbreth, 1868~1925)에 이르러 극단으로 치닫죠. 그는 작업 시간·동작뿐 아니라 휴식, 용변, 커피 타임 같은 자투리 시간까지 분석 대상으로 삼았어요. 노동자를 인격이 빠져나간 기계 부속품으로, 사전에 작성된 작업 표준의 조작 대상으로 취급한 거죠.

생산 과정은 갈수록 복잡해지고 과학 기술이 적용돼요. 하지만 구상 기능을 떼어 낸 노동자는 이런 발전에 참여할 수도, 작업 공정을 이해하기도 어렵게 되죠. 설계, 계획 같은 구상 기능은 차츰 소수의 핵심 부서에 집중됩니다. 생산량은 갈수록 늘어나지만 필요한 생산 인력은 되레 적어져요. 당연히 실업자가 늘어나죠. 그래도 이것은 '경제적 효율 향상'으로 간주될 뿐이에요. 생산성 증가와 수익성 향상은 자본에게 신앙과 같습니다.

한편 구상과 실행이 분리되면 사무직이 늘어납니다. 19세기 초까지는 대기업도 대부분 가족 경영 형태를 띠었어요. 자본가는 직접 편지도 쓰고, 고객을 방문하고, 노동자를 직접 지휘했죠. 관리직은 아주 적었고, 대부분 자본가와 절친한 사이였어요. 그러나 20세기 들어오면 사정이 달라집니다. 19세기 말엔 10%도 안 되던 사무·관리직이 1950년대엔 20%를 넘어섰고, 그 뒤로도 꾸준한 증가세예요. 반면 생산직 노동자 비율은 갈수록 줄어 1970년대에 이미 33%까지 떨어졌어요. 우리나라의 경우 2012년 현재 20%에 지나지 않아요.

이를 두고 '정신노동과 육체노동의 분리'라 말하기도 합니다. 정확하게는 '구상 기능의 분리'예요. 정신노동 자체도 구상 기능과 실행 기능이 따로 있거든요. 그러니까 육체노동에서 먼저 정신노동을 떼어 낸 다음 같은 원리에 따라 정신노동도 다시 나누는 거예요. 사무·관리직을 '정신 노동자' 또는 '화이트칼라'로 부르던 때가 있었죠. 하지만 지금은 계획 수립이나 전략적 판단 같은 핵심 기능을 극소수 관리 집단이 독점해요. 대다수 사무·관리직은 단말기 입력, 문서 작성 같은 단순 노동을 맡습니다. 그래서 '블루칼라–화이트칼라'라는 전통적 분류법은 낡은 말입니다. 정신노동을 상징하던 문서 작성만 봐도 지금은 촘촘하게 구획된 서류 양식에 단편적 정보를 채워 넣는 작업으로 퇴화했잖아요. 계산 기능 또한 주판, 전자계산기를 거쳐 이젠 빈칸에 숫자만 쳐 넣으면 컴퓨터 프로그램이 알아서 연산해 주는 단계에 이르렀지요. 보세요. 전산화된 은행 창구와 전자 제품 조립 공정의 작업 모습에 어떤 차이가 있나요? 사무직이 생산직보다 우월하다는 사회의 시각도 이젠 많이 달라졌어요. 노동 양식이 비슷해지고, 임금 수준도 대등하거나 뒤집어져 사무직 우위가 갈수록 흐려지는 형편이죠.

포드 −케인스주의와 대량 생산−대량 소비

테일러 시스템은 '과학적 관리'란 이름에 어울리게 생산성을 크게 높였어요. 하지만 비인간적 특성 때문에 노동자와 뜻있는 사람들의 거센 반발을 불렀죠. 그러던 중 테일러 시스템은 포드 시스템을 통해 완성됩니다. 포드(H. Ford, 1863~1947)는 미국의 공학 기술자로 포드자동차 창업자예요. 그는 고기 가공 운반 설비를 본떠 일관 생산 방식을 도입하죠.

포드자동차가 설립된 1903년만 해도 자동차 조립 작업은 높은 숙련이 필요했어요. 붙박이 조립대에서 숙련공 몇 명이 한 대씩 조립해 나갔죠. 그러다가 1913년부터 일관 조립 라인(컨베이어 시스템)을 도입했어요. 작업자가 움직이는 대신 부품을 자동 공급함으로써 조립 시간을 확 줄였습니다. 나아가 부품 규격을 통일하고, 노동자 한 사람이 한 가지 작업 공정만 맡도록 단순화했죠. 그 결과 관리자가 조립 속도를 통제할 수 있게 됐어요. 어떤 때는 컨베이어를 2~3배 빨리 돌리기도 했어요. 기계 장치가 작업 리듬을 결정하고, 노동자는 직무 자율성을 빼앗기게 된 거예요.

찰리 채플린(Charlie Chaplin, 1889~1977)이 만든 영화 〈모던 타임스〉(1936년)는 일관 조립 생산의 참상을 실감 나게 그리고 있어요. 찰리는 컨베이어 벨트에서 나사 죄이는 일반 합니다. 하루 종일 단순 반복 작업을 하다 보니 보이는 깃마다 조이려는 강박에 시달리죠. 결국 정신이 이상해진 찰리는 병원에 입원하기에 이릅니다.

이게 영화 속 얘기만은 아니어서 포드자동차 노동자들은 단순 반복 작업을 도저히 견딜 수가 없었어요. 일을 시작한 지 얼마 안 돼 회사를 그만두는 노동자가 꼬리를 물면서 이직률이 치솟았죠. 이에 포드는 1914년에 '임금 5달러−8시간 노동−3교대제'라는 획기적 보상 체계를 도입합니다. 임금은 전보다 두

배를 높이고, 노동 시간도 한 시간 줄인 거예요. 이로써 그만두려는 노동자를 붙잡는 데 성공하죠.

한편 이렇게 대량 생산된 '모델 T' 자동차는 1922년까지 1,500만 대가 넘게 팔렸고, 가격도 1/3까지 떨어집니다. 그 결과 사치품으로 여겨지던 자동차가 노동자들에게도 보급되기 시작하죠. 이는 사실 제품 소비 시장을 키워 이윤을 늘린다는 전략에 따른 겁니다. 나중에 '포드주의'로 불린 이 축적 체제는 '대량 생산-대량 소비'가 특징이에요. 포드 시스템의 생산성이 매우 높다는 사실이 알려지면서 자본가들은 앞다퉈 이를 도입합니다. 1920년대 중반에는 유럽 대륙까지 퍼지게 되죠. 나아가 철강, 유리, 금속, 고무 같은 자동차 유관 산업도 덩달아 생산성이 올랐어요.

반면 포드 시스템의 높은 임금 수준은 느리게 퍼졌습니다. 그럴 수 있었던 건 생산성 향상과 대량 생산 덕분에 상품 가격이 떨어졌기 때문이에요. 생활필수품 가격이 떨어지면 임금을 올려 주지 않더라도 생활수준은 그럭저럭 유지할 수 있잖아요. 결국 임금은 제자리걸음을 하게 돼요. 그런데 문제가 생겼습니다.

포드 시스템의 높은 생산성으로 상품 공급은 크게 늘어났는데 소비자이기도 한 노동자들의 임금은 그대로니 소비 수요 또한 제자리였죠. 대량 생산이 대량 소비로 이어지려면 주요 소비자인 노동자의 구매력이 넉넉히 받쳐 줘야 하는데 그러지를 못한 거예요. 수요는 그대로인데 대량 생산이 계속되면 결국 과잉 생산이 되죠. 상품이 팔리지 않고 쌓여 가면 가격은 자꾸만 떨어져요. 그러면 생산을 해도 수지가 맞지 않기 때문에 생산을 줄이거나 공장 문을 닫습니다. 그 결과 실업자가 늘어나죠. 한쪽에서는 상품과 식량이 쌓여 가는데, 다른 쪽에서는 소비할 여력이 계속 줄어들고, 배를 곯는 사람이 늘어 갑니다. 결국 극심한 불황이 찾아왔죠. 이것이 바로 1930년대의 세계 대공황입니다.

　1929년 10월 24일 뉴욕 주식 시장 붕괴로 시작된 세계 대공황은 10년이나 지속될 만큼 파장이 컸습니다. 미국의 실업률은 1929년 3.2%에서 1933년 25%까지 치솟아요. 그 충격은 전 세계로 퍼집니다. 공황이 절정에 이른 1932~33년, 유럽 각국의 실업률은 23%(벨기에)~44%(독일)나 됐어요. 총생산이 빠르게 떨어지고, 1933년 세계 무역은 1929년의 1/3로 줄었습니다.

　적자생존의 극심한 경쟁, 통제되지 않는 생산이 특징인 자본주의 체제는 주기적 공황을 피할 수 없습니다. 게다가 이 세계 대공황은 더없이 혹독했어요. 그래서 사람들은 '보이지 않는 손'이 알아서 조절한다는 애덤 스미스 이래의 경제 법칙을 더는 믿지 않게 되었죠. 결국 국가가 '뉴딜' 같은 정책으로 시장에 적극 개입하고, 실업자를 흡수합니다. 이는 영국의 금융 경제학자 케인스 (John Maynard Keynes, 1883~1946)의 '유효 수요 창출론'에 바탕을 둔 조치였어요. 유효 수요론에 따르면 수요가 부족해서 생긴 대량 실업은 정부 지출과 통화량을 늘림으로써 해결할 수 있다는 거예요. 생산과 고용을 결정하는 건 공급이 아니라 총수요라는 학설이죠. 총수요란 경제 전반의 구매력을 뜻해요. 그런데 총수요가 줄어들면서 생기는 실업은 저절로 해결되지 않는다는 겁니다. 따라서 정부가 조세와 재정 지출, 이자율을 조정해 완전 고용을 달성해야 한다는 얘기죠. 이리하여 국가가 경제에 강력히 개입하는 '복지 국가'가 탄생합니다.

케인스주의는 포드주의와 더불어 2차대전이 끝난 1945년부터 '자본주의 황금기'(전후 호황기)를 이끌었습니다. 이때 고도성장을 이룩한 산업 발전 국가를 흔히 '선진국'이라 부르죠. 그런데 각국을 산업 발전 수준에 따라 선진·중진·후진국으로 나누는 건 '선진국'의 관점일 뿐이에요. 선진국은 좋은 나라, 후진국은 나쁜 나라라는 어감이 스며 있어요. 그러나 산업화가 앞섰다고 해서 무턱대고 좋은 나라, 행복한 나라는 아니죠. 아무튼 이들 나라는 이전까지 연간 1~1.5% 성장했으나 황금기에는 미국과 영국 2~3%, 서유럽 4~5%, 일본은 무려 8%에 이르는 유례없는 기록을 세웠습니다.

여기서 한 가지 의문이 생깁니다. 이때도 1930년대처럼 생산성이 급상승하고 공급이 급증했는데 어떻게 대공황 대신 황금기를 맞을 수 있었느냐 이거죠. 그 이유는 세계 대공황에서 교훈을 찾았기 때문이에요. '고삐 풀린 자본주의', 곧 자유방임 자본주의로는 대공황 같은 구조적 문제에서 결코 벗어날 수 없다는 교훈이죠. 이윤 논리를 통제하고, 시장을 조절하는 방식으로 국가가 경제에 개입해야 한다는 생각이 널리 퍼졌어요. 나아가 누진세를 도입하고 복지 지출을 늘림으로써 생활수준이 부쩍 높아졌습니다. 1960년대 유럽 각국의 실업률은 평균 1.5%로 사실상 완전 고용을 이룩했죠. 사치품이던 냉장고, 세탁기, 텔레비전, 전화기 같은 가전제품이 생활필수품이 되었고, 해외여행을 비롯해 여가 활동도 크게 늘었어요. 그런데 산업 발전 국가의 고임금과 괜찮은 노동 조건은 사실 주변부 국가에서 빼낸 높은 이윤이 그 원천이기도 하죠.

　이제 노동자들은 자신의 삶을 '일하는 시간'과 '일하지 않는 시간'으로 나누어 생각하게 됐어요. 그러니까 직장 생활은 빼앗기거나 허비했다 여기고 '자유 시간'을 중시한 거예요. 이 경우 노동은 자연스러운 생활이 아니라 강요된 활동이 되고 말죠. 그래서 노동 시간을 줄이자는 움직임이 생기고, 노동 절약형 가정용품이 유행합니다. 그러나 이는 여가 시간조차 자본이 제공하는 상품과 서비스에 포위되는 결과를 낳았어요. 더욱이 오락과 스포츠는 자본 축적 수단으로 변질됩니다. 자본의 지배에서 벗어나 '사는 재미'를 누려야 할 여가조차 노동 과정의 연장이거나 이윤을 쌓아 주는 소비 활동에 자리를 내준 거죠.

　아무튼 '황금기'가 언제까지고 지속될 수는 없었어요. 실제 산업 발전국의 생산성은 1960년대 중반부터 떨어지기 시작해요. 포드 시스템이 위기에 빠진 거예요. 포드 시스템의 주요 특징인 단순 조립 노동은 작업자가 창조적으로 일할 여지가 거의 없거든요. 따라서 생산성을 높이려면 더 정교하고 성능 좋은 기계 설비를 도입해야 하죠. 그런데 기계 설비재 제조 부문의 생산성이 떨어지기 시작한 거예요. 그 결과 산업 전반의 설비 자산 비용이 늘어나면서 자본 수익성도 떨어집니다. 과잉 생산 때문에 빚어진 1930년대 대공황과는 달리 이번엔 수익성이 문제가 된 거예요.

　더구나 노동자들도 포드 시스템에 넌더리를 내기에 이르죠. 단순 조립 작업의 고된 노동, 숙련 파괴, 노동 소외 같은 고통을 더는 견딜 수 없게 된 거예요. 결국 1968년부터 1970년까지 유럽 전역은 파업의 불길에 휩싸입니다. 공장이 멈추자 생산 설비 자금의 금융 비용(은행 이자)이 부담이 됩니다. 여기에 임금까지 치솟아 자본의 수익성은 더 떨어져요. 제품 가격 인상으로 활로를 뚫어 봤지만 그 여파로 임금도 함께 올라 인플레이션이 생깁니다. 여기에 투자 비용이 큰 짐이 되면서 경기가 침체에 빠져요. 급기야 세계 경제는 경기 침체 속의 인플레이션, 곧 스태그플레이션이라는 초유의 사태를 맞게 됩니다. 실업자가 크게 늘어 실업 급여 같은 국가의 복지 비용도 급증했어요. 엎친 데 덮친 격으로 1973년, 1978년에는 석유 파동까지 일어납니다. 석유 파동(oil shock)이란 국제 석유 가격이 폭등해 세계 경제가 위기와 혼란에 빠졌던 사태를 가리켜요. 여기서 비롯된 불황의 터널은 1980년대 초까지 이어지게 되죠.

이렇게 되자 '저금리, 재정 지출 확대를 통한 유효 수요 창출'이라는 케인스주의 처방은 인플레이션만 부채질해요. 대량 생산-대량 소비 시스템도 한계를 드러낸 거죠. 이로써 20세기 초에 출현해 세계 대공황을 거쳐 1970년대 중반까지 세계 경제를 지배해 온 포드-케인스주의는 막을 내렸습니다.

한 가지 짚고 넘어갈 것은 포드 시스템이 지구 생태를 크게 해쳤다는 사실이에요. 대량 생산-대량 소비는 천연자원을 남용하고, 생태계를 파괴한 대가였죠. 산업화된 대도시는 스모그에 휩싸이고, 공장 지대를 흐르는 강은 산업 폐수로 오염됐어요. 1950~1973년에 탄소 가스 배출이 세 배나 늘어 기후 온난화를 재촉했죠. 오존층을 파괴하는 화학 물질 생산도 급증했습니다. 인류가 대대손손 살아갈 터전을 망가뜨린 대가로 대량 생산-대량 소비 '잔치'를 벌인 셈이죠.

신자유주의 축적 체제

포드-케인스주의 축적 체제는 '신자유주의'에 자리를 내줬습니다. 신자유주의를 말 그대로 풀어 보면 '새로운 자유주의'란 뜻이죠. '자유'를 중시하는 데다 새롭기까지 하다니 꽤 괜찮은 사상으로 보이는데 과연 그럴까요?

'신'자유주의를 이해하려면 먼저 '원조' 자유주의부터 살펴봐야 합니다. 자유주의는 경제적 차원에서는 자유방임 사상을 가리키는 게 보통이에요. 사유 재산권과 계약의 자유를 유난히 강조하죠. '자유시장 경제학의 아버지'로 불리는 애덤 스미스는 1776년에 나온 『국부론』에서 '보이지 않는 손'(자유시장 원리)과 사익을 추구하는 행위야말로 성장과 혁신의 원동력이라고 주장했어요. 다시 말해 저마다 이기심에 충실하도록 내버려둬도 결국은 공공의 이익으로 귀결된다는 거예요. 정부가 일부러 관리하지 않더라도 경제가 자연스럽게 조절된다는 것이 스미스 이래 고전 경제학파의 주장입니다. 정부의 시장 규제에 반대하고, 시장 자체의 조절 기능에 경제를 맡겨야 한다는 거예요. 이른바 '자유시장 경제 체제론'이죠. 자유 무역을 옹호하고, 정부 보조금 지원과 독점 사업을 인정하지 않는 자유방임적 자본주의를 지지합니다.

자유주의는 자본주의가 태동해서 1930년대 대공황을 맞을 때까지 사실상 경제 운영 원리로 군림해 왔어요. 따라서 자본의 무한 경쟁, 잉여 노동 착취 강화, 과잉 생산–과소 소비에 따른 주기적 공황 따위는 자유주의의 문제이기도 해요. 그래서 1930년대 대공황은 자유주의 사상의 결정적 위기이기도 했죠. 다시 말해 세계 경제가 파국을 맞음으로써 사상 이론적으로 그것을 뒷받침해 온 자유시장론은 현실과 맞지 않음이 드러난 거예요. 이에 따라 자본주의가 왜 실패하고 파국에 이르렀는지 설명하고 대안을 제시할 경제 이론이 필요했고, 케인스의 '유효 수요론'이 등장하죠. 유효 수요론은 앞서 본대로 자유주의를 대체한 경제 운영 원리로서 전후 호황기를 이끌었지만 1970년대 중반에 이르러 위기를 맞았어요.

그 결과 자유주의가 반세기 만에 극적으로 되살아날 기회를 잡게 됩니다. 이때 등장한 신자유주의는 인플레이션을 억제하고 공급 측(자본)을 지원함으로써 경제를 되살리자고 제안했어요. 수익성이 떨어져 공급이 모자랐던 상황이라

이 주장은 그럴듯했고, 지지를 얻기에 이르죠. 새 신(新)이 붙긴 했지만 '자유방임'이라는 자유주의의 본질은 그대로였어요. 그렇다고 신자유주의를 대표하는 학파나 이론이 따로 있는 건 아니에요. 실상 여러 흐름을 한데 모아 놓은 것에 가깝죠. 그 안에는 통화주의, 공급 중시 경제학, 공공 선택 이론, 신고전학파 경제학 같은 여러 조류가 섞여 있습니다.

　역사에서는 영국 대처 정부(1979년), 미국 레이건 정부(1980년) 집권이 신호탄이었습니다. 이들은 국가의 경제 개입에 반대하고, 국가의 기능을 줄일 것을 내세웠어요. 그래서 나온 것이 '작은 정부, 그러나 강한 정부'라는 슬로건이죠. 언뜻 보면 순수 경제 논리에 바탕을 둔 것 같지만 실은 자본의 이해를 대변하는 이데올로기일 뿐이에요.

주주 가치 극대화, 세계화, 금융화

신자유주의 핵심 경영 전략은 '주주 가치 극대화'입니다. 기업 경영의 이익을 주주들에게 최대한 안겨 주기 위해 할 수 있는 모든 걸 다 한다는 거예요. 얼마나 안겨 주느냐에 따라 경영자의 보수가 달라져요. 주주한테 가는 몫을 키우려면 임금이나 투자 자금, 재고 같은 비용을 최대한 줄여 수익을 늘려 놓아야 합니다. 다음은 그 수익으로 주식 배당을 하거나 자사주를 매입함으로써 주가를 올리죠. 이런 '주주 우선 경영'을 보증하기 위해 경영자 보수 중 스톡옵션 비중을 늘려요. 스톡옵션(stock option)이란 임직원에게 자사 주식을 낮은 가격으로 살 수 있는 권리예요. 쉽게 말해 경영자의 보수 중 일부를 현금이 아닌 주식으로 지급하는 겁니다. 그러면 경영자도 상당량의 주식을 갖게 돼 다른 주주들과 이해관계가 같아지고, 그만큼 주주 우선 경영 가능성이 높아지는 거죠.

미국 기업의 주식 배당 비율은 1950~70년대에는 35~45% 수준이었어요. 그런데 1970년대 말부터 주주 가치 극대화 흐름이 지배하면서 60% 수준까지 치솟아요. 경영자 보수도 눈덩이처럼 불어나죠. 1960~70년대 미국 경영자의 급여는 노동자의 30~40배 정도였어요. 그러던 것이 1980년대 들어 늘어나기 시작해 1990년대 초에는 100배, 2000년대에는 300~400배까지 오릅니다. 반면 노동자의 시간당 평균 임금은 1973년부터 2006년까지 33년 동안 겨우 13% 오르는 데 그쳤어요. 결국 주주와 경영진이 기업 경영의 과실을 싹 쓸어 간 셈이죠. 그런데 기업에 대한 애착은 노동자가 주주보다 훨씬 크다는 점에서 씁쓸한 현상이에요. 주주들이야 여차하면 주식을 팔아 언제든 기업에서 손을 뗄 수 있지만 노동자는 자신의 생계 때문에라도 기업의 장기적 발전을 바라니까요.

특히 문제가 되는 것은 주주의 이익(주식 배당과 주가 상승)을 받쳐 주기 위한 '단기 이윤 극대화'예요. 연구 개발, 체질 개선 같이 당장 수익이 나지 않는 중

장기 투자를 회피하고, 당장 수익을 내는 데 필요하면 중요한 자산이나 자원마저 팔아 치우죠. 눈앞의 이익을 위해 제 살을 뜯어 먹는 어리석은 짓이에요. 미국 자동차 회사 GM이 그 본보기죠. GM은 주주 가치 극대화를 위해 인원 축소 등 감량 경영을 거듭하고 투자를 기피했어요. 그 결과 이미 1980년대 후반부터 문제가 드러나기 시작하더니 2009년 결국 파산하고 말았습니다.

주주 가치 극대화가 주주와 경영진에게는 큰 이득을 안겨 주지만 기업에는 큰 해악임을 알 수 있어요. 인력 감축만 해도 그래요. 당장은 수익성을 높일 수 있을지 몰라도 결국은 손해예요. 인력이 줄어들면 노동 강도가 세지고 노동자들의 집중력이 흐트러지죠. 그 결과 제품과 서비스 질이 떨어져 기업도 신용을 잃게 돼요. 나아가 노동자들은 늘 해고 위협에 시달리느라 불안감이 높아집니다. 언제 잘릴지 모르니 기업을 위한 능력 계발을 꺼리게 돼 결국은 생산 잠재력을 갉아먹게 되죠.

신자유주의의 또 다른 특징은 세계화예요. 신자유주의 이전 '유효 수요 관리 정책'은 국가 차원의 전략이었어요. 그때도 국제 교류가 꾸준히 늘긴 했지만 미국 경제의 수출 비중은 최고 8% 수준에 불과했죠. 수출 중심 경제라는 일본조차 그보다 약간 높았을 뿐이에요. 그러나 케인스주의가 물러나면서 국제 교역과 해외 투자가 급증합니다. 이는 1980년대에 무역 자유화가 싹트고, 초국적 시장이 형성된 결과이기도 해요. 심지어 세계 무역액의 절반은 초국적 기업의 내부 거래일 정도죠. 자본 수출-상품 교역 위주의 옛 국제 교류와는 차원이 달라요. 새로운 국제 분업이라 할 수 있고, 일종의 초국적 경제가 출현한 셈이죠.

정보 통신 발달은 공간적 제약도 없앴습니다. 초국적 자본은 지구 차원의 경영 전략을 펼치죠. 이를 통해 가장 유리한 노동력 비용과 품질, 환경 규제, 정부

지원 같은 요소를 국제적으로 고를 수 있어요. 이제 국가와 자본의 관계에서 국가의 기능도 크게 바뀝니다. 지구 곳곳을 떠도는 초국적 자본을 끌어들이려 나라들끼리 열띠게 경쟁합니다. 국가는 사회 안전망이나 환경 규제 같은 제도를 없애는 '사회적 덤핑', '바닥을 향한 경쟁'에 매달리게 됩니다. 영국과 프랑스 지방 정부 사이에 벌어진 초국적 화학 기업 듀퐁 유치 작전은 유명합니다. 열띤 경쟁 끝에 노인들이 '자식의 노조 활동을 막겠다'는 서약서까지 제출한 영국의 도시가 최종 결정됐다고 해요. 이런 행태는 사회의 균형 발전과 동떨어진 결과를 낳고 내부 갈등을 부추기게 됩니다.

초국적 경제의 실체를 잘 보여 주는 현상이 '경제의 금융화'예요. 자본주의 초기만 해도 이윤을 얻으면 재투자하는 경향이 강해 경제가 빠르게 성장했어요. 하지만 신자유주의가 지배하면서 자본가들의 건전한 투자는 점점 사라집니다. 대신 금융 투기 같은 비생산적 투자가 크게 늘었죠. 신자유주의가 가장 좋은 투자 환경을 제공했는데 자본은 정작 이를 거들떠보지 않는 웃지 못할 상황이 벌어진 거예요.

사실 전후 호황기가 끝난 뒤로는 줄곧 경기가 침체돼 실물 투자로는 높은 이윤을 얻기가 힘들어졌어요. 산업 발전 국가의 성장률이 크게 떨어지고 투자 양상도 바뀌었죠. 기업은 신규 투자를 꺼리게 되고, 이윤의 일부를 비축해 두는 사내 유보금은 갈수록 쌓이고 있지요. 그 바람에 금융 자본 규모가 부쩍 늘었어요. 금융 자본은 이자나 수익이 조금이라도 많은 곳을 찾아 전 지구를 누비고 있습니다.

오늘날 국제 금융 시장은 생산-교역 중심의 실물 경제에서 자립했어요. 전 세계의 하루 평균 무역액(실물 경제)이 100억 달러인 반면 국제 금융 시장의 하루 매출액은 3조 달러나 되죠. 그 격차는 갈수록 벌어지고 있고요. 투기성 금융 자본은 거품일 뿐 아니라 경제 자체를 위협합니다. 실물 경제가 언제까지고 거품 경제를 견딜 수 없는 노릇이니 약한 곳부터 문제가 터져요. 아이슬란드, 그리스, 이탈리아 같은 나라에서 잇달아 터져 나온 금융 위기가 바로 그거예요. 이러다가는 한없이 부풀다 터져 버리는 풍선처럼 세계 경제가 파멸할 수밖에 없어요. 지난 2011년 하반기 세계의 금융 중심지 미국 월가에서 벌어진 점령 시위는 이에 대한 강력한 경고이자 대중의 분노를 보여 줍니다.

결국 신자유주의는 포드 시스템의 위기를 해결하기는커녕 되레 키우고 말았습니다. 산업 발전 국가에선 완전히 해결된 줄 알았던 대량 실업, 절대 빈곤 같은 문제가 다시 불거졌어요. 이런 사실만으로도 신자유주의는 이미 실패했습니다. 특히 신자유주의는 노동에 대한 자본의 우위, 노동 배제가 특징이라는 걸 눈여겨봐야 해요. 고용 불안, 임금 삭감, 다기능화 같은 전략으로 노동자를 궁지로 몰았어요. 그 결과 노동조합을 비롯한 노동 세력의 사회적 영향력은 눈에 띄게 줄었습니다. 신자유주의는 이제 노동 자체를 없애려는 기세로 자본의 논리를 극한까지 밀어붙이고 있는 실정입니다.

6. 왜 일을 해도 가난할까요?

노동 시장 분절

　신자유주의가 세계를 지배하면서 사회는 '자본 축적의 효율성'이라는 잣대에 따라 움직이게 됩니다. 그 결과 노동의 가치는 더욱 떨어지고, 부익부 빈익빈이 깊어지면서 사회 양극화가 뚜렷합니다. 양극화란 사회 구성원 사이의 불평등과 소득 격차, 부유층과 저소득층의 빈부 격차가 말 그대로 양극단으로 갈리는 현상을 말해요. 신자유주의 시대에 이르면 노동자들 사이에서도 격차가 커지는 노동 양극화까지 나타나죠. 노동 양극화의 원인과 양상에 대해서는 나중에 자세히 다루겠지만 먼저 노동자 내부의 격차 구조부터 알아보겠습니다.

　노동자들 사이의 격차는 주로 직종의 차이에서 비롯됩니다. 안정되고 근무 여건이 좋은 직장이 있는가 하면 근무 여건이 나쁘고 불안정한 직장도 있죠. 학자들은 이런 현상을 '노동 시장의 분절(분리)'이라고 합니다. 노동 시장이란 노동력이 거래되는 장을 말하는데 결국은 한 사회의 고용 구조를 가리켜요. 따라서 노동 시장이 분리됐다는 것은 고용 구조에 차등이 생겼다는 뜻이죠. 구상과 실행의 분리로 자본가 계급과 노동자 계급이 나뉘었다면, 노동 시장의 분리는 다시 노동자 계급을 나누는 셈이죠.

좋은 직장, 나쁜 직장을 제비뽑기로 선택하는 게 아님을 잘 아실 거예요. 노동자의 국적, 출신, 성별, 세대 같은 타고난 지위와 학력, 전공 분야, 숙련 같은 성취도에 따라 직업이 갈립니다. 이런 차등은 누군가가 알게 모르게 부추기는데 그것이 바로 사회적, 제도적 차별이에요. 특히 성별, 국적 때문에 여성 노동자, 이주(외국인) 노동자가 차별당하죠. 이들은 괜찮은 직장을 잡기도 어렵거니와 근무 여건 또한 좋지 않아요.

기득권층, 특히 사용자들은 이런 차별 구조를 부추길 뿐 아니라 악용합니다. 이들은 나쁜 노동 조건을 무릅쓰고라도 취업하려는 노동자가 많을수록 유리해요. 노동력 가치가 떨어지고, 통제하기도 쉽기 때문이죠.

한편 좋은 여건에서 일하는 사람들은 그 자리를 지키려 애씁니다. 예컨대 의사, 변호사 같은 전문직 종사자들은 스스로 특별 대우를 받을 자격이 있다고 여기는 게 보통이에요. 그래서 의사협회나 변호사협회 같은 직능 단체는 자격 조건을 까다롭게 해 진입 장벽을 한껏 높이죠.

전문직뿐만이 아닙니다. 대기업을 비롯해 근무 여건이 괜찮은 노동자들도 그렇잖은 노동자들을 자신을 위협하는 존재로 여기는 경향이 있습니다. 그렇다면 근무 여건이 좋지 않은 노동자들은 어떤 경우일까요? 타고난 지위가 불리하거나 성취도가 떨어져서, 때로는 자신의 뜻과 상관없이 어쩌다 보니 그렇게 된 거죠. 이들을 흔히 '주변부 노동자'라 하는데, 이들이 실제로 어떤 처지인지 계층별로 나눠서 살펴보도록 하겠습니다.

여성 노동자

여성은 최근세까지 주권자로 인정받지 못했어요. 다시 말해 남성(아버지-남편)에 딸린 몸으로서 정치적 권리도, 경제 주권도 무시됐죠. 프랑스 혁명 같은 대격변을 거치며 보편적 인권은 꾸준히 나아졌지만 여성은 늘 예외였어요. 20세기에 들어와서야 여성은 참정권을 얻을 수 있었습니다. 뉴질랜드가 1893년으로 가장 빨랐고, 호주(1902년)가 뒤를 이었으며, 유럽에서는 핀란드(1906년)가 처음이었죠. 정치 선진국이라 일컫는 영국(1918년)이나 미국(1920년), 프랑스(1946년) 같은 나라도 여성 참정권에는 인색했어요. 심지어 아직도 이를 인정하지 않는 나라가 있을 정도예요. 그렇다면 경제권은 어떨까요.

농경 사회에선 여성을 비롯한 식구 모두가 함께 일했습니다. 산업 혁명 직전까지도 여성들은 가내 수공업에 참여했고, 임금 노동자로 일하는 게 유별난 게 아니었어요. 결혼은 여성에게 농업이나 가내 수공업, 상업에서 동업자 관계를 맺는 일이기도 했죠. 그러나 산업 혁명이 일어나면서 여성이 생산 노동에 참여할 기회는 차츰 줄어들었어요. 설령 노동을 한다 해도 임금이 몹시 적어 차라리 집안일만 하는 게 나을 지경이었습니다. 이에 따라 임금은 가족의 생계비라는 '가족 임금' 관념을 낳은 거예요. 남성이 가족 임금을 받는 대신 여성은 집안일을 도맡는 것으로 쳤지요.

그 결과 여성은 남편에게 경제적으로 종속됐습니다. 이는 사회 정치적 종속으로 이어져 고등 교육과 정치 활동에서도 소외되는 결과를 낳았죠. 따라서 여성이 고등 교육과 직업 교육을 받고, 정치에 참여하며, 자기 결정권을 행사하려면 무엇보다 산업과 직업에 참여해 '경제적 해방'을 이루어야 했어요. 여기에 가족 부양을 도울 필요가 더해져 여성들은 노동 시장에 뛰어듭니다.

자본으로서도 여성은 새롭고 바람직한 노동력이었어요. 게다가 남성의 임금이 가족 임금이란 통념이 좀체 사라지지 않아 여성은 남성과 같은 일을 해도 임금을 적게 줄 수 있다는 생각을 낳았죠. 이는 여성 노동력을 하찮은 것으로

여기게 만들었어요. 그래서 임금이 적을 수밖에 없는 전자·섬유 따위 경공업, 소매업과 서비스 같은 직종에 여성 노동력이 집중됐습니다. 남성 가장 혼자서 생계를 책임지던 노동자 가구는 이제 구성원 중 둘 또는 그 이상이 취업하지 않으면 생활이 궁핍하게 되었습니다.

더욱이 여성은 '유급 직장 노동－무급 가사 노동' 구조에 시달리게 됐습니다. 맞벌이를 하더라도 여성은 남성보다 가사 노동을 더 많이 합니다. 아이 돌보기, 청소, 요리 따위는 응당 여성들 몫으로 여겨 왔죠. 여기에는 남성은 밖에서 일하고, 여성은 집안일을 하는 게 자연스럽다는 성차별 의식이 깔려 있습니다. 이는 전통이나 종교의 이름으로, 때로는 폭력으로 오랫동안 세계를 지배해 왔습니다.

사실 육아를 비롯한 돌봄 노동은 배우고 노력하면 누구나 할 수 있는 일이에요. 하지만 전통적 가부장제 사회는 돌봄 노동을 여성의 본성으로 간주합니다. 이는 여성을 감정적, 수동적 존재로 규정한 데서 비롯된 관습이죠. 그래서 여성은 자신의 감정 능력을 자기 뜻대로 쓰기가 어려워요. 오늘날 가정주부는 신분이자 직업입니다. 다시 말해 아내, 어머니, 며느리로서 하는 일이 직업이 된 거예요. 그래서 그냥 가사 노동이 아니라 '애정을 듬뿍 담은' 보살핌을 당연시해요. 심지어 정신적으로 몹시 힘들고, 하기 싫더라도 말이죠.

이는 소외된 감정 노동이에요. 감정 노동이란 '자신의 심리적, 감정적 상태를 어떤 목적을 위해 관리, 사용하는 일체의 노력'으로 정의됩니다. 감정 노동 또한 자기실현이자 자유로운 마음의 수양, 도덕적 선택이 될 수 있어야 해요. 그러려면 우선 불평등한 관계부터 개선돼야 합니다. 그러나 여성의 사회생활이 부쩍 늘어난 오늘날에도 여성 차별 관습은 좀체 사라지지 않고 있어요. 많이 나아졌다지만 아직 갈 길이 멀죠. 여성 지위가 세계 최고 수준이라는 네덜란드 여성들조차 주로 시간제 일자리(파트타임)에 관심이 높다고 해요. 소득이 적더라도 직장일과 가사 노동을 병행하기가 쉽기 때문이죠. UN '인류 발전에 관한 보고서'에 따르면 여성에게 남성과 동등한 기회를 주는 나라는 아직 없습니다. 여성은 능력에 비해 여전히 불평등하다는 거예요. 세계 빈곤 인구 가운데 70%가 여성입니다. 여성들은 대부분 임금이 턱없이 적은 일자리에서, 남성과 같은 일을 해도 더 적게 받고, 실업률은 남성보다 높은 형편이죠. 그런데도 노동 시간은 남성보다 길어요.

여성의 사회적 영향력도 남성에 뒤질 수밖에 없어요. 각국의 여성 국회의원 비율은 스웨덴(45%)처럼 절반 가까운 나라도 있지만 평균 20%도 안 돼요. 정부 각료를 비롯한 고위직 공무원 비율도 엇비슷하죠. 기업 분야도 마찬가지예요. 여성 지위가 가장 높다는 유럽에서도 여성 최고 경영자 비율은 겨우 3% 수준입니다. 그 범위를 임원진으로 넓혀도 15%를 넘지 못해요. 그래서 이를 바로 잡기 위한 조치로 '여성 할당제' 도입이 활기를 띠고 있습니다. 여성 할당제란 사회 각 분야에서 선출, 채용, 승진 때 여성을 일정 비율 뽑도록 의무화한 제도예요.

여성 고용율을 보면 '선진국 클럽'이라는 OECD 국가들이 평균 60%를 약간 웃도는 수준이에요. 50%에 턱걸이 한 우리나라보다는 그래도 나아요. 우리나라 여성 고용율은 20대보다 30대가 떨어지고, 40대에 다시 높아지는 구조예요. 여성 중 상당수가 출산과 육아 때문에 30대에 퇴직했다가 아이가 자란 뒤 다시 취업하는 현실 때문이라 할 수 있죠.

따라서 성별 경제 격차를 줄이려면 아이 돌봄, 노인 복지 같은 공공 서비스를 늘려 여성의 가사 노동 부담을 줄여야 합니다. 아울러 남성의 가사 노동도 늘려 나가야 해요. 프랑스 같은 나라는 1990년대부터 주 35시간 노동제를 도입하면서 남성들의 가사 노동 시간이 눈에 띄게 늘었다고 합니다. 임금 노동 관행이 바뀌면 남녀 모두 가정 – 직장 생활에 균형을 찾을 수 있다는 좋은 본보기죠.

이주 노동자

최근 몇십 년 사이 세계적으로 이주민이 크게 늘었습니다. 서유럽에는 2차대전 직후부터 이민자들이 대거 몰려들었어요. 남부 유럽이나 북아프리카, 옛 식민지가 주요 노동력 공급지였죠. 노동력은 대부분 저개발국에서 발전 국가를 향합니다. 그것이 생명을 부지하거나 돈을 더 버는 길이라 믿기 때문이죠. 더욱이 그때는 전쟁 직후라 노동력이 많이 모자란 탓에 이민자들을 환영했어요.

우리나라에 이주민이 들어온 과정 또한 비슷했습니다. 우리나라는 1987년 6월 항쟁에 이은 노동자 대투쟁을 거치며 이주 노동자를 받아들이게 됐어요. 억눌렸던 노동자들이 한꺼번에 들고일어나 권익을 쟁취하면서 임금이 크게 오릅니다. 이에 국내 자본은 지난 1993년 산업 연수생 제도를 도입해 값싼 외국 노동력으로 대체하기 시작하죠. 이때부터 들어온 이주 노동자는 '계급 이하의 계급'으로서 노동자 최하층을 이루게 돼요. 2012년 현재 이주 노동자는 70만 명을 훌쩍 넘어섰고, 이 가운데 20만 남짓은 미등록 체류자로 추산됩니다.

자본으로서는 세계 시장에서 경쟁력을 갖추려면 값싼 이주 노동자가 필요합니다. 이들은 주로 내국인이 꺼리는 이른바 '3D(difficult·dangerous·dirty) 업종'에서 일하죠. 반면 내국인 노동자의 임금도 덩달아 떨어뜨리는 결과를 낳기도 해요. 실업률이 높은 사회에서는 이들이 일자리를 잠식한다고 배척하기도 하죠.

우리나라 이주 노동자 문제의 핵심은 정부와 자본이 이들을 오직 노동력으로만 보는 데 있어요. 우리와 똑같은 사람이라는 걸 애써 외면하는 거예요. 법적 보호나 권리를 부정함으로써 대놓고 국내 노동자와 차별합니다. 그 결과 이주 노동자들은 1987년 이전 한국 노동자들이 겪었던 인간 이하의 열악한 노동 환경을 그대로 이어받게 돼요. 이들은 내국인이 취업을 꺼리는 작업 환경에서 주당 60시간 넘게 혹사당하면서도 최저 임금 정도를 받습니다.

여고생 민서가 방글라데시 출신 카림을 만나면서 겪는 이야기를 다룬 영화 〈반두비〉(2009년)는 한국 이주 노동자의 현실을 실감 나게 그리고 있습니다. 불안정한 고용과 열악한 노동 조건, 악의적 임금 체불, 노동 시장 안에서 겪는 어려움, 이른바 '불법 체류자'에 대한 토끼몰이식 단속과 추방, 인종주의적 편견과 차별을 그대로 보여 주죠.

영화 내용이 아니라도 이들에게는 마음대로 회사를 옮길 자유조차 없어요. 정부는 미등록 체류, 인권 침해 같은 문제를 해결한다며 2004년에 고용 허가제를 도입했습니다. 사용자가 고용을 허가해야 입국·취업할 수 있는 제도죠. 그러나 이 고용 허가제가 도입됐어도 이주 노동자는 사용자의 횡포에서 벗어나지 못해요. 게다가 입국 뒤 3년(추가 2년)이 지나면 자기 나라도 돌아가야 하는 단기 체류 정책이라 '노예 허가제'로 불릴 만큼 문제가 많습니다. 한국에 올 때 거액의 편법 수수료를 들인 데다 본국에 돌아가도 일자리가 없어요. 그래서 이들 대다수는 "단속될 때까지" 버팁니다. 그에 따른 미등록 체류자 신분 때문에 온갖 부당한 처우와 인권 침해를 참고 견디죠. 고용주가 신고하면 곧장 추방되기 때문이에요.

더구나 지난 2008년 세계 경제 위기 이후 이주 노동자를 보는 눈길이 갈수록 사나워지고 있어요. 제노포비아(외국인 혐오)라는 현상인데, 주로 "우리 일자리를 잠식한다"거나 "이주 노동자가 늘면서 외국인 범죄가 급증했다"는 생각에 바탕을 두고 있죠. 하지만 이는 사실과 동떨어진 얘기예요. 이주 노동자들은 주로 내국인이 기피하는 이른바 3D 업종에서 일하고 있어 '잠식률'이 건설 업종(25%) 말고는 10%를 밑돈다고 합니다. 지난 IMF 외환 위기, 2008년 금융 위기 때의 경험도 이를 뒷받침하죠. 당시 정부는 내국인 일자리를 보호한다며 이주 노동자를 한꺼번에 내보내거나 고용 허가를 제한했지만 나아진 게 별로 없었거든요. 오히려 이들이 아니었으면 국내 3D 업체는 대부분 문을 닫았을 거예요.

외국인 범죄를 보는 시각도 많이 뒤틀려 있어요. 외국인 범죄가 늘어난 건 외국인이 늘어난 데 따른 자연 증가분이죠. 강력 범죄 비율은 0.12%로 내국인(0.68%)보다 오히려 훨씬 낮아요. 이따금 외국인이 끔찍한 범죄를 저지르면 언론 매체가 온통 들끓고, 이주 노동자 모두를 잠재적 범죄자로 몰아갑니다. 하지만

이는 터무니없는 편견일 뿐이죠. 가령 미국의 우리 교민 한 명이 끔찍한 범죄를 저질렀다고 칩시다. 이에 대해 미국 사회가 모든 한국인을 잠재적 흉악범으로 몰고, 비난하는 게 온당한 일일까요.

사실 국내 기업주가 고용을 허가하지 않으면 이들은 아예 들어올 수조차 없어요. 다시 말해 우리 사회가 필요해서 이들을 불러들인 겁니다. 그런데 사정이 달라졌다고 해서 가차없이 내치는 건 인권 유린이죠. 혹여 '하얀 피부가 아니라서', '기름 묻히고 흙 묻히는 일을 하고 있어서' 벌어지는 인종차별은 아닌지 돌아봐야 하겠습니다.

중소 영세 업체 노동자

대학생들의 '취업 전쟁'은 어느덧 시대의 서글픈 상징으로 자리 잡고 있습니다. 이때의 '취업'을 본뜻인 '일자리를 얻는 것'으로 해석하면 곤란해요. 그 앞에 반드시 '대기업'을 덧붙여야 해요. 회사 이름을 대면 누구나 한 번쯤 들어 봤을 정도는 돼야 할 거예요. 중소 영세 업체에는 자리가 있어도 성에 차지 않는대요.

우리나라는 OECD 국가 중에서 대기업 고용 노동자 수가 가장 적은 편이에요. 300인 이상 사업장에서 일하는 노동자 비율이 11%(2012년)밖에 안 되죠. 10년 전만 해도 20%가 넘었는데 차츰 줄어든 거예요. 이 얘기는 우리나라 노동자 중 열에 아홉은 300인 미만 중소 영세 업체에서 일한다는 뜻이에요. 대기업에 들어가고 싶어도 일자리가 너무 적고, 그나마 계속 줄어든다는 겁니다.

그런데 재수, 삼수를 해서라도 대기업에 들어가려 기를 쓰는 세태는 어인 까닭일까요. 무엇보다 다니는 직장(기업)의 위세로 그 사람의 사회적 지위를 평가하는 풍토에서 비롯된 바 크죠. 그러나 좀 더 근본적인 이유는 중소 영세 기업의 근무 여건이 형편없기 때문이에요. 사회적 평판은 둘째 치고, 안정성이나 임금 수준에서 비교가 안 될 정도죠. 자본력이 취약해 기업의 생존 여건 자체가 불안합니다. 심지어 단 한 번의 충격에도 허망하게 무너질 수 있는 곳이 바로 중소 영세 업체죠.

게다가 중소 영세 기업은 대부분 대기업 하청을 받아요. 제품을 납품하거나 일부 작업 공정, 서비스를 받아서 처리합니다. 때문에 납품 단가 후려치기 같은 원청 대기업의 횡포를 감수할 수밖에 없는 처지예요. 하청 업체는 이를 만회하기 위해 더 작은 업체에 재하청을 주거나 노동자를 더욱 쥐어짜죠. 이로써 원청 대기업에서 말단 영세 업체에 이르기까지 '하청의 연쇄 고리'가 이어집니다. 하청 단계가 하나 더 내려갈 때마다 노동 조건은 그만큼 나빠지게 되는 거예요. 그래서 대기업 노동자와 중소 영세 기업 노동자의 노동 조건은 갈수록 그 격차가 벌어집니다.

특히 임금 격차가 심각해요. 300인 이상 대기업 노동자 임금을 100이라 했을 때 중소 영세 업체는 그 규모에 따라 50~80%밖에 안 되는 실정이에요. 기업 규모가 작을수록 임금이 줄어들어 최저 임금을 조금 웃도는 수준에서 멈추죠. 지난 1990년대 초까지만 해도 90%는 됐다는 사실에 비춰 보면 얼마나 심각한지 알 수 있어요. 노동 시간도 대기업보다 중소 영세 기업이 더 길어요. 결국 중소 영세 노동자들이 더 오래 일하면서 임금은 적게 받고 있다는 얘기예요. 더욱이 기업의 생존도 불투명하고, 노동 조건이 나아질 여지도 별로 없습니다.

따라서 이들에게는 대기업 노동자들의 안정된 직장과 괜찮은 노동 조건이 동경의 대상일 수밖에 없습니다. 이따금 'OO자동차 생산직 연봉 몇천만 원' 같은 뉴스라도 들으면 이들의 박탈감은 더욱 커지죠. 물론 대기업 노동자가 많이 받는 게 아니라 중소 영세 노동자가 너무 적게 받는 게 진실이에요.

이들은 대부분 어쩌다 보니 중소 영세 업체에서 일하게 된 거예요. 대기업에서 일할 수 있었는데 운이 나빴던 경우도 있죠. 그럼에도 근무 여건이 크게 차이 나는 건 납득하기 어려운 일임이 틀림없습니다. 그저 '하류 인생'을 타고났거나 그렇게 성장한 자신을 탓해야 하는 것일까요?

노동 시장 유연화와 비정규직

여성, 이주, 중소 영세 노동자는 분절된 노동 시장에서 남성, 내국인, 대기업 노동자와 각각 대립 항을 이룹니다. 노동 시장에서 이들이 서 있는 자리는 주변부죠. 그렇다고 대립 항인 남성, 내국인, 대기업 노동자가 '중심부'에 있느냐면 그것도 아닙니다. 실은 이들 또한 대부분이 주변부 노동자예요. 심지어 내국인으로서 대기업에 다니는 남성 노동자라 해도 다 중심부에 있지 않아요. 사실 우리나라 노동 시장의 중심부에 있는 노동자는 대기업 남성 노동자 중에서도 오직 '정규직'뿐이죠. 대기업 남성 노동자라 해도 '비정규직'이라면 결코 '괜찮은 직장' 축에 끼지 못합니다.

오늘날 비정규직은 노동 시장 성격을 가늠하는 무척 중요한 잣대입니다. 비정규직은 여성, 이주, 중소 영세 노동자에 이은 또 하나의 주변부가 아니에요. 다시 말해 여성 노농자 따로 있고, 비성규식 노동자 따로 있는 게 아니란 얘기죠. 비정규직은 각각의 고용 형태가 지닌 속성입니다. 그래서 정규직 여성 노동자가 있고, 비정규직 여성 노동자가 있는 것이지요. 지금 노동 시장 분리를 가장 뚜렷이 보여 주는 건 다름 아닌 '정규직-비정규직' 분단 구조예요. '주변부 노동 시장'이라 했을 때 여성, 이주, 중소 영세 노동자보다 비정규직이 먼저 떠오르는 것은 바로 이 때문이죠.

처음부터 비정규직이 존재했던 건 아닙니다. 기업을 운영하면서 노동력이 더 필요하면 사람을 새로 뽑아요. 반면 경기 불황이나 다른 사정으로 경영이 어려워지면 남아도는 노동자를 해고하죠. 그런데 이 해고라는 게 자본에게는 노동력을 조정하는 일에 지나지 않지만 당하는 노동자에게는 날벼락이에요. 때문에 노동자들은 거세게 저항할 수밖에 없었고, 결국 노동자를 함부로 해고할 수 없도록 법률로 제한하기에 이르죠. 그 뒤 해고 조치가 정당한지를 두고 수많은 다툼이 벌어졌지만 '해고는 매우 신중해야 한다'는 것만큼은 상식으로 자리 잡았어요. 더구나 '전후 호황기'가 지속되면서 무리하게 해고할 일도 그다지 없었죠. 그러나 이 황금기가 막을 내리면서 사정이 바뀌었습니다. 이번에도 신자유주의가 탈이었죠.

신자유주의는 해고를 제한하면 기업의 운신 폭을 좁혀 경쟁력을 떨어뜨린다고 강변했어요. 또한 지나친 고용 보호로 노동 시장이 경직돼 되레 새로운 일자리가 생기지 않는다는 논리를 폈죠. 해서 신자유주의가 득세한 1980년대 이후 고용 보호 전통이 강한 유럽에서도 새로운 고용 정책이 도입됩니다. 그것이 바로 '노동 시장 유연화'예요.

노동 시장 유연화. '고용 구조를 유연하게 한다'는 건데 얘기가 좀 어렵죠. 유연해서 나쁠 건 없으니 그리되면 고용 사정이 좋아질 거란 느낌도 줍니다. 하지만 노동 시장 유연화란 다름 아닌 노동자를 쉽게 해고할 수 있도록 법과 제도를 바꾼다는 뜻이에요. 이쯤 되면 '언어의 마술'이라 할 만하죠.

아무튼 노동 시장 유연화는 많은 노동자를 한꺼번에 해고하는 '구조 조정' 바람을 일으키기도 했어요. 그러나 대량 해고는 노동자들의 거센 저항을 불러 오히려 더 많은 비용을 치르는 경우가 많았어요. 그래서 섣불리 구조 조정을 강행하기가 어려웠죠. 이에 따라 사용자들은 비용이 적게 들고, 필요할 때마다 '유연하고 쉽게' 해고할 수 있는 고용 형태를 찾아내요. 그것이 바로 비정규직

입니다.

비정규직은 이전에도 있었지만 그리 많지도 않았고, 딱히 주목받을 일도 없었습니다. 그러나 신자유주의 시대에 접어들어 노동 시장 유연화가 번지면서 부쩍 늘어나죠. 우리나라의 경우 1997년 IMF 구제 금융이 비정규직 확산의 결정적 계기가 됐어요. 최악의 경제 위기가 닥치자 그 고통을 노동 계급에게 떠넘기는 '정리 해고' 광풍이 몰아치죠. 이때 수십만 노동자가 일터에서 쫓겨났어요. 이들은 영세 자영업자로 변신하거나 비정규직으로 재취업할 수밖에 없었죠. 이에 따라 비정규직 노동자 비율은 2000년 50%대로 늘었습니다. 이어 2001년 이후 55~56% 수준을 보이다가 최근에는 50% 초반을 유지하고 있죠. 정규직보다 비정규직이 더 많다는 얘기예요. 게다가 유럽을 비롯한 다른 나라보다 그 비율이 너무 높습니다.

비정규직이란 일자리가 몹시 불안정한 노동자를 두루 일컫는 용어예요. 앞서 보았듯 대다수 나라는 정당한 이유 없이는 노동자를 해고할 수 없도록 법으로 제한합니다. 그런데 비정규직은 이 법 조항의 보호를 받지 못하는 노동자라고 할 수 있죠. 실제로 정규직은 특별한 일이 없는 한 정년까지 고용이 보장되지만 비정규직은 그렇지 못해요. 다시 말해 비정규직은 '정당한 이유 없이도' 해고 할 수 있다는 얘기예요. 어떻게 해서 이런 상식에 어긋나는 일이 벌어질 수 있을까요.

국제적으로 통일된 기준은 없지만 보통 비정규직이란 시간제(파트타임), 기간제(계약직), 사내 하청, 파견직, 도급직, 위탁직, 특수 고용직 같은 노동자를 가리키죠. 우리나라는 정부 차원에서 고용의 지속성, 노동 시간, 노동 제공 방식에 따라 한시적, 시간제, 비전형 노동자로 구분해요. 하지만 이는 흔히 쓰는 용어와 다르고, 분류 기준도 마땅찮은 흠이 있어요. 게다가 여러분에게는 생소한 용어고 뜻을 헤아리기도 어려울 거예요. 그래서 알기 쉽게 직접 고용, 간접 고용, 특수 고용으로 나눠 살펴보겠습니다.

직접 고용 비정규직은 일하는 회사와 직접 고용 계약을 맺습니다. 그러나 정규직과 달리 대부분 계약 기간을 정하는데 계약직, 임시직, 일용직, 시간제가 그거예요. 우리나라 비정규직의 90% 정도가 여기에 해당하죠. 계약직은 보통 1년 단위로, 임시직은 3개월 이내로, 일용직은 매일 계약을 맺습니다. 흔히 '알바'로 통하는 시간제(파트타임)는 노동 시간이 특히 짧고 법률 용어는 '단시간 근로자'예요.

직접 고용 가운데 시간제를 뺀 계약직, 임시직, 일용직을 통틀어 '기간제'라고 합니다. 이는 '기간제 및 단시간 근로자 보호 등에 관한 법률(기간제법)'에서 나온 용어예요. 이 법은 정규직 전환을 촉진하고, 차별을 없앨 목적으로 제정돼 지난 2007년부터 시행되고 있죠. 그 핵심 내용은 '2년 이상 기간제로 사용할 경우 정규직으로 간주’, ‘동종·유사 노동자와 차별적 처우 금지·시정’이에요. 그러나 입법 취지와 달리 2년을 넘기기 직전에 계약을 해지하거나 아예 해당 업무를 간접 고용으로 바꿔 정규직화를 회피하는 편법을 낳았어요. 이보다는 낫지만 정규직화 대신 ‘무기 계약직’이라는 변칙적 고용 형태로 바꾸는 사례도 나타났죠. 고용은 보장하되 노동 조건은 정규직과 차별함으로써 사람들은 이를 ‘중규직’이라고 야유했어요. 차별 처우 문제 또한 사용자가 여러 편법을 쓰는 데다 절차가 까다로워 시정 조치가 어려운 형편이에요.

　이에 따라 기간제법을 고쳐야 한다는 목소리가 높습니다. 우선, 기간제를 쓸 수 있는 요건을 강화해야 한다는 거예요. 객관적이고 합리적인 사유가 있을 때만 쓸 수 있도록 제한(사용 사유 제한)하자 이거죠. 사용 기간 2년 상한제는 그 기간을 1년으로 줄여야 해요. 또한 기간 산정 기준도 지금처럼 ‘개인’이 아닌 ‘업무’로 바꿔 기한 직전에 노동자를 교체하는 편법을 막아야 해요. 나아가 같은 일을 하는 노동자끼리는 ‘동일 가치 노동, 동일 임금’ 원칙을 명시해야 해요. 정규직과 비정규직, 직접 고용과 간접 고용처럼 고용 형태가 다르다는 이유로 차별 처우를 하지 못하도록 하자는 거죠. 무기 계약직, 즉 ‘중규직’ 문제는 법·제도를 정비해 차별 처우를 실질적으로 없애야 합니다.

　다음으로 간접 고용 비정규직을 살펴보겠습니다. 이는 실세 근무하는 회사와 고용 계약을 맺은 회사가 다른 경우예요. 사용자가 다른 회사를 거쳐 노동자를 간접적으로 고용하는 셈이죠. 간접 고용에는 파견 노동자와 흔히 ‘용역’이라고 하는 도급 노동자가 있습니다. 파견 업체, 도급 업체 소속 노동자라 해서 붙여진 이름이죠. 둘 다 자체 업무 시설을 갖추지 않고 노동자를 고용한다는 점은 같지만 다음과 같은 차이가 있습니다.

　먼저 파견 업체는 노동자를 모집해 실제 일을 시킬 사용자(사용 사업주)에게 파견하는 '인력' 공급 업체죠. 따라서 사용 사업주가 파견 노동자를 직접 지휘 감독(노무 관리)해요. 반면 도급(용역) 업체는 발주 업체와 어떤 '업무'를 수행하기로 약정하고 노동자를 모집해 그 업무를 처리합니다. 따라서 파견 업체와 달리 도급 업체가 노동자를 지휘 감독하죠.

직접 고용 노동자는 자기 뜻대로 사용자와 고용 기간을 계약하지만 간접 고용 노동자의 고용 기간은 원청(발주) 회사와 고용 업체의 계약에 달려 있어요. 어떤 이유로든 업체 사이의 계약 관계가 끝나면 간접 고용 노동자의 일자리도 사라진다는 얘기죠. 파견 업체는 원청 회사가 노동자에게 지급한 임금의 일부를 이윤으로 챙겨요. 이는 '중간착취'라는 심각한 문제를 낳죠. 근로기준법은 이 중간착취를 금지하고 있어요. 때문에 간접 고용 자체를 금지해야 한다는 목소리가 높습니다. 그럼에도, 요 몇 년 새 간접 고용 노동자는 갑절로 늘어 전체 노동자의 5%에 이르고 있어요. 기업들이 직접 고용의 부담을 덜어 보려고 외주 용역을 늘린 탓이죠.

상식에 어긋나는 무리한 욕심은 탈이 나게 마련이에요. 자동차 회사들은 그동안 '사내 하청'이라는 간접 고용 비정규직을 많이 써 왔어요. 그런데 이것이 사회 문제로 떠오른 끝에 '불법 파견'이라는 법원의 판결이 내려졌어요. 이에 따라 간접 고용 또한 사용 요건을 엄격히 제한해야 한다는 여론이 높습니다. 아울러 원청(발주) 기업에게도 사용자로서의 의무를 부과해 파견(도급) 업체와 연대 책임을 지도록 해야 한다는 의견도 많죠.

끝으로 특수 고용직은 학습지 교사, 보험 모집인, 골프장 경기 보조원, 퀵서비스 배달원, 화물차·레미콘 기사 같은 노동자를 일컫습니다. 겉으로는 독립된 사업자로서 회사와 업무 계약을 맺고, 성과에 따라 대가를 지급받죠. 때문에 회사는 이들이 자영업자라 강변하며 '사장님'으로 부르기도 합니다. 그러나 실제로는 일방적으로 업무 지휘를 받는 등 해당 회사에 종속돼 있는 노동자예요. 애초 해당 회사에 고용돼 있다가 회사의 강권으로 독립 사업자 등록을 한 경우가 적지 않다는 점도 이들이 사실상 노동자라는 사실을 뒷받침하죠. 따라서 근로기준법상 근로자 개념을 확대해 특수 고용직에도 근로기준법이 적용되도록 해야 마땅합니다.

이상에서 알 수 있듯 비정규직 노동자들은 언제 일자리를 잃을지 모르는 처지예요. 또한 언제 더 나쁜 일자리로 밀려날지도 모르죠. 고용이 불안정하면 소득이나 근무 여건이라도 괜찮아야 하건만 현실은 그렇지 못해요. 한국노동사회연구소 김유선 소장이 통계청의 '경제활동인구조사 부가조사'를 분석한 내용을 보면 상황이 정말 심각합니다.

비정규직 차별을 가장 뚜렷이 보여 주는 게 바로 임금 격차예요. 비정규직의 평균 임금은 정규직의 절반도 안 돼요. 2000년대 초만 해도 절반을 약간 넘었지만 갈수록 격차가 더 벌어지고 있어요. 복지 제도 수혜도 그 격차는 확연합니다. 사회 보험(국민연금·건강 보험·고용 보험) 가입률을 보면 비정규직은 정규직의 1/3밖에 안 돼요. 퇴직금·상여금·시간 외 수당·유급 휴가 적용 비율도 마찬가지입니다. 주 48시간 넘는 장시간 노동을 하는 비율은 비정규직이 정규직보다 두 배나 많아요. 사정이 이러니 정규직은 대다수(90%)가 스스로 원해서 현재의 직장에 취업한 반면 비정규직은 마지못해 취업한 사람이 다수(60%)였습니다.

비정규직은 이렇듯 고용 상태에서도, 노동 조건에서도 정규직과 견줘 몹시 어려운 처지임을 거듭 확인할 수 있습니다. 그럼에도 자본과 주류 정치권은 비정규직 고용이 어쩔 수 없다거나 심지어 바람직하다고 우겨 왔어요. 노동 시장이 너무 경직돼 있어 유연화해야 한다, 비정규직이 늘어나는 것은 정규직에 대한 과잉 보호 때문이다, 비정규직 고용을 늘려야 기업 경쟁력이 좋아지고 일자리도 생긴다……, 따위가 그것인데 다들 한 번쯤은 들어 봤을 겁니다. 하지만 이는 실태 분석과 외국 사례, 무엇보다 비정규직 노동자들의 현실을 통해 억지 논리임이 드러났어요.

따라서 비정규직 문제를 풀자면 법과 제도를 개선해 각종 보호 조치를 현실화하고, 차별 처우를 바로잡아야 합니다. 그러나 그것만으로는 부족해요. 시간제(파트타임)처럼 노동자 스스로가 원하는 경우는 예외를 두되, 비정규직 고용 자체를 금지해야 궁극적으로 문제가 해결됩니다. 그런데 그게 정말 가능하겠느냐고요? 물론 쉽지만은 않을 거예요. 하지만 비정규직 허용이 그랬던 것처럼 비정규직 금지 또한 정치적 선택, 즉 정책 의지에 달린 문제라고 하면 답이 될까요.

자동차 조립 라인에서는 정규직이 오른쪽 바퀴를 끼우고, 사내 하청 비정규직은 왼쪽 바퀴를 끼우는 모습을 흔히 볼 수 있습니다. 여기서 이 두 사람이 하고 있는 노동은 질적으로 아무 차이도 없어요. 두 사람이 생산한 가치도 똑같죠. 그럼에도 두 사람의 임금 격차는 두 배나 돼요. 고용 안정과 사업장 내 지위는 하늘과 땅 차이고요. 과연 이런 현실이 지속돼도 괜찮은 것일까요?

이는 분명 '사람 사는 세상'의 이치를 거스르는 거예요. 그 책임은 비정규직을 도입하고 더 늘리려 애쓰는 자본, 그리고 이를 뒷받침하는 국가 권력에 있습니다. 하지만 또 하나 그냥 넘어갈 수 없는 게 정규직에 대한 비정규직의 적대 의식이에요. 이를 상대적 박탈감에서 비롯된 뒤처진 자의 불만이라는 식으로 보아 넘겨선 안 됩니다. 분노의 화살이 정규직을 겨냥하는 데는 그럴 만한 까닭이 있으니까요. 한 일터에서 같은 일을 하는 사이임에도 비정규직을 동료가 아닌 하층 계급으로 대하는 경우가 적지 않아요. 힘든 작업이나 허드렛일을 도맡게 하는 일, 자신의 업무를 은근히 떠넘기는 일, 인격 모독 같은 일이 벌어지곤 합니다. 나아가 비정규직 차별을 당연시하기도 해요. 심지어 고용 조정 상황에 대비해 비정규직이 있어 주기를 바라죠. 실제 고용 조정이 벌어지면 비정규직이 우선 정리되므로 안전판 또는 바람막이 노릇을 해 주기 때문이죠. 물론 정규직이 모두 그런 건 아니지만 이런 '횡포'를 직간접으로 경험한 비정규직이라면 분개할 수밖에 없겠지요.

하지만 전쟁터에 안전지대는 없는 법이에요. 그 '바람막이'마저 차례차례 사라지고 나면 그다음은 정규직 차례입니다. 따라서 '나부터 살고 보자'가 아니라 '모두가 함께 사는' 길을 찾아야 합니다. 사용자 또한 마찬가지예요. 비정규직 고용을 늘리면 당장은 유연성이 커지고 노무 비용이 줄어드는 게 사실이죠. 하지만 길게 보면 이직률이 높아지고, 노동 생산성이 떨어진다고 합니다. 따라서 눈앞의 이익만 좇다가는 소탐대실이 될 게 뻔하고, 근본 처방을 외면하다가는 사회 전체가 걷잡을 수 없는 상황으로 치달을 수 있습니다.

노동 시장 양극화와 워킹 푸어

지금까지 노동 시장이 중심부와 주변부로 나뉘는 현상, 신자유주의 지배에 따른 노동 시장 유연화에 대해 알아보았습니다. 여기서 비정규직과 관련해 두 가지 눈여겨볼 게 있어요.

첫째, 비정규직이 여성과 중소 영세 업체 같은 주변부 노동사층에 집중돼 있다는 점이에요. 남성 노동자는 비정규직 비율이 40% 남짓인 반면 여성은 60%를 넘습니다. 그리고 사업체가 작을수록 비정규직 비중이 높아요. 5인 미만 사업체는 비정규직 비중이 85%나 됐지만 300인 이상 사업체는 15%였습니다.

둘째, 한 번 비정규직이면 영원히 비정규직일 확률이 높다는 거예요. 노동 시장이 분절돼 있다는 건 앞에서 알아보았죠. 이는 중심부와 주변부 사이에 높은 장벽이 쳐 있다는 뜻이에요. 따라서 비정규직이라도 열심히 하다 보면 언젠가

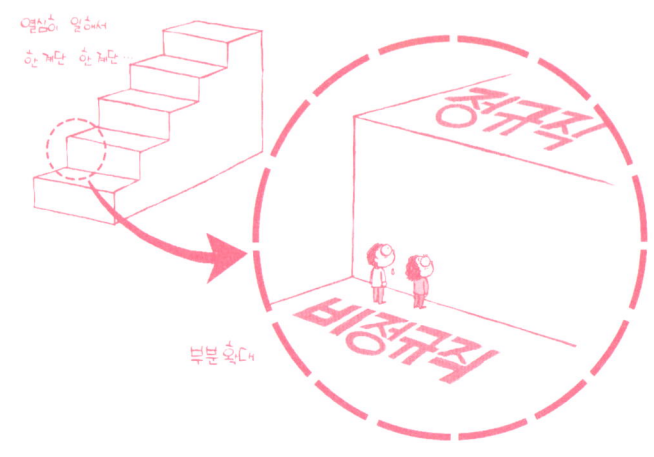

는 정규직이 될 수 있으리라는 꿈은 이루어지기 힘들어요. 비정규직이 정규직으로 가는 '징검다리'가 아니라 한 번 빠지면 헤어나기 힘든 '함정'이라는 게 차츰 뚜렷해지고 있습니다.

"산 넘어 산"이라 했던가요. 노동자를 둘러싼 고용 사정은 이렇듯 갈수록 어려워지고 있어요. 분단 구조가 엎친 데 유연화가 덮친 꼴이죠. 주변부 노동자가 대부분 비정규직이다 보니 고용·노동 조건은 더욱 나빠지고, 거기서 벗어나기도 힘들어진 거예요. 이로써 대기업+정규직+남성 같은 중심부 노동자는 사정이 나아진 반면 주변부 노동자는 나빠져서 그 격차가 더 벌어졌어요. 신자유주의 유연화 속에서 노동 시장은 분절화에 더해 양극화로 치달은 거죠.

노동 시장 양극화를 상징하는 건 '워킹 푸어(working poor, 근로 빈곤층)'입니다. 원래 빈곤층이라 하면 실업자, 노인, 장애인처럼 노동 능력이 없거나 온전치 못한 계층과 관계가 깊어요. 그런데 워킹 푸어란 하루하루 열심히 일해도 가난에서 벗어날 수 없는 사람을 말합니다. 이 점에서 '취업 빈곤층'으로 새겨들으면 그 뜻이 제대로 살아나겠죠. 아무튼 이 워킹 푸어는 1990년대 미국의 노동 유연화 전략이 불러온 극심한 소득 불평등 때문에 주목받기 시작했어요. 이들은 온 힘을 다해 일하고, 일거리가 몇 개씩 되는데도 밑바닥 삶을 살아갑니다. 미국은 지난 20여 년 동안 생산성이 꾸준히 높아졌지만 국민 80%는 소득이 제자리에 머물렀어요. 그런 가운데서도 '일자리 기적'이라 할 만큼 많은 고용 창출로 눈길을 끌었죠.

문제는 취업자는 그대로인데 일자리만 늘어났다는 점이에요. 무슨 뜻일까요? 한 사람이 한꺼번에 여러 가지 일을 하게 됐다는 얘기죠. 이른바 '투잡(two job)' 또는 '쓰리잡(three job)' 말이에요. 돈독이 올라서가 아니에요. 일자리 하나로는 수입이 너무 적기 때문이에요. '맥잡(Mcjob)'이라고 해서, 맥도날드 가게에서 하는 것과 같은 단순 서비스 일자리만 늘어난 거죠. 그런 일자리를 몇 군데씩 돌며 아등바등 일해도 소득이 보잘것없는 워킹 푸어의 세계. 그것이 바로 미국이 자랑하는 '일자리 기적'의 실체입니다.

신자유주의가 세계로 퍼지면서 워킹 푸어는 이제 일본과 유럽 등 대다수 국가의 사회 문제로 떠올랐습니다. 국제노동기구(ILO)가 지난 2010년 발표한 산업 발전국 27개국의 '저임금 노동자 비율'에서도 이 짐을 확인할 수 있어요. 이에 따르면 워킹 푸어 비율이 미국(24.5%)이나 일본(15.3%)뿐 아니라 캐나다(22%), 독일(21.2%), 호주(16.8%) 같은 나라도 심각했어요. 그렇다면 우리나라 사정은 어떨까요. 위 보고서에 나온 우리나라의 저임금 노동자 비율은 25.6%로 가장 높았습니다. 더 무슨 설명이 필요할까요. 심지어 우리나라 노동자들은 10명 가운데 7명이 스스로를 근로 빈곤층으로 여긴다는 조사 결과도 있어요. 지난 2009년 취업 포털 〈잡코리아〉가 노동자 765명을 상대로 실시한 이메일 설문 조사에서 나온 내용이죠.

워킹 푸어의 삶은 '소비 수준'이 낮은 정도가 아니에요. 인터넷 언론 〈프레시안〉은 지난 2010년 대학 강사(비정규직 교수)부터 노동 청소년에 이르기까지 여러 분야 근로 빈곤층의 현실을 심층 취재해 눈길을 끈 바 있습니다. 이 연재 기사에 달린 표제들을 잠깐 둘러볼까요. '한 달 가구 소득 129만 원에 생활비는 163만 원…매달 34만 원씩 빚 늘어', '전체 지출 13%는 빚 갚는 데, 주거비만 전체의 30%', '기자 생활 6년 차 월급이 125만 원…자존심으로 버텨', '청소년 5명 중 1명이 노동…최저 임금도 안 줘', '죽을 때까지 노동 굴레 못 벗는 빈곤 노인들', '연 매출 2억이라는 농민, 빚은 3억'. 심지어 영화계에서 실력을 인정받는 젊은 여성 시나리오 작가가 지병을 앓는 상태에서 며칠 동안 굶주린 끝에 숨지는 충격적인 일도 있었어요. 숨지기 전에 "창피하지만 며칠째 아무것도 못 먹어서, 남는 밥이랑 김치가 있으면 저희 집 문 좀 두드려 주세요"라는 쪽지를 붙여 놓은 것이 알려지면서 주위를 더욱 안타깝게 했습니다.

이렇듯 근로 빈곤층은 의식주뿐 아니라 문화생활, 대인 관계 등에서 최소한의 삶도 누리지 못해요. 이런 사회적 박탈과 배제가 거듭되면서 빈곤층은 아예 '투명 인간' 취급을 받죠. 이들의 사회적 비중에 견줘 그 존재나 목소리가 제대로 드러나지 않은 거예요. 그 결과 아무런 도움도 받기 어려워져 사정이 더 나빠지고, 더 가난해지는 악순환에 빠지게 됩니다.

고용 없는 성장, 노동의 종말?

자본주의와 함께 태어난 노동은 오랜 '무한 착취' 기간을 견뎌 왔습니다. 이어 전후 호황기에는 30년 남짓 영화를 누리는 듯도 했지요. 그러나 그것도 잠깐, 신자유주의라는 혹독한 임자를 만났어요. 유연화와 양극화로 이어지는 노동 시장 상황에서 온갖 수난을 당해 왔죠. 하지만 시련은 아직 끝나지 않았어요. 아니 더 심각한 위기 상황으로 치닫고 있습니다. 여기서 잠깐. 지금 다루고 있는 '노동'이란 것이 노동 일반이 아닌 '임금 노동'이란 거 잊지 않고 계시죠? 그렇습니다. 지금 임금 노동 앞에는 이전과는 전혀 다른 상황이 펼쳐지고 있습니다. 한번 보실까요.

상황 1 얼마 전까지만 해도 학업을 끝마치면 취직을 해서 생업에 몸을 담는 게 상식이었어요. 하지만 이제 취업 자체가 하늘의 별 따기만큼 어렵습니다. 너도나도 전공과목 제쳐 놓고 '스펙 쌓기'에 열을 올리죠. 하지만 그래 봤자 소용없어요. 어차피 채용 인원은 제한돼 있습니다. 수십, 수백 곳에 원서를 내 봐도 취업에 성공하는 경우는 극소수예요. 실패한 사람들 가운데 많은 이가 '취업 재수'를 택하죠. '눈높이'를 낮춰도 취업은 쉽지 않아요. 결국 이들은 '백수' 신세가 되고 맙니다. '청년 실업'이 사회 문제로 떠오른 게 대체 언제인가요. 하지만 풀릴 기미는 보이지 않고 오히려 악화될 뿐이죠.

예전에는 직장이 맘에 안 들거나 사정이 있어 관두더라도 조만간 새 직장을 구할 수 있었습니다. 그러나 말 그대로 '옛날 얘기'가 되었어요. 이젠 조건이 비슷한 직장은 물론이고 눈높이를 낮춰도 재취업이 쉽지 않아요. 결국 남는 건 자기 사업(자영업)뿐인데, 얼마라도 돈을 모아 놨다면 모를까 그나마 없으면 엄두도 못 내죠. 날품팔이로 근근이 목구멍에 풀칠을 하거나 노숙자 신세가 될 수밖에요.(전에 없던 노숙자가 우리 사회에 생겨난 것은 1997년 경제 위기 이후 일입니다.) 설령 자금이 있다 해도 비슷한 처지끼리 경쟁이 치열해 살아남기가 쉽지 않아요. 남들은 '사장님'으로 불러 주지만 속 빈 강정이라고 할까요. 평균 소득이 임금 노동자보다 적다고 합니다.

상황 2 직업이란 생계 수단이기도 하지만 무엇보다 '자아실현'의 길이에요. 그래서 직업 선택의 핵심 기준은 가치관, 취향, 적성 같은 요소입니다. 그런데 언제부턴가 이런 직업관을 얘기하면 '꿈꾸고 있다'고 타박을 받아요.

가령 한 설문 조사 결과를 보면 이공 계열 고교생 가운데 80% 남짓이 의과 대학을 지망한다는 거예요. 조사 대상 학생이 학업 성적 상위 2%라는 점은 있지만 그래도 이공계 대다수가 의사직을 선호하는 것만은 분명하죠. 심지어 '최하위권' 의대 입학 성적이 '최상위권' 공대보다 높다고 합니다. 물론 옛날에도 의사직을 선호하는 경향이 강했지만 이런 과열은 최근에 나타난 현상이라는군요.

한편 인문 사회 계열도 다를 거 없습니다. 여기서는 법과 대학에 학생들이 몰려요. 판사, 검사, 변호사 같은 법관직 선호 현상 때문이죠. 심지어 법대를 나오지 않았어도 사법 시험에 매달리는 '고시 열풍'이 뜨겁습니다. 하다못해 하위직 공무원도 인기가 높죠.

상식적으로 대다수 학생의 직업 적성이 의사나 법조인일 리는 없잖아요. 그런데 어찌 된 일일까요. 한마디로 다른 직업보다 훨씬 안정적이기 때문이에요. 1997년 경제 위기를 겪은 뒤로 '평생직장'은 옛말이 됐습니다. 앞서 보았듯 노동자들은 언제 해고될지 모르는 고용 불안에 시달리고 있잖아요. 삼팔선(38세가 되면 직장에서 퇴출), 사오정(45세가 정년), 오륙도(56세까지 직장 생활하면 도둑놈) 같은 한때의 유행어는 그냥 우스갯소리가 아니에요. 현실이 그러니 의사 면허나 변호사 자격증 따 놓으면 일자리 걱정은 안 해도 될 거란 생각이 퍼져 나간 것이죠. 결국 직업 선택의 최고 기준은 '안정성'이고, 가치관이니, 취향이니, 적성을 따지다가는 세상 물정 모른다고 손가락질당하기 십상이에요.

이 서글픈 현실을 상징하는 용어가 바로 '청년 실업'이에요. 청년 실업 또한 1997년 IMF 경제 위기 뒤 나타난 현상입니다. 게다가 날이 갈수록 심각해지고 있어요.

2012년에 통계청이 매월 발표한 15~29세 청년 실업률은 줄곧 8%를 넘었습니다. 하지만 실업률 통계가 흔히 그러하듯 이 또한 많이 축소돼 있어요. 취업을 포기한 사람, 다음 해 취업을 기대하며 졸업을 늦춘 사람, 각종 고시나 시험을 준비하는 사람 같은 '사실상의 실업자'를 뺀 수치입니다. 사실상의 실업자까지 포함하면 청년 실업률은 공식 통계보다 몇 곱절 높아집니다. 여러분 주변 사정을 보더라도 충분히 짐작할 수 있을 거예요.

우리나라만 상황이 심각한 게 아니에요. 산업 발전 국가 대부분이 청년 실업 문제로 애를 먹고 있어요. 유럽만 하더라도 청년 실업률이 평균 20%가 넘습니다. 나랏빚 때문에 국가 부도 위기에 몰린 스페인이나 그리스 같은 나라는 50%를 웃돌아 청년 둘에 하나가 실업 상태래요. 그밖에 아일랜드, 포르투갈, 이탈리아 같은 곳은 30%를 넘나들어요. 개중에 가장 낮다는 독일, 노르웨이, 스위스조차 10%에 가깝다고 합니다.

그러고 보니 청년 실업은 몇몇 나라만이 아니라 산업 발전 국가 모두가 겪는 세계 공통의 현상임을 알 수 있습니다. 문제는 오늘의 청년층이 나이가 들어 중장년이 되더라도 사정이 좋아질 것 같지 않다는 거예요. '취업 적령기'에 한 번 실패하면 원하는 직장을 잡을 기회를 다시 얻기 힘들어요. 대기업들도 취업 재수생 뽑기를 꺼린다고 하잖아요. 결국 많은 사람이 각종 채용 시험 공부에 파묻혀 청춘을 보내겠지요. 그렇다고 공부에만 매달릴 형편도 안 되니 '알바'나 '맥잡' 같은 불안정한 비정규직 일자리에서 생계비를 벌겠지요.

그래서 '88만 원 세대'라는 말이 한동안 사람들의 공감을 불러일으켰어요. 88만 원 세대는 대략 1997년 외환 위기의 여파 속에 사회생활을 시작한 사람들을 가리킵니다. 이들 중 상위 5% 정도만 '단단한 직장'에 다닐 수 있고, 나머지는 비정규직으로 살아가게 된답니다. 이 책이 나올 당시(2007년) 비정규직 평균 임금은 119만 원, 여기에 비정규직 20대가 받는 평균 임금 수준 74%를 곱한 게 바로 88만 원이에요. 이들은 조금 전 살펴본 불행한 삶을 살아가게 된다는 거예요. 바로 여러분을 두고 하는 말인데, 이런 얘길 듣고 나면 참 서글퍼지죠?

어쩌다가 세상이 이리 되었을까요. 경제 규모가 쪼그라들어서? 물론 그렇지 않아요. 산업 발전국 경제는 전성기만은 못해도 해마다 1~2%씩 성장하고 있거든요. 그렇습니다. 청년 실업이 문제가 아니에요. 정작 심각하고, 근본적인 문제는 '고용 없는 성장', 다시 말해 경제는 꾸준히 성장하는데 괜찮은 일자리는 생기지 않는 현상입니다. 알고 보면 청년 실업 또한 고용 없는 성장 현상의 한 겉가지일 뿐이죠.

실업은 이미 청년들만의 문제가 아닙니다. 그런데 지표로만 보면 고용 사정이 그리 나쁜 것 같지는 않아요. 정부가 발표한 실업률 동향을 보면 IMF 경제 위기 직후 7%까지 치솟았다가 2000년대 초에 안정을 되찾아 지금껏 3%대 중후반을 유지하고 있습니다. 유럽 각국과 견주어 보면 이건 '완전 고용'에 가까운 수치예요. 하지만 주변을 둘러보면 도무지 믿기지가 않을 겁니다.

실업률은 '경제 활동 인구' 가운데 실업자의 비율입니다. 경제 활동 인구란 생산 연령대(보통 15~65세)의 전체 인구 가운데 고용돼 있거나(취업자) 고용되기를 바라는 사람(실업자)을 말합니다. 그러니까 [전체 인구=비경제 활동 인구+경제 활동 인구(취업자+실업자)]가 되는 셈이죠. 그런데 일을 하지 않는다고 해서 무조건 실업자로 분류되는 게 아니에요. 실업자로 통계에 잡히려면 조건이 제법 까다롭죠. 그러니까 '조사 기간 중 전혀 일을 하지 못한 가운데 적극적으로 구직 활동을 한 사람'만 실업자로 쳐 줘요. 가령 열심히 취직자리를 알아보던 사람이 구직을 포기하면 그는 이제 실업자가 아닌 '비경제 활동 인구'로 잡히게 돼요. 그러면 실업률은 실제보다 줄어들겠지요. 흔히 '백수'라 일컫는 장기 실업자, 특히 청년 실업자 같은 경우가 통계에서 빠져요. 그래서 이런 부류의 비경제 활동 인구를 더한 실질 실업률은 공식 실업률보다 훨씬 높습니다. 정부의 실업률 통계를 곧이곧대로 믿기 힘든 건 이 때문이죠. 실업률과 대비되는 취업(고용)률 통계가 이를 뒷받침합니다. 취업률이란 생산 연령 인구(15~65세의 전체 인구) 중 취업자 비율인데, 생산 연령 인구는 기준에 따라 바뀌지 않고 일정하므로 노동 시장 상황을 더 정확히 보여 줍니다. 따라서 고용 상황을 정확히 파악하려면 실업률과 취업률을 함께 봐야겠죠.

그런데 우리나라 취업률은 OECD 국가 중에서 가장 뒤지는 편이에요. 청년 취업률도 마찬가지죠. OECD가 발표한 청년 취업률(2011년 기준)을 보면 우리나라는 23.1%로 OECD 34개 회원국 가운데 7번째로 낮았어요. 심지어 경제 상황이 심각한 스페인(24.1%), 포르투갈(27.1%)에도 뒤졌습니다. 그 23.1% 중에서도 괜찮은 일자리는 얼마나 될까요? '평생직장'은 그만두고 그럭저럭 일해 볼 만한 곳은 많지 않을 거예요. 대부분은 괜찮은 일자리가 생길 때까지만 다닐 생각으로 아르바이트, 임시직 따위를 떠도는 게 현실이죠.

아무튼 국가 차원의 통계 수치가 아니라도 고용 없는 성장은 산업 현장에서도 쉽게 볼 수 있습니다. 우리나라를 대표하는 산업이라 할 수 있는 자동차 업계의 고용 동향만 봐도 그래요. 지난 2010년 한 자동차 회사의 매출액은 전년보다 15.4%, 순이익은 77.85%나 늘었지만 종업원은 고작 0.27% 늘었다고 합니다. 또 다른 자동차 회사는 매출액은 32.15%, 순이익은 무려 270.35%나 늘었지만 정규직 노동자는 되레 4.35%가 줄었습니다. 이런 현상은 또 하나의 대표적 산업인 조선업도 다르지 않았어요.

이렇듯 수출이 늘고, 매출과 순이익도 덩달아 올라갔지만 기업의 고용은 미미하거나 오히려 줄어드는 실정이죠. 게다가 일시적 현상도 아니고 상시적 흐름으로 굳어지고 있습니다. 이렇게 된 데는 몇 가지 원인이 있어요. 우선 과학 기술이 발달하면 노동 생산성이 높아지는데 그 결과 노동력 수요가 줄어듭니다. 게다가 실업자가 늘어나도 자본으로선 아쉬울 게 없어요. 오히려 정반대죠. 일자리에 대한 경쟁률이 높을수록 노동자를 통제하기가 더욱 쉬워지기 때문이에요.

그래서 '노동의 종말'을 예고하는 학자도 나타났습니다. 미국의 유명한 경제학자 제레미 리프킨(Jeremy Rifkin, 1945~)이 그 사람이죠. 지난 30년 동안 미국의 산업 생산이 부쩍 늘었음에도 공장 노동자 비율은 절반(33%→17%)으로 줄었다는 거예요. 앞으로도 꾸준히 줄어들어 오는 2020년께는 2%도 안 될 거라 합니다. 기계화, 자동화, 정보화 등으로 자동 기계만 들어찬 공장, 사이버 회사가 사람의 노동을 대체할 거란 얘기죠. 그것이 자본에게 더 많은 이윤을 안겨 주기 때문이죠. 사람보다 기계가 훨씬 효율적으로 이윤을 만들어 내는데 굳이 노동력을 늘릴 필요가 없지요. 심지어 몇십 년 안에 산업 발전국 노동자들이 절반 넘게 일자리를 잃을 거란 얘기도 있어요. 이 경우 노동을 통한 생계유지나 가정생활이 어렵다고 합니다. 경제 체제, 기술력이 문제가 아니라 인간 사회가 돌이킬 수 없는 위기를 맞게 되는 거예요.

그렇다면 왜 이리 실업이 문제가 되는 걸까요? 사람들은 대부분 실업을 일종의 폭력으로 받아들입니다. 많은 돈과 시간, 노력을 들여 길러 온 능력과 자질을 한꺼번에 앗아가거나 못 쓰게 만들지요. 또한 사회 활동에서 고립되기 십상이라 인격 발달에 지장을 주고 심적 갈등에 부대낍니다. 그뿐이 아니죠. 이 책 첫머리에서 말했듯 사람들은 보통 자신과 직업(직장)을 하나로 봐요. 자신을 소개할 때 뭐라고 말하죠? "저는 OO(직장)에서 △△(직업)로 일하는 아무개입니다." 이러잖아요. 이렇듯 자신의 정체성을 노동 속에서, 직장에서 찾는 현실에서 일자리를 잃는다는 건 다름 아닌 '정체성 상실'이에요. 실업은 인간의 '육체적,

정신적 본성'을 짓밟습니다. 그래서 지금도 끊이지 않고 있는 대량 해고를 두고 노동자들은 "해고는 살인이다!"고 부르짖는 거예요.

그야말로 특단의 대책이 필요하겠죠? 사실 지난 몇 년 동안 정부와 대기업이 앞다퉈 '일자리 몇십만 개 창출'을 호언했지만 공염불로 끝나고 말았습니다. 설령 목표치를 이뤘더라도 사라진 일자리가 그보다 많다면 무슨 의미가 있겠어요. 지금 상황이 바로 그렇다는 얘기죠. 그래서 지금까지와는 전혀 다른 방책이 필요하다는 겁니다. 신자유주의는 지금까지 '대안은 없다(There is no alternative)'고 소리쳐 왔어요. 그러나 분명 대안은 있어요. 지금 우리에게 필요한 것은 확실한 대안을 향해 나아가려는 담대한 용기와 의지, 바로 그거예요.

7. 아름다운 노동의 미래를 위하여

사람들은 대부분 아침 일찍 일어나 하루 8시간 이상 꽉 짜인 일정에 따라 노동을 하며 살아갑니다. 또한 그것을 당연하게 여기죠. 아니 취업난이 심각한 요즘에는 오히려 일없이 빈둥빈둥 노는 사람을 불쌍히 여깁니다. 그렇다면 원래 일하는 게 정상이고, 노는 게 비정상일까요?

인류가 맨 처음 등장했을 때의 삶은 원숭이 같은 동물과 크게 다르지 않았을 겁니다. 동물들을 보세요. 배고프거나 어디 아프거나, 기상 이변, 다른 짐승의 공격 같은 위협이 없으면 늘어지게 잠을 자거나 서로 장난치며 놀잖아요. 그것으로 족한 거죠. 인류 또한 마찬가지였을 거예요.

초기 인류는 산과 들에 널린 열매와 곡식, 채소 따위를 채취하거나, 들판에 뛰노는 짐승을 사냥해 배고픔을 해결했어요. 이미 살펴봤듯 자연물을 그대로 챙기는 행위는 노동이 아닙니다. 그렇다면 농사나 유목 같은 노동 행위는 왜 생겨났을까요? 인구가 늘어나 채취-사냥만으로는 모두가 먹고살기 어려워졌기 때문이에요. 처음엔 먹거리를 놓고 종족들 사이에 쟁탈전을 벌이고, 나중엔 같은 종족 안에서도 아귀다툼이 벌어졌겠죠. 그런 일이 되풀이되면서 사람들은 다투지 않고 식량난을 해결할 방법을 찾았겠지요. 거기서 농경이 시작되고, 그 때부터 노동도 시작된 겁니다.

여기서 알 수 있는 건 노동이 인간의 본성은 아니라는 사실이에요. 목숨을 이어가기 위해 어쩔 수 없이 하는 고통스러운 행위라는 거지요. 우리는 이런 관점을 고대 그리스·로마 시대를 살펴보면서 이미 확인한 바 있습니다. 그 시대에 '정상인'은 노동에서 벗어났고, '비정상인'은 노예로서 노동에 내몰렸습니다. 그런 상황이 오늘의 자본주의 체제까지 이어지는 것이지요. 그것이 우리가 살펴본 노동의 역사였습니다.

소외된 노동 – '임금 노동' 다시 보기

문제는 자본주의 사회의 노동이에요. 여러분이 앞으로 노동을 하게 된다면 이 자본주의 체제의 노동을 하게 됩니다. 그 노동이 어떤 노동이냐? 이쯤에서 한번 정리하고 넘어갈 필요가 있겠군요.

기억을 더듬어 볼까요. 자본주의 노동의 가장 중요한 특징이 뭐였지요? 그렇습니다. 임금을 받고 자신의 노동력을 자본가에게 넘긴 뒤 그 자본가가 시키는 대로 일하는 '임금 노동'입니다. '고용살이'라는 말이 있는데 바로 그거예요. 한마디로 '소외된 노동'이지요. 소외(疏外)가 뭐죠? 쉽게 말해 자신을 자기 뜻대로 하지 못하는 게 바로 소외예요. 우리는 구상과 실행의 분리, 끊임없는 노동의 미숙련화를 특징으로 하는 기술적 측면의 노동 소외를 살펴본 바 있습니다.

어디 한번 볼까요. 여러분 주위에서 자신의 직업, 직무에 만족하며 일하는 사람이 얼마나 되던가요? 자기보다 지위가 더 높은 사람, 그럴듯한 일을 하는 사람을 부러워하고 때론 시샘하며 살아가는 게 보통이지요. 자본주의 경제가 모든 가치를 돈으로 둔갑시켜 놓았기 때문이에요. 그래서 사람들에게 노동은 수

단일 뿐이고, 목적은 다름 아닌 돈입니다.

의사는 인술(仁術)을 펴는 데서 얻는 보람보다 치료비 수입을 먼저 생각하는 게 숨길 수 없는 현실입니다. 변호사도 피고의 억울함을 풀어 준 기쁨보다 수임료 액수가 더 큰 관심사지요. 진료비를 수납하지 않거나 수임료를 지급(약속)하지 않으면 대부분 진료나 변론을 하지 않는 게 그 증거죠.

어디 이들뿐인가요? 자본주의 사회를 살아가는 사람 대부분, 노동자도 마찬가지입니다. 내가 만든 물건이 얼마나 질이 좋은가, 내가 작성하는 이 문서가 사회 발전에 얼마나 보탬이 될까, 내가 제공하는 서비스가 손님에게 얼마나 도움이 되나 따위는 진정한 관심사가 아닙니다. 그 일을 감독하는 상급자의 눈에 들면 그만이지요. 실질적 관심은 오직 이달에 받을 월급에 집중돼 있습니다.

설령 임금 노동이 아니라 해도 그 대부분은 이미 자본주의 질서에 갇히고 말았어요. 가령 농사는 어떨까요. 농업도 이젠 산업인 만큼 수익을 따질 수밖에 없어요. 그래서 어떤 작목을 선택하느냐가 중요하고, 실제로 그에 따라 수입이 달라져요. 또 수지가 안 맞겠다 싶으면 다 자란 작물이라도 갈아엎어 버리는 광경을 종종 보게 돼요. 농사가 이제 '투기'가 되어 가는 한 단면이죠. 이런 일이 벌어지는 건 근본적으로 정부의 잘못된 농업 정책 때문이에요. 공산품 수출을 늘리겠다며 농업을 희생한 결과죠.

그래도 농사는 아직까지 선택할 수가 있어요. 가령 '전략 품목'을 고른 뒤 빚을 내서라도 큰 설비를 갖추고, 노동력을 대거 투입해 많은 소득을 노려 볼 수 있죠. 하지만 자칫하면 큰 빚만 질 수도 있어요. 반면 수입이 적더라도 자연과 공존하는 친환경 유기 농업을 실천할 수도 있죠. 소박한 생활이지만 철 따라 씨 뿌리고, 거름 주고, 김매서 알찬 수확의 기쁨을 누리는 길입니다. 실제로 제가 농사지으며 살펴본 농민의 삶에서는 도시와는 다른 느긋함이 한껏 묻어

납니다.

그러나 임금 노동자에게는 그런 선택조차 불가능해요. 예컨대 사장에게 "월급은 조금 적게 줘도 괜찮으니까 좀 여유 있게 일하면 안 될까요?" 이렇게 부탁하면 어떨까요. 아마 "회사에서 내보내 줄 테니까 실컷 여유 부려 봐. 당신 아니라도 열심히 일할 사람은 많거든!" 타박과 함께 그 자리에서 내쫓기기 십상이죠.

이렇듯 자본주의 경제에서는 자신의 욕구를 채우고자 돈을 버는 게 아니라 더 많은 돈을 벌고, 더 많은 재산을 모으는 것 자체가 목적이 되어 버렸습니다. 결국 노동으로 나의 자질을 살리고 사회에 기여함으로써 궁극적으로 자아를 실현한다는 것은 현실과 동떨어졌다는 뜻에서 '몽상'일 뿐이지요. 자본가들이 노동자들의 자아실현을 도우려고 투자하나요? 아니죠. 이윤 창출이 자본의 지상 목표임을 우리는 알고 있습니다. 이 점에서 사회 기여, 자아실현 같은 가치

는 이윤 창출에 아무런 도움도 안 돼요. 오히려 방해가 되기 쉽죠. 그래서 자본은 이윤 창출에 최대한 도움이 되도록 노동을 조직합니다. 그것을 흔히 '기업 경영'이라 하죠. 여기서는 모든 일이 '경제적 가치'로 재구성돼요. 이런 가치관은 노동자들에게 스며들기도 합니다. 이 과정에서 노동은 끊임없이 위기 상황으로 내몰려 왔고, 우리는 그 과정을 이미 보았습니다. 다시 한번 간추려 볼까요.

자본은 좀 더 효율적인 이윤 창출을 위해 노동 시장을 분리하고, 그 분단 구조를 강화합니다. 여기에다 유연화, 양극화 같은 신자유주의 공세를 퍼부어 비정규직 노동자, 워킹 푸어가 부쩍 늘었어요. 급기야 경제가 성장해도 일자리가 안 생기는 '고용 없는 성장'에 직면합니다. 이는 '임금 노동의 종말'을 예고하는 상황이기도 하지요.

앞서 고용 없는 성장은 과학 기술 발달에 따른 노동 생산성 향상과 자본의 노동 통제 전략 때문이라고 설명했죠. 그 원리를 자세히 살펴볼까요. 거기서 문제 해결의 실마리를 찾을 수 있을지도 모르니까요.

우리는 지금 새로운 기술 혁명 시대에 살고 있어요. 과거와 달리 '촘촘한 연계망(네트워크)과 고도의 분산' 체계가 밑바탕을 이룹니다. 무엇보다 사회와 조직의 관계망이 바뀌었어요. 우리가 쓰는 혁신적 소프트웨어, 디지털 미디어, 개인용 컴퓨터(PC), 월드와이드웹(www) 따위는 20여 년 전만 해도 볼 수 없었죠. 이 새로운 정보 통신 체계가 관계망을 수직에서 수평으로, 또한 중앙 통제에서 분산된 상호 작용으로 혁신합니다. 나아가 새로운 통신 기술로 세계 곳곳이 서로 이어짐으로써 상호 의존성이 부쩍 높아졌어요.

'고용률 제로'와 '노동 시간 제로' 사이에서

한편 과학 기술이 발달할수록 노동 생산성도 꾸준히 높아집니다. 문제는 그것이 이제 사회에 짐이 된다는 거예요. 생산성이 높아지는 게 왜 문제가 되느냐고요? 한번 볼까요. 생산성이 두 배로 높아졌다고 칩시다. 이 경우 생산 설비를 곱절로 늘려 고용을 유지하거나, 노동 시간을 반으로 줄이지 않으면 노동자 절반은 남아돌게 돼요. 자본으로선 시장 상황도 있는데 냉큼 설비 투자를 늘리기가 어렵겠죠. 하루 8시간 근무를 당장 4시간으로 줄이는 건 더더욱 하기 싫을 거예요. 결국 자본이 택할 수 있는 가장 손쉬운 길은 '남아도는' 인력을 줄이는 겁니다. 실제로 이제까지 해 온 방법이기도 하고요.

그런데 생산성이 한꺼번에 두 배씩 오르는 일은 거의 없잖아요. 오랜 시간에 걸쳐 조금씩 올라가죠. 실제로 오늘날 미국의 생산성은 1950년대보다 4배 늘었고, 우리나라는 1980년대보다 7배 높아졌다는 통계가 있어요. 그러니까 그 기간 동안 설비 투자를 조금씩 늘리고, 노동 시간도 조금씩 줄여 왔다는 얘기가 됩니다. 하지만 생산성이 높아진 것에 정확히 비례해서 노동 시간이 줄어든 건 아니에요. 우리나라 노동 시간이 그동안 1/7로 줄어든 건 아니잖아요. 1/7은커녕 단 몇 시간도 줄지 않았어요.

자본은 이렇듯 '과잉 인력' 문제를 노동 시간 단축보다는 고용 축소(인력 감축)를 통해 풀고 있어요. 그래도 과잉 인력은 눈덩이처럼 불어날 겁니다. 과학 기술 발전 속도가 갈수록 빨라지고 생산성 또한 그에 비례할 테니까요. 기계화, 자동화가 더욱 진전돼 로봇만 들어찬 무인 공장, 무인 서비스 시스템이 대세가 되는 세상이 멀지 않았어요. 아니 무인 시스템은 이미 현실이에요. 자동차 조립에서 무인 공정이 가동되고 있어요. 각종 매표소, 금융기관 같은 곳에는 갈수록 직원이 사라지고 자동 기계가 그 자리를 채우잖아요.

그 결과 노동 시장은 이론상 '고용률 제로(0)'에 수렴됩니다. 지금 같은 고용 환경에서 자본에게는 디지털 시스템을 감당할 수 있는 '뛰어난' 노동자만 필요해요. 이제 그만그만한 능력 갖고는 노동 시장에서 기회를 잡지 못한 채 '장기 실업자' 신세가 되기 십상이에요. 프랑스 작가 비비안느 포레스테(Viviane Forrester) 말마따나 착취당하고 싶어도 그럴 기회조차 주어지지 않는 '경제적 공포'가 사람들을 짓누르는 시대가 된 거죠. 이것이 바로 '고용 없는 성장'을 빚어낸 원리예요.

그렇다면 문제 해결의 방향은 너무도 단순하고 명쾌합니다. '고용률 제로'가 아니라 '노동 시간 제로' 쪽으로 진행 방향을 돌리는 거예요. 고용을 줄이는 대신 노동 시간을 줄이자는 얘기죠. 이건 반론의 여지도 없어요. 그동안 왜 이리 간단한 길을 찾지 못했나 싶을 겁니다. 실은 몰라서가 아니라 그렇게 안 한 것뿐이에요. 왜냐? 그렇게 하면 이윤이 줄거나 늘지 않기 때문이죠. 그런 조치를 자본이 고분고분 받아들일 리가 없지요. 다른 것과 마찬가지로 '고용률 제로'냐, '노동 시간 제로'냐 또한 정치적 선택의 문제입니다. 이게 무슨 뜻인지는 나중에 자세히 알아볼 겁니다.

아무튼 '노동 시간 제로'란 아무도 노동을 하지 않는다는 뜻입니다. 그러고도 먹고살 수 있다는 얘기고요. 물론 꿈같은 얘기죠. 그런데 이때의 노동이란 '임금 노동'이에요. 그래서 정확히 얘기하면 '임금 노동 시간 제로'가 되는 거죠. 다시 말해 임금 받고 하는 노동, 이윤(잉여 가치)을 위한 노동이 사라지고 다른 형태의 노동이 그것을 대신한다는 겁니다. 그러면 고용 문제를 해결할 길이 열린다는 거고요. 그럴듯한가요? 실제로 앙드레 고르(André Gorz, 1923~2007)라는 프랑스 철학자도 비슷한 얘기를 했어요. "모두를 위한 완전 고용은 더 이상 불가능하다. 또한 임금 노동은 더 이상 삶의 중심이 될 수 없다"고요. 그래요. 임금 노동만을 생활 수단으로 보는 사회 인식과 경제 원리에서 과감히 벗어나야 문제 해결의 실마리가 풀립니다.

그러나 현실은 전혀 그러질 못해요. 임금 노동자를 보면 한편으론 자본가와 대립하면서도 '돈벌이'라는 점에서는 이해를 같이하기 때문이에요. 자본의 최종 목표가 이윤이라면 임금 노동의 최종 목표는 임금이잖아요. 그런데 이윤과 임금은 둘 다 생산품이 팔려야 실현돼요. 그러려면 반드시 생산 과정에 참여해야 하므로 노동자들이 고용에 목을 매는 거예요. '노동권'이라는 용어나 '노동할 권리를 달라!', '고용 안정 쟁취!' 같은 슬로건은 노동자의 이런 처지를 잘 드러냅니다. 그래서 고용 사정이 나빠진 뒤로는 일자리를 지키려고 임금 동결(삭감) 같은 조치를 감수하는 경우가 많아졌어요. 심지어 일자리가 위험하다 싶으면 노동자(노동조합)가 먼저 노동 조건 저하를 감수하는 대신 고용 보장을 요구하기도 하죠. 자본은 노동자의 이런 처지를 이용해 '공장 이전', '외주 처리' 같은 협상 카드를 내세워 양보를 강요합니다.

노동 해방 또는 노동에서 해방

우리나라의 경우, 이런 현상은 IMF 경제 위기 때의 정리 해고(대량 해고) 광풍이 남긴 상흔입니다. '평생직장 신화'가 사라진 썰렁한 벌판에서, 고용된 노동자들이 얻은 교훈은 무엇일까요. '어떻게든 살아남아야 한다'거나 '언제 잘릴지 모르니 벌 수 있을 때 최대한 벌어 두자'는 것이겠죠. 이 두 가지 심리는 결국 과로사, 일 중독 같은 병리 현상을 불러옵니다. 과로사는 일 중독이 원인이라는 점에서 우리는 특히 일 중독을 눈여겨봐야 합니다.

일 중독이란 내면의 공허함을 채우려고 갈수록 일에 강박적으로 매달리는 병적 상황입니다. 일을 하고 성취하는 것에 삶의 의미를 두기 때문에 여가 생

활, 사회 활동, 사람 관계 따위엔 관심을 두지 않아요. 일을 안 하면 죽어 있는 거나 마찬가지라고 생각하죠. 일 중독이 나타나는 원인은 여러 측면에서 살펴볼 수 있어요. 그중에서도 노동자의 생사 여탈권을 쥔 자본의 고유 속성에 주목할 필요가 있습니다. 이윤 창출을 위해서는 끊임없이 노동이 투입돼야 하므로, 자본은 노동자가 스스로 '열정적 노동'을 내면화하도록 부추기죠. 따라서 자본이 언제 자신을 해고할지 모르는 불안정한 상황이라면, 노동자는 이 두려움에서 벗어나기 위한 자기 방어 수단으로서, 자본이 원하는 열정적 노동에 집착한다는 겁니다. 그게 바로 일 중독이에요.

군이 일 중독이라는 극단적 현상이 아니라도 우리 사회의 고용에 대한 집착은 대단합니다. "똥 밭에서 굴러도 이승이 낫다"는 말마따나 일 중독으로 자신을 파괴하는 한이 있더라도 고용 노동이 나은 걸까요? 한 번뿐인 소중한 삶인데, 나름의 좌표도 없이 생존만을 위해 아등바등 노동에 매달려야 하는지 성찰해야 하지 않을까요?

이 점에서 우리가 닥친 상황은 단순한 고용 위기가 아니라 상품 생산 체제 자체의 위기입니다. 따라서 상품 생산 체제를 떠받치는 노동을 살려 낼 게 아니라 오히려 노동 그 자체에서 벗어나야 한다는 거예요. 혁명적 발상인 셈이죠. 원래는 '저주스러운 것'이자 '자유 잃은 노예들이나 하는 짓'을 가리키던 노동이 근대에 들어 개신교의 세례를 받아 신성한 것으로 둔갑해 버린 점도 있고요.

농경 사회에서는 비록 생산력은 낮았지만 생산의 목적이 소외된 돈벌이가 아니라 여유롭게 누리는 것이었어요. 이때, 여유라는 것은 지금처럼 일하고 남은 '자투리 시간'이 아니라 노동 속에서 구현되는 것이었죠. 따라서 사람들은 자신의 계획, 자기 책임 아래 저마다 '알아서' 일했습니다. 우리는 흔히 오늘날의 꽉 짜인 하루 일과가 정상이거나 보편적인 것으로 오해하는데 사실은 정반대예요. 그것은 자본의 요구에 따라 훈육된 결과임을 앞서 보았죠. 농경 사회뿐 아니라 산업화 이전 도시 생활 또한 마찬가지였어요. 막스 베버가 썼듯 당시 사람들은 '최대한 일하면 하루 얼마를 벌 수 있나'가 아니라 '지금 내게 필요한 걸 얻으려면 얼마나 일해야 하나'를 따졌다고 해요.

예컨대 영국 사람들은 산업 혁명 전까지만 해도 요일을 가리지 않고 쉬었다고 합니다. 토요일, 일요일에 마신 술을 깨느라 월요일, 화요일까지 쉬면서 축구 같은 운동을 하거나 필요한 물건을 장만했대요. 하지만 자본주의 사회에서는 이것이 뒤집혀서 노동은 시간 관리 대상이 되고 말았어요. 그래서 자본주의 사회에서는 느긋하게 일하거나 여유를 즐기면 '게으르다'고 손가락질 받게 되었죠.

이에 대해 폴 라파르그(Paul Lafargue, 1842~1911)라는 프랑스 사회 운동가는 '우리가 얼마나 열심히 일하는 줄 아느냐'고 항변하는 대신 게으름을 옹호했습니다. "노동자는 인권 선언보다 천 배는 더 고귀하고 신성한 '게으를 권리'를

선언해야 한다. 하루에 세 시간만 일하고, 나머지 낮과 밤 시간은 한가로움과 축제를 위해 남겨 두는 습관을 들여야 한다"고 말이죠. 이를 테면 고용 불안, 비정규직, 실업 따위가 문제가 아니라 노동 그 자체가 문제라는 겁니다. '삶의 경영학'을 추구해 온 강수돌 교수는 이제 '노동할 권리'를 위해서가 아니라 '참된 삶'을 위해 애써야 한다고 역설합니다. 돈벌이를 위한 노동에서 벗어나야 한다는 거죠. 그것은 아무 일도 안 하는 게 아니라 여러 분야에서 뜻깊은 작업과 영향을 넓혀 나가는 거래요.

이건 그저 꿈같은 얘기가 아니에요. 과학 기술 발전 속도가 갈수록 빨라져 노동 생산성 또한 그에 비례할 거라고 했죠. 그 결과 '과잉 인력'도 눈덩이처럼 불어 실업 문제가 심각해질 거고요. 하지만 발상을 전환해 보면 어떨까요. 생산성이 많이 높아지면 사회적으로 필요한 노동 시간도 확 줄어든다. 따라서 개개인은 짧은 시간만 노동해도 된다. 이렇게 말이죠. 그런데 이게 가능하려면 지금의 '이윤을 위한 노동'은 '사회적 필요에 따른 노동'으로 성격이 바뀌어야 해요. 좀 어려운가요?

기억을 더듬어서 차근차근 따져 보죠. 이윤이 어떻게 생기나요? 잉여 생산물에서 나오죠. 그 잉여 생산물이 자본에게는 이윤이 되는 거고요. 이는 필요 노동을 초과한 잉여 노동의 결과물이에요. 따라서 이를 사회 전체로 확장하면 '잉여 노동을 하지 않더라도'(이윤이야 어찌 되든) 사회적 필요만큼은 채울 수 있다는 겁니다. 노동 시간 또한 전체 사회에 필요한 필수품 생산, 필수 서비스 제공 정도로 최소화됩니다. 각 개인별 노동 형태, 즉 일을 한꺼번에 할지 나눠서 할지, 원하는 시간대를 언제로 할지, 한 분야의 일만 할지 여러 분야에 걸쳐 할지 따위는 자유롭게 조절할 수 있을 겁니다. 앙드레 고르는 이렇듯 필요한 노동을 최소로 줄이고, 그 자체가 삶의 목적인 자유의 영역을 최대한 넓히자고 했어요. 요컨대 사회에 필요한 노동을 재분배하여 누구나 일할 수 있고 덜 하면서도 잘할 수 있도록 하자는 거죠. 아울러 노동하지 않을 때는 개인이 선택한 활동을 자율적으로 할 수 있게 하고요.

여기서는 앙드레 고르의 생각을 보기로 들었습니다만 다른 식의 구상도 얼마든지 가능합니다. 가령 '주 4일-하루 4시간 노동제'도 검토해 볼 수 있겠죠. 또한 좀 다른 얘기일 수도 있지만 기본 소득제를 도입하는 방안도 있어요. 취업자가 되었든 실업자가 되었든 모든 사회 구성원에게 국가가 기초 생계를 꾸릴 수 있을 만큼 소득을 보장하는 제도죠. 이에 대해서는 나중에 더 자세히 알아볼 겁니다.

아무튼 이들 대안은 지금의 사회 체제에 비춰 상당히 파격적인 것만은 틀림없어요. 그게 정말 가능할지 의문이 들 수도 있고요. 하지만 '소외되지 않는 인간다운 노동'을 실현하는 일인데 통상적인 대책으로는 어림없지 않겠어요? 그만한 대가를 치러야죠. 무엇보다 이윤 수취 시스템을 없애거나 크게 제한해야 하는데 자본이 이를 쉽사리 수용하지 않을 겁니다. 나아가 이윤 수취가 자본주의 경제 활동의 목표라는 점에서 이는 체제를 변혁하는 일이기도 하죠. 분명한 건 모든 사회 경제적 격변이 그러하듯, 이 또한 어차피 정치적 선택의 문제라는 사실이에요. 앞에서 '고용률 제로 – 노동 시간 제로' 문제를 다룰 때, 이 정치적 선택에 대해 자세히 알아보겠다고 미리 일러둔 바 있죠.

'정치적 선택'의 역사

사실 인류의 역사는 '정치적 선택의 역사'라 할 만큼 격변의 연속이었습니다. 지금 심판대에 오른 자본주의부터가 시민 혁명이라는 정치적 선택을 통해 지배 체제로 등장했거든요. 시민 혁명은 봉건적 억압 질서를 무너뜨린 대격변이었죠. 당시 인구는 대부분 농민층이었는데, 이들은 봉건 지주인 귀족과 성직자(교회)의 가혹한 지대 수탈에 시달렸어요. 소득의 80%를 지대와 각종 세금으로 떼이고, 나머지 20%로 겨우 연명했어요. 당연히 불만이 클 수밖에 없었죠. 이 때문에 농민 반란이 끊이지 않았지만 봉건 세력의 월등한 무장력에 밀려 거듭 진압될 뿐이었어요. 봉기는 산발적이었고, 무장도 허술한 데다 장기전을 펼칠 자금도 부족했어요. 봉기가 왜 정당한지를 알리고, 항쟁을 조직적으로 이끌 '똑똑한 지도부'가 없었던 탓도 컸죠.

이 난관을 뚫어낸 것은 중세 말기에 등장한 신흥 중간 계급이었습니다. 이들은 부를 축적한 상인, 제조업자, 은행가 같은 자본가와 의사, 교사, 변호사, 판사, 공무원, 저술가 같은 지식층을 두루 일컫는데 흔히 '부르주아'로 불렸어요. 부르주아 또한 봉건 사회의 낡은 질서에 불만이 많았죠. 상공업에 대한 규제, 소수 집단의 특권, 불평등하고 가혹한 세금 징수, 불리한 법·제도, 정부의 부당한 간섭 따위가 그것이었어요. 때문에 부르주아는 특권 계급 위주의 사회 질서를 혁파하자는 데에 농민층과 뜻이 같았습니다. 더욱이 이들은 신흥 세력으로서 계속 성장하고 있었어요. 자랄 만큼 자라서 이제 껍질을 깨고 나오지 않으면 죽게 되는 병아리 같은 처지였다고 할까요. 다시 말해 부르주아는 자신이 살기 위해서라도 봉건 체제와 일전을 벌일 수밖에 없었던 거예요. 이들은 자신의 경제력에 걸맞은 권리를 원했어요. 그냥 발언권이 아니라 통치에 참여할 정치권력 말이죠. 이들은 끝내 실력 행사에 들어갑니다.

1789년 프랑스 대혁명은 그렇게 일어났어요. 성직자, 귀족에 이어 '제3신분'으로 묶인 농민, 장인, 부르주아가 함께 봉기한 거죠. 이 혁명에서 실제 피 흘려 싸운 것은 노동자, 수공업자, 소상인, 농민 같은 최하층이었습니다. 하지만 혁명이 성공한 뒤 정치권력을 쥔 것은 정작 부르주아였죠. 다 함께 "자유, 평등, 우애"를 외쳤지만 그 수혜자는 오직 부르주아뿐이었던 거예요. 혁명 뒤 제정된 '나폴레옹 법전'만 봐도 그걸 알 수 있는데, 전체 2,000여 조항 가운데 800여 항이 부르주아 재산 보호 관련 내용이라고 해요. 반면 노동(자) 관련 조항은 고작 7개뿐이었대요. 영국에서는 이보다 100년 앞서 비슷한 결과를 낳은 시민 혁명(명예 혁명–청교도 혁명)이 일어났죠. 요컨대 근대 시민 혁명은 자본가를 비롯한 부르주아의 정치권력 장악 과정이었던 거예요.

그런데 프랑스 대혁명 140여 년 뒤인 1917년, 러시아에서도 이와 비슷한 일이 벌어졌어요. 여기서도 부르주아와 하위 계층이 함께 '차르'라는 봉건 왕조를 무너뜨렸죠. 그러나 이번에는 부르주아가 정권을 잡지 못했어요. 대신 혁명에 앞장섰던 노동자, 농민, 병사들이 '소비에트'라는 평의회를 조직해 스스로 권력을 장악했죠. 그런데 소비에트를 주도한 건 '노동자의 전위대'를 자임했던 러시아사회민주당(볼셰비키)이었어요. 결국 볼셰비키는 러시아 국가 권력을 장악합니다. 그 뒤 소비에트연방(소련)은 봉건 질서를 혁파하고 사회주의 건설로 나아가죠. 주요 생산 수단 국유화, 농업 집단화를 통해 '계획 경제'를 도입합니다. 그 결과 극단적 빈부 격차가 해소되고, 적어도 일을 하지 못해 생존이 위협받는 일은 없는 사회적 진보를 이루죠.

하지만 러시아는 봉건 체제를 막 벗어나려던 후발 자본주의 국가였어요. 산업 노동자가 전체 인구의 2%도 안 되고, 생산력 또한 몹시 낮은 상태였죠. 그래서 소련공산당은 자본주의적 발전을 통해 생산력을 높이는 걸 매우 중시했어요. 심지어 러시아 혁명의 최고 지도자 레닌(Vladimir Ilich Lenin, 1870~1924)은 혁명 직후 테일러 시스템과 컨베이어 벨트를 높이 평가해 이를 도입하기까지 합니다. 결국 소련은 국가 관료가 자본가 대신 경제를 운용하는 '자본가 없는 자본주의'의 길을 걸어온 것으로 평가되죠. 다시 말해 국가(관료)가 의사 결정의 주체이고 근로 대중은 그 대상일 뿐이었다는 거예요. 결국 '소수가 다수를 착취하는 체제'라는 점에서 자본주의와 다를 바가 없었던 겁니다. 특히 노동 과정에 테일러 시스템, 포드 시스템을 도입한 데서 알 수 있듯 노동 소외를 극복하지도 못했죠. 나아가 정치에서도 '프롤레타리아 독재'를 내세운 공산당 일당 지배와 관료주의, 강권 통치, 감시 통제 시스템 같은 심각한 문제를 드러냈어요. 결국 20세기를 수놓은 국가 사회주의 실험은 70여 년 만에 실패로 끝나고 말았습니다.

옛 사회주의권 몰락은 체제 경쟁을 벌이던 자본주의의 승리를 뜻했어요. 미국의 정치학자 후쿠야마(Francis Fukuyama)같은 사람은 이를 두고 '역사의 종말'을 들먹이며 '이 이상의 체제는 없다'는 식으로 단정했죠. 하지만 기존 사회주의 체제가 무너졌다고 해서 곧바로 자본주의 체제가 정당성을 얻거나 문제점이 사라지는 건 아니에요. 게다가 '자본주의 말고는 다른 대안이 없다'는 주장 또한 너무 섣부른 것이고요. 무엇보다 오늘의 현실이 그걸 보여 줍니다.

이미 살펴본 대로 자본주의 체제는 신자유주의 국면에서 오히려 파국으로 치닫고 있어요. 거의 10년마다 경제 위기가 세계를 덮치는 가운데 개별 국가의 금융 위기도 끊이지 않고 있죠. 최근에만도 2008년 미국발 금융 위기가 우리나라를 비롯해 전 세계를 뒤흔들었잖아요. 이와 함께 그리스, 스페인, 포르투갈 같은 남유럽 국가들의 경우 재정 위기를 만나 언제 국가 부도가 터질지 살얼음판을 걷는 형편이에요. 이 와중에 빈부 격차는 갈수록 커져 사회 양극화도 심각합니다. 얼마 전까지 '20% 대 80% 사회'를 개탄하는 목소리가 높았는데, 이제는 아예 '1% 대 99%'가 거론되고 있는 실정이에요. 절대다수가 궁핍해진 대가로 극소수가 한없이 부를 쌓아가는 형국이죠. 이는 자본과 생산 수단의 소수 집중, 소수를 위한 경제 운용에서 비롯된 겁니다. 이에 따라 대중적 저항도 갈수록 거세지고, 국제적 성격을 띠어 가고 있어요. "우리는 99%다"를 외치는 이들의 2011년 뉴욕 월가 점령 시위는 위기의 본질이 무엇인지 뚜렷이 보여 줬어요.

자본주의를 넘어선 사회

결국 사회 구성원 모두가 땀 흘려 일하는데 정작 그 과실은 극소수 자산 계층이 몽땅 챙기는 시스템이 문제예요. 그 뿌리는 '생산 수단의 사적 소유' 제도에 닿아 있고요. 이 근본 모순에서 비롯된 온갖 해악 때문에 자본주의는 스스로 소멸의 길을 걷고 있다 할 수 있죠. 따라서 자본주의 체제의 피해자인 99%는 자본주의가 사라질 상황에 대비해야 합니다. 다시 말해 '자본주의 말고 다른 대안은 없다'는 속삭임에 넘어갈 게 아니라 '자본주의를 넘어선 대안 체제'를 찾아 나서야 한다는 거지요. 그 대안 체제는 우리 삶에 자본이 끼어들지 않는 새로운 사회가 되겠지요. 기업은 이윤을 목적으로 운영되지 않고, 노동자는 임금을 목적으로 일하지 않는 사회 말이에요.

어쩌면 그것은 이미 익숙한 길인지도 모릅니다. 바로 기존 국가 사회주의가 추구했던 길, 그러나 70여 년 만에 실패로 끝난 실험 말이죠. 그 실험은 분명, 자본주의를 극복하고 '능력에 따라 일하고 필요에 따라 소비하는' 이상 사회를 꿈꾸었습니다. 하지만 그들이 걸어간 길은 그 이상과 거리가 멀었고, 또한 이미 낡은 것으로 판명됐죠. 다만 그들이 추구했던 이상은 오늘에 이르러서도 근로 대중이 공감할 수 있는 대안 사회의 미래상을 일부 담고 있어요.

사실 사회주의는 옛 공산권에만 국한된 게 아니었어요. 세계 대공황과 세계 제1, 2차 대전을 겪은 세계는 '반자본주의적 요소'가 포함된 경제 체제를 추구했어요. 당시 서유럽 정당들은 대부분 '기독교 사회주의', '사회적 시장 경제', '민주적 사회주의' 같은 지향을 내걸었어요. 이는 물론 동유럽 국가 사회주의와는 전혀 다른 것이었죠. 다만 자본주의의 폐해를 없애기 위한 나름의 방향을 사회주의로 표현했다는 점은 눈여겨볼만 하죠.

사회주의적 이상은 또한 자본주의 이전에도 존재했습니다. 시대로는 고대까지 거슬러 올라가고, 동서양 모두에서 찾아볼 수 있죠. 고대 그리스 철학자 플라톤(Plato, BC 427~BC 347)이 제시한 이상 국가는 통치자의 사유 재산을 폐지하도록 하고 있어요. 아무튼 중세 시대에도 이러한 철학적 흐름은 끊이지 않고 이어집니다. 그러나 근대 사회주의 사상은 서양에서 봉건제가 해체되고 자본주의가 발전하던 때부터 싹텄어요.

앞서 인클로저 운동을 다루면서 토머스 모어의 『유토피아』한 대목을 소개했죠. 이 책은 사실 1516년에 발표된 공상 소설이에요. 그 1권이 인클로저 운동을 비롯한 영국 사회를 풍자한 내용이고, 2권은 그 해결책이 구현되는 이상 사회로서 유토피아라는 섬에 대한 이야기죠. 유토피아는 원래 '어디에도 없는 곳'을 뜻했는데 이 작품을 계기로 '이상향'을 의미하게 됐어요. 아무튼 그 유토피아 섬은 사회 전반에 걸쳐 사유 재산을 폐지해요. 아울러 하루 6시간 노동제, 주민 자치제를 실시합니다. 노동 시간 외에는 취미 생활을 하며 자유롭게 보내고, 필요한 물품은 시장의 창고에서 자유롭게 꺼내 쓸 수 있어요. 어때요? 사회주의라는 표현을 쓰진 않았지만 많이 닮아 있죠.

그 뒤 자본주의 체제가 온갖 부작용을 빚어내면서 사회주의 사상은 여러 갈래로 피어나게 돼요. 생시몽(Saint-Simon, 1760~1825, 프랑스 사상가), 푸리에 (François Maris Charles Fourier, 1772~1837, 프랑스 사회주의자), 오언(Robert Owen, 1771~1858, 영국 사상가) 같은 이들은 일하지 않는 소수가 생산 수단을 소유하고 있다는 이유로 사치스럽게 사는 자본주의 체제를 비판해요. 그리고 노동하는 다수가 생산 수단을 공동 소유하는 사회를 구상하죠. 여기서는 생산·분배·노동이 사회적 공동 관리로 이루어지고, 사람들은 모두가 안락하고 풍족하게 살 수 있다며, 이를 사회주의라고 부릅니다. 사회주의라는 개념이 처음으로 나타난 거죠. 이즈음에 등장한 사람이 바로 마르크스예요. 그는 초기 사회주의자들에겐 과학적 이론과 정책이 없다 하여 '유토피아 사회주의'라 깎아내리고, 자신의 사상을 '과학적 사회수의'라 수장했어요. 마르크스는 특히『공산당 선언』이라는 소책자에서 노동자 계급이 국제적 혁명을 통해 자본주의 체제를 타파하고 사유 재산을 폐지할 것을 역설했지요. 이를 바탕으로 생산력을 높여 궁극에는 계급도 없고, 억압 기구인 국가도 사라진 자유롭고 평등한 공산주의 사회를 건설하자는 것이었어요.

그 뒤 유럽에서는 마르크스주의를 강령으로 채택하는 사회주의 정당들이 속속 늘어납니다. 그런 만큼 분파도 여럿 생겨났죠. 이런 가운데 사회주의에 대한 근로 대중의 지지가 높아지자 유럽 각국은 사회주의혁명을 예방하기 위해 자본주의 체제를 수정하게 돼요. 노동자 권리 신장, 사회 보장 제도, 공적 서비스 확대 같은 사회주의 요소를 도입함으로써 대중의 혁명적 요구를 가라앉힌 거죠. 이에 따라 서유럽 사회주의 정당들도 폭력 혁명, 프롤레타리아 독재 같은 전략을 거둬들이고 평화적 개혁, 의회 민주주의를 추구하게 돼요. 이러한 정치 노선을 흔히 사회 민주주의라 부르죠.

이렇듯 자본주의를 넘어선 대안 체제는 시대와 상황에 따라 다양한 모습을 띠어 왔음을 알 수 있어요. 그러므로 옛 국가 사회주의 실험이 실패했다 해서 대안 체제의 또 다른 가능성까지 닫아 두거나 금기시할 필요는 없다는 거죠. 그런데 현대 정치의 바탕이 되는 '대의 민주주의' 원리에 따르면 대안 체제는 정치권력과 관계가 깊어요. 자본주의를 넘어설 대안 체제는 대중의 '정치적 선택'에 달린 거예요. 따라서 역사 속의 인물들이 그러했듯 누구라도 무한한 상상력을 발휘할 수 있습니다. 그 폭과 깊이에 제약을 둘 필요도 없고요. 여러분도 한번 상상의 나래를 펴 보세요.

노동자와 생태

이쯤에서 얘기를 한번 간추려 볼까요. 우리는 지금 '노동이 아름다운 세상'을 여는 길을 찾고 있어요. 그러니까 최대한의 이윤을 위해, 최대한 생산(노동)하고 최대한 소비하게 만드는 사회 경제 시스템을 바꾸는 길 말이죠. 그래서 노동을 덜 하고, 소비를 덜 하면서도 더 잘 사는 사회로 나아가는 길을요. 아무튼 현재의 자본주의 노동 체계를 '소외되지 않은 인간다운 노동'으로 바꾸려면 우선 잉여 노동을 없애거나 최소화해야 합니다. 이는 다름 아닌 이윤 수취 시스템을 없애거나 제한한다는 뜻이에요. 하지만 자본이 이를 덥석 받아들일 리가 없겠죠? 그래서 지금까지 '정치적 선택', 다시 말해 국가 권력의 힘으로 극복하는 방안을, 역사를 통해 살펴본 거예요.

그런데 자본주의 체제를 극복하는 길이 국가 권력, 중앙(정당) 정치에만 있는 건 아니에요. 다시 말해 집권이 필수 조건은 아니란 얘기죠. 설령 국가 권력을 쥐었다 하더라도 삶의 현장이 바뀌지 않으면 말짱 헛일입니다. 그래서 근로 대중의 삶에서 우러나는 자율적 의지가 중요한 거지요. 어쩌면 그것이 대안 체제를 준비하는 일 못잖게 중요할 수 있어요. 이는 참여와 자치(풀뿌리 민주주의), 분권과 연계망, 공동체 같은 개념과 관계가 깊습니다. 그 가운데서도 사람과 자연이 더불어 사는 '생태적 삶'이 대안 사회의 핵심 가치로 떠오르고 있어요.

사람들이 물질적 풍요를 추구하는 건 사실 본능에 가깝습니다. 그런데 오늘날 사람들이 구입하는 물건을 보면 욕구를 채우는 데 쓸모가 없는 게 많아요. 전기 제품만 해도 원래 생활의 불편을 덜자는 것인데 이젠 그걸 갖추는 것 자체가 목적이 돼 버렸어요. 심지어 제조업체들은 제품 수명을 일부러 줄이거나, 끊임없이 새 모델을 내놓아 멀쩡한 제품까지 내버리게 만들죠. 고쳐 쓰는 것보다 새것을 사는 게 더 싸게 먹힐 때가 많아요. 의류나 잡화는 또 어떻고요. 사람들은 오래전부터 옷이나 신발이 아닌 유행이나 체면을 사고 있잖아요. 사용 가치가 아니라 심리적 만족감, 이미지를 구입하는 거지요. 자본주의는 이런 식으로 낭비를 부추겨 소비를 어마어마하게 늘립니다. 어느덧 소비 자체가 목적이 되어 사람들은 '소비 중독'에 빠지고 말았어요. 생산량도 이에 발맞춰 엄청나게 늘어납니다. 당연히 이윤도 크게 불어나죠.

물질적으로 풍요로운 삶은 인류의 오랜 꿈이자 거의 모든 사회가 추구해 온 목표였습니다. 금욕주의를 인류의 보편 가치로 볼 수는 없으니 물질적 풍요 자체가 허물은 아니죠. 실제로 성장은 경제 정책의 지상 목표였고, 지금도 그래요. 어느 정도냐면 경제가 양적으로 확대되는 것은 당연히 성장이라지만 제자리걸음을 해도 성장(제로 성장), 심지어 후퇴해도 성장(마이너스 성장)이래요. 정부, 경제학자, 기업인 모두 경제 성장에 매달리지만 정작 '성장의 목적'은 묻지 않아요. 요컨대 성장의 지표인 GDP(국내 총생산) 증가 자체가 관심일 뿐이죠.

GDP는 1930년 세계 공황 때 경제 회복을 위한 평가 기준으로 미국 상무부가 고안해 낸 개념입니다. 문제는 GDP가 재화와 서비스의 교환 가치만 잰다는 점이에요. 그래서 삶의 질을 높이는 경제 활동이나 부정적 경제 활동이나 GDP에는 똑같이 반영돼요. 예컨대 늘어나는 감옥과 치안 비용, 군사비, 오염 처리 비용, 의료 비용 같은 비생산적 요소도 GDP 증가로 계산되죠. 반면 분명히 경제적 가치를 만들어 내는 가사 노동이나 봉사 활동 같은 일은 GDP에 반영되지 않아요. GDP는 상품의 형태를 띤 가치만을 인정하고, 아울러 이윤을 낳는 노동만 생산적 노동으로 보기 때문이에요. 따라서 상품을 소비하는 것 자체가 경제 발전에 이바지하는 행위가 돼요. 다시 말해 '소비가 미덕'인 세상이죠.

문제는 자연 자원에 한계가 있다는 점이에요. 그런데도 저마다 물질적 풍요를 좇다 보니 이제 지구 생태계가 그걸 감당하기 어려운 지경에 이른 거죠. 한 생태학자가 계산해 봤더니 전 세계가 미국 LA 수준으로 소비 생활을 하려면 지구가 다섯 개는 있어야 한대요. 그만큼 지구 생태계에 닥친 위기가 심각하다는 겁니다. 심지어 생산물이나 생산 과정이 사람과 자연을 해치기까지 하죠. 이윤 증대를 위해 노동자, 소비자, 자연이 희생되는 셈이에요. 결국 의심의 여지가 없어 보이던 경제 개발·산업 발전 지상주의에도 경고음이 켜졌어요.

산업화를 이루려면 토지에서 독립한 노동자가 필요해요. 사람들은 이 와중에 자연에서도 완전히 독립할 수 있다고 여기게 됐어요. 이에 따라 자연은 삶의 원천, 공생의 동반자가 아닌 그저 '인간 의지의 대상'으로 격하된 거죠. 얼마든지 개조하고, 착취하고, 지배할 수 있는 것으로 본 거예요. 그러다가 인류의 멸망, 지구의 종말을 걱정해야 하는 상황까지 내몰린 겁니다. 이건 결코 과장이 아니에요. 한번 볼까요.

무엇보다 심각한 것이 지구 온난화와 기후 변화예요. 경제 개발, 산업 발전으로 지구 온난화를 일으키는 탄소 성분의 농도가 빠르게 짙어졌어요. 이산화탄소, 메탄가스, 아산화질소 같은 온실가스는 태양 에너지가 만든 복사열을 우주로 빠져나가지 못하게 가두는 구실을 해요. 따라서 대기 온도가 빠르게 치솟아요. 얼마 전부터 이 기후 변화가 몰고 온 온갖 자연재해가 자주 일어나고 있어요. 우리나라 기후는 이미 온대에서 아열대로 바뀌었다고 봐요. 지구 곳곳의 숲이 빠르게 사라져 동식물은 날마다 100여 종씩 멸종되고, 사막은 하루에 3만여 헥타르씩 넓어지고 있어요. 이상 고온 현상과 홍수, 지진 해일 같은 자연재해는 해마다 수천, 수만 명의 목숨을 앗아갑니다. 어떤 섬나라는 해수면이 높아져

나라 전체가 차츰 물에 잠기고 있을 정도예요. 전문가들은 대기 중 탄소 농도가 계속 높아지면 100년 안에 지구 온도가 1.5~5.8°C 오를 거라 경고하고 있어요. 이렇게 되면 지구 생명체의 20~70%가 멸종할 거래요.

이 모두가 산업 발전을 위해 화석 연료인 석탄, 석유, 천연가스 등을 남용한 결과예요. 물론 공장식으로 사육되는 가축들이 뿜어내는 메탄가스도 무시할 수 없어요. 자동차가 배출하는 양보다 더 많다는 연구도 있으니까요. 그런데 메탄가스는 이산화탄소보다 11배나 강한 온실가스예요. 이 사실만으로도 고기를 덜 먹어야 하는 이유는 충분합니다. 전체적으로는 화석 연료가 가장 심각하죠. 공장을 비롯한 각종 산업 설비와 대형 건물에 쓰이는 전기를 생산하고, 내연 기관을 움직이며, 난방을 하는 데 엄청난 화석 연료를 태워 왔고, 지금도 태우고 있잖아요.

이에 따라 세계 각국은 지난 1992년 기후 변화 협약을 맺었어요. 온실가스 배출을 줄임으로써 지구 온난화를 막거나 늦추자는 취지죠. 아울러 2005년부터는 산업 발전국의 감축 목표치를 정한 '교토 의정서'가 발효됐어요. 그러나 미국과 캐나다가 여기에 불참하거나 탈퇴했고, 러시아와 일본은 2012년 이후에는 참여하지 않기로 해 빛이 바랬죠. 그동안 화석 연료를 독점해 풍요를 누려온 산업 발전국이 지구 온난화의 주범이라는 점에서 이는 '기후 정의'를 거스르는 행태예요. 우리나라는 개발도상국 지위를 인정받아 온실가스 감축 의무를 지지는 않았어요. 하지만 1990년대 온실가스 누적 배출량 세계 11위, 배출 증가율은 1위라 하니 그에 따른 책임에서 자유롭지 못한 처지예요.

기후 변화에 대응하려면 화석 연료 소비를 줄이고, 재생 가능 에너지를 늘려야 합니다. 기후 변화에 따른 재앙을 막으려면 2050년까지 온실가스를 85% 남짓 줄여야 한대요. 도대체 어찌해야 할까요? 한동안 '지속 가능한 발전'이 그

대안으로 여겨졌어요. 하지만 이는 그 자체로 모순이에요. 발전이란 경제 성장을 뜻하는 것이고, 그러려면 어쨌든 더 많은 자원을 투입해야 하잖아요. 하지만 자원은 이미 한정돼 있으니 그건 지속 가능하지 않다는 것이죠. '녹색 성장', '균형 발전' 같은 개념 또한 이 점에서 마찬가지죠. 결국 지속 가능하려면 경제 개발, 산업 발전 지상주의에서 벗어나는 수밖에 없어요. 그러니까 '탈 성장', 다시 말해 성장주의에서 벗어나는 것이 유일한 해결책이라는 거죠. 그렇지 않으면 '노동의 종말'에 앞서 '지구의 종말'을 맞을 수 있어요. 자본주의가 소멸하기 전에 인류 문명 자체가 소멸될 수 있고요.

지구의 종말, 인류 문명 소멸을 재촉하는 건 기후 변화뿐만이 아닙니다. 핵무기는 한순간에 인류를 멸망시킬 수 있어요. 핵무기 보유국은 꾸준히 늘어 왔고, 많은 나라가 마음만 먹으면 언제든 핵무기를 만들 수 있는 기술이 있어요. 핵무기가 실제 사용되지 않을 거라 누가 보장할 수 있나요? 관리자의 실수나 생각지 못한 사고가 절대 일어나지 않는다고 누가 장담할 수 있나요? 핵발전 또한 마찬가지예요. 핵발전에 '절대 안전'이란 있을 수 없고, 늘 방사능 누출 위험을 안고 있어요. 설령 그 확률이 0.1% 혹은, 1 앞에 0이 몇 개가 붙더라도 얼마든지 현실로 이어질 수 있어요. 체르노빌이나 후쿠시마 사태가 그걸 여실히 보여 줬어요. 매우 낮다고 알려진 사고 발생 확률도 실은 속임수라 할 만큼 심하게 축소·은폐돼 있다고 해요.

화석 연료 자체의 매장량도 문제입니다. 특히 석유가 말라가고 있어요. 그게 언제쯤이냐를 두고 의견이 엇갈리긴 하지만 머잖아 바닥을 드러낼 것만은 틀림없어요. 2010년대 중반이면 석유 정점(oil peak)을 지날 것이란 전망이 많아요. 석유 정점이란 생산량이 줄어드는 시점인데, 이때부터 부족 사태를 겪게 됩니다. 이게 현실화하면 교통, 식량, 난방과 전력 수급, 산업 생산 등 우리의 삶 전반이 심각한 타격을 입게 돼요.

석유와 별 상관이 없어 보이는 식량, 그 가운데서 축산을 한번 볼까요. 가축은 대부분 사료로 키우는데, 우리나라에서는 비용 때문에 사료용 곡물을 생산하지 않아요. 대부분 미국에서 수입하죠. 미국산 사료는 넓은 땅에서 트랙터, 콤바인 같은 농기계와 화학 비료, 농약으로 재배돼요. 석유를 엄청나게 소모하는 생산 방식이죠. 가령 공기 중의 질소로 화학 비료 1톤을 생산하려면 석유 2톤이 들어간대요. 게다가 곡물을 화물선으로 한국까지 실어 오려면 또 엄청난 연료가 소모돼요. 이렇듯 사람들의 고기 욕구 때문에 지구 생태계가 크게 위협받고 있어요. 인류는 원래 축력을 이용하거나 거름을 얻으려고 가축을 길렀어요. 고기는 잔치 때나 먹었으니 그리 중요한 목표가 아니었죠. 그러나 고기를 많이 먹는 쪽으로 음식 문화가 바뀌었어요. 개발도상국들도 경제 성장을 통해 고기 중심의 기름진 밥상을 좇아 왔죠. 그런데 고기 1Kg을 생산하려면 보통 곡물 16Kg을 사료로 써야 해요. 이는 사실 지나친 낭비이자 윤리적인 고민까지 안겨 줍니다. 굶어 죽는 소는 거의 없지만, 인류는 하루 수만 명씩 굶어 죽고 있어요. 개발도상국 인구 1/3 남짓은 기아의 경계선에 놓여 있습니다. 근근이 연명하는 인구가 8억에 가깝고, 5억 명은 만성 영양실조에 시달려요. 고기를 덜 먹을수록 이들에게 더 많은 식량을 제공할 여지가 생기는 거예요.

게다가 고기 때문에 생태계가 심각하게 파괴되고 있어요. 앞에서 대량 사육되는 가축들이 온실가스인 메탄을 마구 뿜어 댄다고 했죠. 그뿐이 아니에요. 브라질 아마존 지역에서는 열대 숲을 마구 파괴해 소목장(목초지)을 만들고 있어요. 숲은 광합성을 통해 이산화탄소를 잡아 두는 구실을 하잖아요. 그러니 숲이 사라지면 온실가스 배출이 훨씬 늘어나겠죠. 여기에다 북미 지역의 공장식 소 사육에 드는 석유 소비와 온실가스 배출을 감안하면 육식을 위해 치르는 대가가 너무 큽니다.

고기 생산에 드는 에너지와 그에 따른 대기 오염이 이 정도인데 하물며 다른 산업 부문은 두말할 나위도 없겠지요. 뜨끔한 사실은 석유 정점을 지나면 우리나라가 가장 큰 타격을 받을 국가라는 거예요. 거의 모든 에너지를 수입에 의존하는데 그 가운데 석유 비중이 절반이나 돼요. 이런 상황에서 석유 정점이 닥치면 처음 한두 해야 비축 물량으로 근근이 버틸 수 있겠죠. 하지만 지금 같은 에너지 소비 구조를 지속할 순 없어요. 이 점은 정도의 차이가 있지만 다른 나라도 마찬가지예요.

그러고 보니 오늘의 생태 위기는 화석 연료가 거의 절대적 원인임을 알 수 있어요. 따라서 화석 연료 위주의 에너지 구조에서 벗어나 시급히 대체 에너지로 넘어가야 합니다. 대체 에너지는 주변에서 쉽게 찾을 수 있는 햇빛, 바람, 파도, 지열, 물, 바이오매스(동식물 폐기물) 같이 재생 가능한 에너지원을 이용해요. 처음엔 비싼 설치비 때문에 경제성이 떨어졌지만 갈수록 비용이 줄어들고, 반대로 기름값은 계속 오르면서 경쟁력을 갖춰 가고 있죠.

지구 생태계를 보전하는 길은 화석 연료 소비를 줄이고 대체 에너지로 전환하는 것만이 다가 아니에요. 사회 경제 체계를 생태 위주로 다시 짜야 해요. 예컨대 일회용품을 없애 오염을 줄이고, 건강한 농촌 생태계를 유지해 식량 문제를 해결하고, 벌목과 종이 사용을 줄여 숲을 보존하고, 도시 교통을 자전거와 도시 철도 중심으로 전환하는 등 종합적인 처방이 필요합니다.

정의로운 전환

생태 중심 사회 경제 체제는 우리가 나아가야 할 대안 사회로서 이에 뜻을 같이하는 이들이 늘어나고 있어요. 그렇다면 노동은 지구 생태 보전에 얼마나 기여해 왔을까요? 안타깝지만 별 도움이 안 됐어요. 오히려 자본만큼은 아니지만 적잖은 부담이 되었던 게 숨길 수 없는 사실이죠.

앞에서도 봤지만 고용된 임금 노동은 자본과 대립하면서도 '돈벌이'라는 점에선 이해가 일치해요. 무엇보다 생산 과정(노동 과정)이 지속돼야 합니다. 심지어 그 생산 과정이 지구 생태계를 파괴하고 부담을 주더라도 말이죠. 예컨대 오염 물질을 배출하는 산업, 핵발전 유관 산업, 대규모 축산업, 화석 연료 정제·유통 산업, 석유 화학 산업, 화석 연료 소비에 바탕을 둔 산업을 들 수 있어요. 이들 자본은 돈이 된다면 생태계 파괴와 기후 변화 따위는 눈 하나 깜짝 안 해요. 여기서 일하는 노동자들 또한 자신의 일자리와 임금 때문에 비슷한 태도를 보입니다.

물론, 근본적인 책임은 생태 파괴 사업체를 세우고 운영해 온 자본에게 있어요. 노동자 또한 단지 실행만 하는 부차적 위치였다 하더라도 책임을 면키 어려워요. 따라서 사회적 약자라는 이유만으로 그 책임을 덮을 수는 없습니다. 나아가 노동자의 생계가 달려 있다고 해서 언제까지고 생태 파괴를 지속할 순 없는 노릇이죠. 지구의 종말, 인류의 멸망이 닥치면 이윤도, 생계도 아무 의미가 없기 때문이죠. 절체절명의 위기 앞에서 특혜를 누릴 권리는 누구에게도 없습니다. 몹시 고통스런 일이겠지만, 해당 노동자들도 생태 파괴 산업이 더는 존속할 수 없음을 인정해야 합니다.

그렇다고 해서 아무런 대책 없이 희생을 강요할 순 없지요. 이에 따라 '정의로운 전환' 구상이 눈길을 끌고 있습니다. 정의로운 전환이란 생태계를 파괴하는 일자리를 줄이는 대신, 생태 친화적이고 지속 가능한 '녹색 일자리'로 옮기는 것을 말합니다. 그러니까 생태 친화적이고 지속 가능한 경제로 넘어가는 과정에서 노동자의 고용을 유지하자는 거죠. 만약 이게 힘들다면 정당한 보상, 재교육, 고용 전환을 보장하자는 겁니다. 지난 1999년 캐나다노총(CLC)이 이 구상을 공식 채택한 뒤 국제 노동계로 번지고 있어요. CLC는 이와 관련해 △실직 노동자에 일자리 제공 △실업 보험으로 수입 보전 △실직자 우선 고용 △실직자 교육·재훈련 △지속 가능 생산 방식 연구 개발 같은 프로그램을 제시하고 있습니다.

그런데 눈여겨볼 것은 대체 에너지 개발 분야의 고용 효과가 상당하다는 사실이에요. 태양, 풍력, 조력, 수력 같은 대체 에너지는 분산 전력 형태로 생산되는데 엄청난 재화와 서비스, 일자리를 만들어 냅니다. 이는 재생 가능 에너지 기술부터 친환경 건축, IT와 내장형 컴퓨터, 나노 기술, 연료 전지 개발, 하이브리드·전기·수소 자동차까지 셀 수 없는 영역에 걸쳐 있어요. 독일의 경우 이 분야에서 일자리 21만 4,000개가 생겼다고 해요. 2020년에는 일자리 수가 50만 개에 이를 거래요. 예컨대 핵발전을 풍력 발전으로 바꾸면 일자리가 다섯 배로 늘어난대요.

여기서 꼭 짚고 넘어갈 게 있어요. 정의롭다고 해서 다 좋은 일만 생기는 건 아니에요. 익숙한 걸 버리고 낯선 세계로 넘어가자면 불편이 따를 수밖에 없어요. 생태적으로 살려면 소비도 줄여야 할 테고, 지금보다 몸을 더 움직여야 할 테니 귀찮기노 할 거예요. 하지만 화석 연료가 바닥나고, 기후 변화가 인류의 생존을 위협하고 있잖아요. 이런 마당에 '낭비적 풍요'를 계속 누리겠다는 건 지나친 욕심이 아닐까요? 우리는 지금 선택의 갈림길에 서 있습니다. 얼마 뒤 지구의 종말이 오더라도 나는, 그리고 우리 세대는 풍요를 누릴 것인가. 아니면 조금 소박하지만 생태적인 삶으로 건강한 지구를 자손에게 물려줄 것인가.

답은 너무나 분명하죠. 대중의 욕망을 부추겨서 필요를 최대한 만들어 내고, 최대한 생산하며, 최대한 소비하는 사회 경제 체계를 이젠 끝낼 때가 되었습니다. 먹고살기 위한 돈벌이, 소외된 노동에 시달린 뒤 그 고통을 낭비적 소비로 달래는 걸 결코 행복한 삶이라 할 수 없을 겁니다. 우리가 추구할 것은 모두가 덜 일하고, 덜 소비하는 삶, 최소의 생산으로 최대의 만족을 누리는 삶이 아닐까요? 예컨대 하루에 한나절, 일주일에 나흘만 일하고 나머지 시간에는 소질 계발, 자아실현, 여가 활동, 창작, 봉사 활동 같은 참된 욕구를 채우는 데 더 큰 가치를 두는 삶 말이죠. 이를 위해서는 '그것이 정말 스스로 우러난 욕구인지, 그렇게 많이 소비해도 되는지'늘 따져 봐야 해요. 그리하여 좀 더 느긋한 삶, 좀 더 충만한 삶, 인간적 소통이 이루어지는 삶, 사람 관계가 친밀한 삶을 살아야 하지 않을까요.

1. 노동 기본권이란 무엇인가요?

인간다운 삶을 위한 조건

지금까지 우리는 인류 역사에 새겨진 노동의 발자취를 돌아보며, 현재를 진단하고 미래를 가늠해 봤습니다. 요컨대 우리의 노동이 지금 심각한 위기에 빠져 있다는 거였죠. 그 위기는 수량을 조절하고 기술력을 한껏 높인다고 해서 극복될 수 있는 게 아니라는 거고요. 역설적으로 그런 노동에서 벗어나는 것만이 궁극적 해결책이라는 겁니다. 자기실현과는 거리가 멀고, 이윤 창출의 수단일 뿐인 임금 노동에서 해방되는 것 말이에요. 이는 사회 구조 측면에서 자본주의 체제를 넘어서는 일이자 대안 사회를 열어가는 일이죠. 일자리를 걱정하지 않아도 되는 세상, 생계를 위한 노동은 최소한으로 줄이고, 더 많은 시간을 자기실현 활동으로 채우는 삶, 쓸데없이 생산·소비하지 않는 생태적 사회 경제 체제, 이것이 우리가 그려 본 대안 사회의 밑그림이에요.

그런데 우리는 이제부터 미래의 '꿈'이 아닌 '현실'을 얘기할 겁니다. 천상의 세계에서 인간 하계로 내려오는 느낌일 거예요. 조금 전까지 임금 노동에서 벗어나는 꿈을 꾸다가 다시 노동력 판매 조건 때문에 머리를 싸매야 해요. 일주일에 사나흘 – 하루에 한나절 노동을 그려 봤는데, 이제부터는 실제 노동 시간을 주 40시간(주 5일 – 하루 8시간 노동)으로 줄이려면 어찌해야 할지 고심해야 합니다. 참 허탈한 일이 아닐 수 없죠. 갑자기 머리가 무거워질 겁니다.

그렇다고 현실에 눈을 감은 채 이상 세계에만 빠져 있을 순 없겠지요. 여러분 가운데는 아주 뚜렷한 장래 희망을 정해 놓고 꿈에 부풀어 있는 사람도 있을 거예요. 가령 소설가가 되겠다는 친구가 있다고 쳐요. 그렇다면 이 친구는 학과 공부나 독서, 교우, 운동, 여행 같은 일을 모두 제쳐 놓고 소설 습작에만 매달려도 괜찮을까요? 답은 여러분이 더 잘 아실 거예요. 그렇게 하면 오히려 그르치기 쉬워요. 청소년기에 해야 할 일을 충실히 하면서 소설 습작 기회를 최대한 늘리는 게 현명한 태도겠죠.

마찬가지예요. 현실에서는 임금 노동(고용)을 지키고, 노동력의 가치(판매 가격)를 높이는 게 무엇보다 중요해요. 임금 노동에서 벗어나는 것이 인간다운 삶이라고 해서, 아무런 대책 없이 임금 노동을 그만두면 생계가 곤란해지죠. 반면 먹고사는 게 가장 중요하다고, 인간다운 노동을 포기한 채 돈벌이에만 매달리는 건 더 어리석은 태도겠죠.

만약 소비를 줄이고 소박하게 살 수 있는 마음의 준비가 되어 있다면 임금 노동에 목매지 않아도 좋을 겁니다. 저처럼 자연과 더불어 노동하면서 생태적 삶을 살 수도 있고, 오랜 꿈이었으나 생계 때문에 미뤄 놓았던 그 일을 시작할 수도 있을 겁니다. 나아가 좀 더 정의롭고, 건강하며, 인간다운 세상을 만드는 시민운동·사회 운동에 뛰어들 수도 있겠지요.

요컨대 궁극적 지향점을 늘 잊지 않으면서 임금 노동을 줄이고, 바꿔 나가자는 것이죠. 우리가 발 디딘 곳에서 소외된 노동 체계와 싸우며, 현실을 바로잡아 나가야 합니다. 이 점에서 이미 확보된 노동자의 권리를 지키고, 그것을 바탕으로 권익을 키워 나가는 일이 무척 중요해요. 앞으로 자세히 살펴보겠지만 우리나라 노동자들은 대부분 일주일에 50시간 남짓 일합니다. 한 가지 분명한 사실은 우리가 가령 '주 4일-하루 4시간 노동제'를 추구하더라도 현실에서는 실제 노동 시간을 주 40시간(주 5일-하루 8시간) 아래로 줄이는 일부터 시작할 수밖에 없다는 거예요.

우리는 2부에서 주로 노동관계법과 제도에 대해 살펴볼 겁니다. 그 내용은 노동 기본권, 인간다운 노동 조건, 노동자 권리 찾기, 노동 3권, 노동조합, 단체 교섭, 노동 쟁의 등이에요. 나아가 좀 더 확장된 권리로서 노동 복지와 노동 정치에 대해서도 알아볼 거예요. 그런데 법률이란 영원불변하지도, 신성불가침하지도 않아요. 시대 상황이나 시대정신이 바뀌면 법률도 바뀌게 돼요. 현행법을 개정 또는 폐지하거나 새로운 법을 제정하죠. 특히 노동관계법은 다른 법률보다 자주 바뀌는 편이에요. 그만큼 노동자를 둘러싼 사회 경제 여건이 빠르게 변한다는 얘기가 되겠지요. 따라서 여러분이 학교 공부를 마치고 사회생활을 시작할 즈음에는 현행법 내용이 적잖이 달라져 있을 거예요. 그래서 여기서는 세세한 법 조항보다는 보편적이고 일반적인 내용을 위주로 살펴보겠습니다.

우리는 존엄한 인간으로 태어났다는 이유만으로 누릴 수 있는 권리가 있습니다. 이를 보편적 권리, 인권이라 합니다. 전통적 표현으로는 '하늘이 부여한 권리'라는 뜻에서 '천부인권'이죠. 그런데 설명이 필요 없을 것 같은 이런 권리의식이 처음부터 존재했던 건 아니에요. 대부분의 사상, 관념이 그렇듯 권리 의식 또한 시대의 산물이죠.

앞에서 보았듯이 고대 노예에게는 신체의 자유가 가당치 않았어요. 봉건 사회의 백성은 신분제의 굴레에서 벗어날 수 없었고요. 근대 국가의 근로 대중 또한 재산이 없다는 이유로 정치적 권리(참정권)가 주어지지 않았습니다. 인권 사상은 시민권에 기원을 둔 거예요. 18세기에 성립된 시민권 개념은 사유 재산권과 그에 따르는 여러 권리를 아우르죠. 예컨대 표현·종교·언론의 자유, 프라이버시 권리 같은 거예요. 19세기를 넘어가면서 정치적 권리가 재산이 있는 남성뿐 아니라 서민과 여성에게도 주어져요. 20세기 들어서는 의료, 교육 같은 사회적 권리까지 보태지죠.

한편 시민(citizen)의 어원은 라틴어 'civis'예요. '한 도시의 구성원'이라는 뜻이죠. 고대 그리스·로마의 도시는 하나의 국가, 그러니까 도시 국가였죠. 그래서 시민권 개념은 국적을 뛰어넘을 수 없어요. 시민권은 또한 경제적 자립 수단인 재산권과 뗄 수 없는 관계예요. 그래서 시민적, 정치적, 사회적 권리는 주로 재산을 둘러싼 이해관계가 바탕에 깔려 있어요. 이런 이유로 시민권은 모두에게 주어지기 어려웠죠. 이에 따라 재산과 상관없이 모든 사람에게 주어지는 보편적 권리로서 '인권'이라는 개념이 생겨나요. 보편적 인권이란 개인이 무시당하지 않도록 하는 일종의 보증 장치라 할 수 있어요.

헌법이 보장하는 노동의 권리

인권은 사회 구성원 모두가 값진 삶을 누릴 기회를 얻으려는 오랜 노력의 결실이에요. 따라서 보편적 인권은 여성이든, 상애인이든, 이주민이든, 어린이든 심지어 동물이나 지구까지도 모든 상대를 인정하고 받아들인다는 선언이라 할 수 있죠. 상대를 인정하는 것은 사실 힘들고 괴로운 일이에요. 본능에 따라 움직이는 어린아이를 떠올리면 쉽게 이해할 수 있을 겁니다. 이때는 세상에 오직 저 혼자밖에는 모르잖아요. 그래서 남들도 나와 같은 욕구를 지녔음을 깨닫고, 그걸 인정하기까지는 오랜 자기 훈련이 필요해요. 자신의 패권을 어느 정도 포기해야 하기 때문이죠. 이를 좀 더 쉽게 표현하자면 "내가 대접받기를 바란다면 그만큼 남을 대접하라", "내가 싫은 짓은 남에게도 하지 마라"가 되겠지요.

역사에서는 1945년 국제연합(UN)이 창설되면서 인권의 시대가 열립니다. UN 헌장은 설립 목적을 '인종, 성별, 언어, 종교의 차별 없이 모두를 위한 기본적 자유와 인권의 존중'이라 밝히고 있죠. 나아가 1948년 열린 UN 총회에서는 '세계인권선언'을 채택하기에 이릅니다.

노동자의 권리는 이러한 보편적 인권이 그 바탕을 이뤄요. 노동자 또한 인류의 한 구성원이니 그 인권을 보장하는 건 당연합니다. 세계인권선언 이후 국제 노동기구(ILO)가 1949년에 단결권과 단체 교섭권에 관한 협약을 채택해요. 1957 년에는 강제 노동 금지, 그 이듬해에는 고용과 직업의 차별 금지 협약을 잇달아 채택하죠.

이제 국내로 눈을 돌려 볼까요. 어떤 행동을 하거나 판단할 때 마땅히 따르고 지켜야 할 규칙을 보통 '규범'이라 하지요. 한 나라의 최고 규범은 헌법이고요. 우리 헌법 제32조는 모든 국민이 '근로의 권리'를 가진다고 돼 있어요. 이를 흔히 '노동권'이라고 해요. 이어 헌법 제33조는 노동자에게 자주적인 단결권, 단체 교섭권, 단체 행동권을 부여하고 있는데 이를 '노동 3권'이라 하죠.

이 노동권과 노동 3권을 합쳐 '노동 기본권'이라 합니다. 여기서 노동권이란 단순히 '일할 수 있는 권리'만을 뜻하는 게 아니에요. 노동자가 인간답게 살 수 있도록 일자리와 노동 조건을 갖춰야 하는 국가의 의무까지 포함하는 개념 이죠. 아무튼 노동 기본권을 한 나라의 최고 규범으로 정한 것은 그만큼 가치 가 크다는 뜻이겠죠.

눈여겨볼 것은 헌법에는 분명 '국민의 권리'가 있는데, 유독 노동자에게만 노동 기본권을 따로 부여했다는 사실이에요. 가령 기업인 기본권, 상인 기본권, 농업인 기본권, 어업인 기본권 같은 개념은 없잖아요. 노동자도 분명 국민의 일 원인데 어찌 된 일일까요? 노동 기본권을 '헌법적 권리'로까지 밝혀 둔 것은 '야만적 자본주의'를 반성하면서죠. 처음엔 노동자와 자본가의 고용 계약도 다른 사업 계약처럼 '민법의 원리'가 적용됐어요. 그 핵심은 '계약 자유의 원 칙'이잖아요. 하지만 자본가와 노동자에게 이 원칙을 들이미는 건 마치 어른과 유치원생더러 "당사자끼리 자유롭게 계약하라"는 거나 마찬가지죠. 당연히 불 공정한 규칙이에요. 이 경우 노동자는 굶어 죽든가 노예처럼 굽실대든가 할 수 밖에 없겠지요. 그러면 어떻게 될까요. 아무래도 노동자들의 불만이 쌓일 수밖 에 없겠지요. 그러다 더 이상 참을 수 없는 상황이 되면 폭발할 거고요. 실제로 이런 사회 질서는 노동자들의 거센 저항을 불렀어요. 아울러 이런 '고삐 풀린 자본주의'가 1930년 세계 대공황을 낳은 근본적 원인이기도 했죠.

이런 역사적 교훈은 우리 헌법에도 반영됩니다. 헌법 제23조는 재산권의 내 용과 한계는 법률로 정하도록 하고, 재산권 행사는 공공복리에 적합하여야 한 다고 돼 있어요. 또한 영업(기업)의 자유는 헌법 제37조 기본권 제한의 일반 원 칙에 따라 제한될 수 있고요. 이렇듯 재산권이나 기업의 자유를 제한하는 중요 한 이유가 바로 노동자의 생존권 보장이에요.

헌법에 노동 기본권을 규정한 것은 그것을 보장하는 게 국가의 의무라는 뜻입니다. 아울러 전체 국민은 그걸 보호하기 위해 힘써야 한다는 것이고요. 이는 노동자의 권리를 잘 지키는 것이 사회 전체에 보탬이 된다는 얘기예요. 요컨대 노동자가 자기 이익을 꾀하더라도 그 결과는 공공의 이익에 기여한다는 거죠. 다시 말해 노동자 지위 향상이 불평등한 사회 구조를 개선하고 경제 구조를 튼튼하게 만든다는 얘기예요.

2. 노동법은 어떤 내용을 담고 있나요?

노동법 제정의 원리

노동 기본권은 헌법 다음가는 규범인 법률 여러 곳에 자세히 담겨 있어요. 이를 '노동관계법', 줄여서 '노동법'이라고 해요. 노동법은 사회 구성원들이 누릴 수 있는 최소한의 생존권, 인간의 존엄성을 담고 있어요. 따라서 한 사회가 법과 제도로 보장하는 인권 수준을 가늠할 수 있는 잣대, 법률적 지표가 바로 노동법이에요. 노동 기본권은 앞서 보았듯 시민권을 넘어선 보편적 인권의 원리에서 나온 개념이죠. 노동법 또한 같은 이치로 시민법 원리를 뛰어넘어 성립되었습니다.

근대 시민법 질서는 '만인은 법 앞에 평등하다'는 관념 위에 서 있어요. 하지만 이는 지극히 형식적이죠. 근대 시민법의 3대 원칙은 '계약 자유의 원칙'과 '소유권 절대의 원칙', '과실 책임의 원칙'입니다. 하지만 그것만으로는 결코 실질적인 자유와 평등을 이룰 수가 없어요. 노동자와 자본가의 사회적 지위와 경제력은 차이가 크잖아요. 때문에 노사 관계에서 형식적 평등은 일방적인 자본가 편들기나 마찬가지죠. 때문에 노동자의 생존권을 보장하는 범위에서 자본가의 소유권이나 계약 자유권을 제한하게 된 거예요.

노동법은 이렇듯 노동 시장, 노사 관계, 안전 보건 같은 문제에서 기업의 자유 또는 계약의 자유를 제한하고, 기업에 의무를 지우는 법률이예요. 자본으로선 노동법 자체가 기업 활동의 자유를 억누르는 규범으로 다가오죠. 김인재(인하대) 교수는 이 점에서 노동법 자체가 '기업 활동의 자유를 제한하는 규제'라고 보았죠. 그 내용은 크게 두 가지 영역으로 나뉩니다.

먼저 고용 관계에서 불리한 처지인 노동자를 보호하기 위한 규제가 있어요. 이는 주로 근로기준법에 따른 고용 보호와 노동 시장 규제예요. 최저 노동 기준, 해고 제한, 임금·노동 시간·휴식 규제, 취업 규칙, 비정규직 보호, 차별 금지 따위를 들 수 있죠. 노동자의 생명, 안전과 보건에 관한 규제도 있는데 산업 안전 보건법이 그거예요. 이런 법률은 주로 개별 노동자를 보호하기 위해 기업 활동을 규제하는 내용을 담고 있습니다.

또 하나의 영역은 집단적 노사 관계를 다스리는 내용이에요. 국가가 법으로 개별 노동자를 보호한다지만 한도가 있게 마련이죠. 노동자와 자본가의 일대일 관계는 시작부터 평등할 수가 없기 때문이에요. 그래서 사회적 약자인 노동자들은 여럿이 힘을 모아 사용자와 집단적 계약을 맺으려 애씁니다. 보통은 노동조합을 만들어 대응하는데 이를 보호하거나 다스리는 것이 노동법의 또 다른 구실이에요. 이제 노동법의 이 두 가지 영역에 대해 자세히 살펴보도록 하겠습니다.

개별 노동자 보호 입법

먼저 개별 노동자를 보호하는 노동법부터 보도록 하죠. 근대 산업 사회가 서유럽에서 비롯된 만큼 그에 따른 노동관계 법·제도 또한 마찬가지예요. 유럽 최초의 노동법은 1802년 제정된 영국의 '공장법'이에요. 초창기의 야만적 자본주의가 노동자를 얼마나 혹사시켰던지 당시 노동자들의 평균수명이 겨우 30대에 그쳤다고 해요. 어린이 강제 노동도 사회 문제로 떠올랐고요. 이러다가는 노동력 자체가 아예 씨가 마르겠다는 부르주아 사회의 자성이 일었어요. 그래서 만들어진 게 바로 공장법이에요. 하지만 이 법은 현실과 동떨어진 데다 실행 기구(공장 감독관 제도)를 빠뜨리는 바람에 '죽은 법'이 되고 말았어요. 1833년이 돼서야 18세 미만 연소자 야간 작업 금지, 노동 시간 제한(하루 12시간-주 69시간), 감독관 제도 개선 같은 사항을 보완하죠. 이어 1847년에는 보호 대상을 여성 노동자까지 확대, 노동 시간 오전 6시~오후 6시로 제한, '표준 노동일' 제정 같은 법 개정이 이루어집니다.

이렇듯 노동법을 처음 도입한 건 영국이에요. 하지만 그걸 노동법의 전형이라 보기는 어려워요. 노사 당사자가 알아서 합의하는 '계약 자유의 원칙' 전통이 강했던 탓이죠. 공장법을 어린이와 여성한테만 적용한 것도 그런 맥락이에요. 이 둘은 스스로 거래(계약)할 능력이 없다고 봤기 때문이죠. '모든 산업에서 12세 미만 아동 고용 금지'를 담은 마지막 공장법(1901년)에서도 성인 노동자의 노동 조건은 규정하지 않았어요.

그나마 영국 공장법의 영향으로 독일(1839년)과 프랑스(1841년)가 노동자 보호법을 세정하죠. 특히 독일에서는 노동 운동이 빠르게 성장하자 이를 기리앉히려고 사회 보장 입법을 시행해요. 이에 대해서는 나중에 자세히 알아보기로 하고요. 이후 노동자 보호 입법은 유럽 각국으로 빠르게 퍼져 나갔어요. 1890년경에는 영국도 일부 노동법에서 계약 자유의 원칙을 포기하게 돼요. 후발 산업국가 일본은 주로 독일의 영향 아래 1911년에 공장법을 제정합니다.

여기서 알 수 있는 사실 하나는 노동법 개정이 주로 노동 시간 단축 흐름을 보여 준다는 거예요. 처음에는 그것이 부르주아 사회의 자성에서 비롯된 거라 노동자들의 절박함을 제대로 담아내지 못했어요. 때문에 시간이 흐를수록 노동자들의 투쟁으로 노동 시간이 줄어들게 되죠. '8시간 노동제'가 전 세계 노동자들의 공통된 요구로 떠오르게 됩니다. 노동자 투쟁을 거치며 각국은 최저 임금법, 근로 계약법, 정리 해고 보상 규정, 고용 보호법 같은 보호 입법에 공을 들이게 되죠.

집단적 노사 관계법

다음으로 집단적 노사 관계법을 알아보겠습니다. 오늘날 거의 모든 나라가 노동조합으로 단결할 권리를 보장하고 있어요. 하지만 처음부터 이런 권리가 보장된 건 아니에요. 각국의 지배층은 애초 노동자들이 사용자와 단체로 계약을 맺는 걸 '계약의 자유, 노동의 자유'를 거스르는 범죄로 보았어요. 그래서 영국은 산업 혁명 이전부터 노동자 규제법(1392년), 도제 규제법(1562년) 같은 것으로 노동자들이 뭉치지 못하게 했죠. 산업 혁명 전후로 만든 프랑스의 르 샤플레 법(1791년), 영국의 단결 금지법(1799, 1800년)도 같은 맥락이었어요.

영국의 단결 금지법은 노동자의 단결과 단체 행동을 "인위적인 것, 불온한 것, 혼란스러운 것"이라며 범죄로 몰아붙였죠. 노동자들이 술집에서 두 명 이상 대화하는 것조차 막았다고 해요. 하지만 노동자들은 불이익을 각오하고 뭉쳐서 함께 싸웁니다. 그 결과 1824년, 단결 금지법이 폐지되고 노동조합이 인정되죠. 그러나 단체 행동 결과에 대해서는 민사상 손해 배상 의무를 지웠어요. 그러다가 1871년에 노동 쟁의에 대한 형사 책임이, 1906년엔 민사 책임이 각각 면제되기에 이릅니다. 이어 1913년엔 노동조합 정치 기금이, 1946년엔 총파업이 합법화돼요.

미국에서는 집단적 노사 관계법이 두 차례에 걸쳐 커다란 변화를 겪었어요.

우선 1935년에는 전국 노동관계법(와그너 법)이 제정돼 일대 진전을 이루죠. 노동 운동을 억눌렀기 때문에 빈부 격차가 벌어졌고, 그 결과 세계 대공황을 빚었다는 반성 속에서 제정된 법이에요. 노동 3권을 법으로 보장하고 사용자의 부당 노동 행위를 금지하는 획기적 내용을 담았죠. 그러나 이 법은 1947년에 이르러 개악되는데 이를 '태프트–하틀리 법'이라고 불러요. 태프트–하틀리 법은 반공주의 마녀 사냥이라 할 '매카시 선풍' 속에 노조의 단결권을 크게 제약했어요. 주요 내용을 보면 모든 연방 공무원 파업 금지, 사용자 부당 노동 행위 책임 경감, 공산당원 노조 간부 취임 금지 따위였죠.

집단적 노사 관계법은 오늘에 이르러 집권 세력의 성격에 따라 진전과 후퇴를 반복하는 양상이에요. 하지만 신자유주의가 득세한 1980년대 이후로는 노동 운동을 세차게 공격하는 흐름 속에서 노동 3권이 크게 위축되고 있는 형편이죠.

우리나라의 노동법

1953년에 제정된 우리나라 노동법은 부끄럽게도 일본의 노동관계법을 베끼다시피 급조했어요. 근로기준법의 경우 일본 '노동 기준법'을 들여와 '노동'을 '근로'로 바꾼 거 말고는 법조문 선체가 아예 똑같다는 평을 들었죠. 물론 한국 전쟁 와중이라 경황이 없었던 사정도 있었죠. 그러나 무엇보다 북한의 노동법과 경쟁하다 보니 상당히 앞서 있던 일본 노동법을 받아들였다고 볼 수 있어요. 그래서 이 법은 공무원노조와 교사노조를 인정하고, 노동조합의 정치 활동도 보장했어요. 근로기준법만 해도 당시로서는 높은 수준의 노동 기준을 설정하고 있었죠. 실은 그것이 문제였어요.

현실과 너무나 동떨어진 조항이 대부분이니 지킬 수도 없었고, 실제 지켜지지

도 않았어요. 이런 사정은 1970년대까지 이어졌는데, 노동 관청에 '근로기준법을 지키라'고 호소하던 청년 노동자 전태일은 결국 그 법이 아무 쓸모가 없음을 깨닫게 되죠. 그래서 그 쓸모없는 법을 자신의 몸뚱이와 함께 불살라 버립니다. 전태일 열사의 분신 항거에 우리 사회는 깊은 충격에 빠지고, 비로소 노동자의 현실에 관심을 두게 되죠.

이렇듯 근로기준법을 비롯한 개별 노동자 보호법이 사실상 사문화되었다면, 집단적 노사 관계법은 역대 정권을 거치며 개악에 개악을 거듭하게 돼요. 박정희 정권의 1963년 개정법은 노조 정치 활동 금지, 노동 쟁의 조정 강화, 긴급 조정 제도 신설 같은 노동조합 자율성을 크게 해치는 내용 일색이었어요. 이어 1980년 전두환 정권의 국가보위입법회의에서도 설상가상으로 개악돼요. 제3자 개입 금지, 행정 관청의 단체 협약 변경·취소권, 냉각 기간 연장, 불법 쟁의 처벌 강화, 강제 중재 확대 따위가 그거예요. 그 뒤 1987년 노동자 대투쟁을 거치면서 일부 독소 조항이 없어지는 진전이 이루어지기도 했어요. 하지만 IMF 경제 위기를 거치면서는 정리 해고제 도입, 근로자 파견제 도입, 비정규직 확산 같은 고용 불안을 키우는 입법이 몰아칩니다.

우리나라 노동관계법은 이러한 역사를 거쳐 오늘에 이르고 있어요. 여기서 잊지 말아야 할 것은 노동자의 권리가 법률로만 보호되는 게 아니라는 점이에요. 앞으로 살펴보겠지만 노동자의 권익은 집단적 노사 관계 속에서 단체 교섭, 단체 협약 등을 통해 얼마든지 넓힐 수 있어요.

개별 노동자 보호법

근로기준법

헌법 제32조 제3항은 "근로 조건의 기준은 인간의 존엄성을 보장하도록 법률로 정한다"고 되어 있는데 그것을 구현한 것이 바로 근로기준법(근기법)이에요. 사용자가 반드시 지켜야 할 노동 조건의 최저 기준을 정해 놓았어요. 다시 말해 근로 계약, 임금, 노동 시간과 휴식, 징계 및 해고, 퇴직, 안전과 보건 등이 그거예요. 근기법 이외의 개별적 노동법은 모두 근기법 내용을 세부적으로 다룬 것이라 보면 돼요.

최저 임금법

임금의 최저 수준을 정하고 사용자가 그 이상을 지급토록 의무화해 노동자들의 최저 생활을 보장하기 위한 법이에요. 최저 임금 액수는 노, 사, 공익 대표로 구성된 최저임금위원회에서 해마다 결정해요.

기간제 및 단시간 근로자 보호 등에 관한 법률(기간제법)

애초 직접 고용 비정규직 노동자에 대한 불합리한 차별을 없애고, 노동 조건을 보호하기 위해 만든 법이에요. 여기서 기간제란 기간을 정해 근로 계약을 맺은, 흔히 계약직, 임시직 따위로 불리는 노동자를 말해요. 단시간 근로자란 같은 사업장에서 같은 일을 하는 일반 노동자보다 소정 노동 시간이 짧은 노동자를 가리키죠. 흔히 아르바이트, 시간제, 파트타이머 같은 근무 형태가 그거예요. 그러나 현실에서는 애초의 입법 취지를 제대로 살리지 못할 뿐 아니라 되레 비정규직을 양산하고 있다는 비판을 받고 있어요.

파견 근로자 보호 등에 관한 법률(파견법)

파견 노동자의 노동 조건 등에 관한 기준을 세움으로써 고용 안정과 복지 증진에 이바지한다는 목적으로 제정됐어요. 그러나 이 법 제정 자체가 없어져야 마땅한 파견제를 합법화했을 뿐 파견 노동자의 현실 개선에는 그리 도움이 되지 못하고 있다는 평가를 받고 있죠.

고용 보험법

직장을 그만둔 이후 실업 급여를 지급받을 수 있는 근거가 되는 법이에요. 실업을 예방하고 고용을 촉진하는 사업, 직업 능력 향상을 위한 사업 등과 연계가 있죠.

산업재해 보상보험법

민법의 원칙을 수정해서 비록 사용자에게 과실이 없더라도 '업무상 재해'를 당한 노동자에게 국가가 직접 신속하게 보상토록 하고 있어요. 따라서 노동자 처지에서는 산재법에 따라 보상을 받는 것이 유리하죠.

산업안전 보건법

보상을 다룬 산재법과 달리 재해가 일어나지 않도록 사전에 안전과 보건 기준을 정해두는 법이에요. 사용자가 이를 위반하면 매우 무거운 형벌을 내리도록 하고 있는 것은 노동자의 건강과 안전이 그만큼 중요하기 때문이죠.

남녀고용 평등과 일·가정 양립 지원에 관한 법률(남녀고용 평등법)

성별을 이유로 한 노동자 차별을 금지하고, 모성을 보호하기 위해 만들어진 법이에요. 남녀에 따른 차별적 대우를 금지한 근기법 제5조를 구체화한 법이라고 할 수 있죠.

임금채권 보장법

기업이 도산하는 경우 국가는 우선 일정한 임금, 퇴직금을 노동자에게 지급하고, 나중에 그 금액만큼 사업주한테서 받도록 규정한 법이에요.

근로자 퇴직급여 보장법

퇴직 급여 제도의 설정 및 운영에 필요한 사항을 정함으로써 노동자의 안정적인 노후 생활을 보장하기 위해 만든 법이에요.

집단적 노사 관계법

노동조합 및 노동관계 조정법

노동 3권을 보장하여 노동 조건의 유지·개선과 노동자의 경제적·사회적 지위 향상을 위해 만들어진 법이에요. 노동조합의 설립과 운영, 단체 교섭과 단체 협약, 쟁의 행위, 노동 쟁의 조정과 중재, 부당 노동 행위 등의 조항을 담고 있어요.

근로자 참여 및 협력 증진에 관한 법률

'노사 협의회'에 관한 사항을 다룬 법이에요. 상시 노동자가 30인 이상인 사업장에서는 반드시 노사 협의회를 설치토록 하고 있어요.

노동위원회법

부당 해고나 부당 노동 행위를 심판하고, 노동 분쟁을 조정하는 구실을 하는 노동위원회의 설립과 운영에 대해 규율하고 있어요.

3. 인간답게 일하려면 어떻게 해야 하나요?

'최저 기준'이 뜻한 것

이미 살펴봤듯 임금 노동은 본질적으로 소외된 노동이에요. 스스로 구상한 일이 아닌, 자본가가 구상해서 시키는 일만 수행하기 때문이죠. 번듯한 사무실에 본때 있어 보이는 노동자도 알고 보면 엄청난 스트레스 속에 힘겹게 일해요. 게다가 갈수록 고용 사정이 나빠져 언제 잘릴지 모르는 상황이라 부당한 작업 지시를 뿌리치지도 못하죠. 늘어나는 과로사, 일 중독 현상은 바로 이런 현실에서 비롯되는 거예요.

이를 바로잡아 모든 노동자가 적어도 인간답게 일할 수 있도록 하는 게 중요하겠죠. 나라에서 법적 기준을 정하고, 모든 일터에서 잘 지키도록 감독해야 합니다. 그게 바로 근로기준법(근기법)이에요. 근기법에 담긴 내용은 '최저 기준'입니다. 이 법에 정한 기준 이상으로 노동 조건을 정하라는 것이 입법 취지예요. 다시 말해 그 기준에 못 미치면 불법 행위가 되는 거죠. 그래서 회사가 만든 취업 규칙(사규)이나 근로 계약서, 노사가 맺은 단체 협약 내용이 이 기준에 미치지 못한다면 그 부분은 당연히 무효예요. 실제로 취업 규칙이나 단체 협약은 근기법에 나와 있는 내용은 다루지 않고, 그 이상의 노동 조건만 나와 있는 게 보통이에요.

예컨대 근기법에는 휴일에 대해 "1주일에 평균 1회 이상의 유급 휴일을 주어야 한다"고만 나와 있어요. 각종 공휴일에 대해서는 전혀 다루지 않고 있죠. 공휴일(보통 달력에 빨간색으로 인쇄해서 '빨간 날'이라고 하죠)이란 원래 관공서(공무원)가 쉬는 날이에요. 그래서 어떤 민간 기업이 설날 연휴에 쉬지 않는다고 해도 근기법 위반은 아니에요. 다만, '근로자의 날 제정에 관한 법률'에 따라 노동절(5월 1일)만은 근기법 상의 유급 휴일에 해당해요. 휴가 또한 근기법에는 '연차 휴가'만 나와 있어요. 여름휴가를 주지 않아도 근기법 위반은 아닌 거죠. 그럼에도 대다수 기업은 취업 규칙이나 단체 협약에 설날 연휴뿐 아니라 어린이날 같은 공휴일, 여름휴가를 비롯한 휴가 제도를 두는 게 보통이죠.

그런데도 근기법 조항을 '절대 기준'으로 오해하는 경우가 가끔 있어요. 가령 노동자들이 노동 조건 개선을 요구했을 때 "그럼 법대로 하자"면서 근기법보다 괜찮은 노동 조건을 끌어내리겠다는 사용자들이 있어요. 하지만 이는 '기존 노동 조건의 저하'로서 사회적 통념은 물론 근로기준법을 어기는 행위예요. 실제로 근기법 제3조는 '이 법에 나온 근로 조건은 최저 기준이므로 이를 이유로 근로 조건을 낮출 수 없다'고 못 박아 두고 있어요.

한편 최저 기준도 시대상을 반영해 끊임없이 바뀌게 마련이에요. 1980년대 후반 제가 다니던 회사에 노조가 결성됐어요. 단체 교섭을 앞두고 조합원들을 상대로 설명회를 할 때였죠. 근기법에는 없지만 '경조 휴가'라는 게 있어요. 관혼상제 같은 전통적 집안 행사를 위한 휴가죠. 흔히 '본인 결혼 ○일, 부모상(장례) ○일' 이런 식이에요. 그중에 '본인 부모상 7일, 배우자 부모상 3일' 식으로 차등을 둔 게 있었어요. 남성의 관점에서 '장인·장모상' 휴가 기간을 부모상과 똑같이 요구하는 건 좀 지나치다는 그 시대 정서가 반영된 거였죠. 이에 대해 당시 '주부 사원'으로 불리던 기혼 여성 노동자들이 이의를 제기했어요. 이분들 주장은 "기혼 여성들은 본인 부모(친정 부모)상보다 배우자 부모(시부모)상이 더 중요하다. 그러니 요구안을 조정해 달라"는 거였지요. 이에 대해 "단서 조항을 달아서, 기혼 여성의 경우는 본인 부모상 3일, 배우자 부모상 7일로 하자", "그럼 복잡해지니 아줌마들이 그냥 양보해라." 따위 의견이 분분했죠. 지금 생각하면 좀 어이없기도 하고, 서글프기도 하죠. '본인과 배우자 부모상 7일' 이렇게 하면 되잖아요. 실제로 지금은 거의 다 그렇게 바뀌었고요. 이렇듯 모든 규범은 앞서 가느냐, 뒤처지느냐의 차이가 있을 뿐 시대상을 받아들이게 돼 있어요. 앞으로 보겠지만 근기법 또한 시대상을 받아들여 법정 노동 시간을 꾸준히 줄여왔어요.

문제는 이 최저 기준마저 지키지 않는 사업장이 아직도 많다는 점이에요. 사용자가 근기법을 잘 몰라서이기도 하지만 일부러 무시하는 경우도 꽤 되죠. 때문에 노동자 스스로가 이 최저 기준을 잘 알고 있어야 불이익을 막을 수 있어요. 이 세상엔 '착한 사용자'만 있는 게 아니거든요. 심지어 아무리 착한 심성을 가진 사용자라도 이윤의 논리 앞에서는 자신을 배반할 수밖에 없지요. 거듭 말하건대 근기법 조항은 어디까지나 '최저 기준'임을 잊지 말아야 하겠습니다.

임금

우리는 흔히 임금을 두고 '정당한 노동의 대가'를 얘기합니다. 하지만 그것은 잘못된 표현이에요. 자본주의 사회에서 임금은 어디까지나 '노동력의 가치', 다시 말해 노동력의 판매(구입) 가격이에요. 그런데 그 사실을 제대로 이해하기가 참 어려워요. 그건 예전부터 경제학자들 사이에서도 논란이 됐지요.

노동력의 가치

맬서스(Thomas Robert Malthus, 1766~1834, 영국 경제학자) 같은 고전파 경제학자들은 임금이 노동의 수요 공급에 따라 정해진다고 주장했어요. 그에 따르면 임금이 천정 부지로 오르거나, 반대로 '0'에 가까울 수도 있죠. 하지만 현실에서 그런 일은 일어나지 않아요. 왜 그럴까요. 바로 '노동력'이라는 상품이 지닌 독특한 성격 때문이에요. 노동력은 그 특성상 수요 증감에 따라 공급을 조절할 수가 없어요. 다른 원료나 상품처럼 쌓아 둘 수가 없기 때문이죠. 누군가 사서 쓰지 않더라도 시간이 지나면 그냥 사라지고 말아요. 문제는 노동력이 사라지면 다시 채워 넣어야 하는데, 노동자가 소비 활동을 해야만 그게 가능하다는 점이에요. 다시 말해 먹고, 입고, 쉬고, 여러 가지로 생기를 불어넣어야 일할 수 있는 힘이 생긴다는 거죠. 그런데 이 소비 자금은 노동력을 팔아야 마련할 수 있어요. 그래서 꾸준히 팔리지 않으면 노동력은 생기지 않는 거죠.

자본가들은 한때 고전파 내소 시니어(Nassau William Senior, 1790~1864, 영국 경제학자), J. S. 밀(John Stuart Mill, 1806~1873, 영국 경제학자) 같은 경제학자의 '임금 기금설'을 지지하기도 했어요. "어떤 사회가 되었든 임금을 주려고 마련한 기금이 있다, 그 총액은 일정하다, 총액을 전체 노동자 수로 나눈 게 노동자 개인이 받는 임금이다, 따라서 노동자들이 임금을 올리려고 애쓰는 건 부질없는 짓이다, 결혼 억제 같은 도덕적 자제로 노동자 인구를 줄여야 임금이 오른다." 지금 들으면 좀 황당한 주장이었죠. J. S. 밀 자신도 나중에는 이 주장을 철회했지만 반세기 넘게 노동자를 괴롭혔다고 해요.

이 점에서 D. 리카도가 제시한 '임금 생존비설'은 그나마 설득력이 있었어요. 요컨대 노동의 자연 가격(임금)은 '가계를 재생산하는 비용'이라는 얘기죠. 이는 노동자와 그 가족을 먹이고 입히고 돌보는 생계 비용을 말해요. 이 주장은 사실 '노동 가치설'에 근거를 두고 있어요. '재화의 가치는 그것의 생산에 들어간 노동의 양으로 결정된다'는 거죠. 노동력 또한 자본주의 상품이니까 같은 원리가 적용될 수밖에 없겠죠. 따라서 노동력의 가치는 그것을 만들어 내는 데 들어간 노동의 양이 돼요. 그런데 노동력은 노동자의 몸에 깃들어 있으므로 노동자가 계속 살아 있어야 생겨나요. 결국 노동자를 살아가게 하는 생계 수단의 가치가 곧 노동력의 가치가 되는 거지요. 이는 노동자가 일할 수 있는 상태로 만드는 음식, 옷, 주택, 난방 같은 생활필수품, 편의품의 전체 비용이에요. 때문에 노동력의 가치는 나라, 기후 같은 조건에 따라 달라져요.

그런데 사람은 누구나 나이가 들면 기력이 떨어지고, 머잖아 죽음을 맞게 됩니다. 노동자도 마찬가지죠. 개인으로서는 자연으로, 흙으로 돌아가는 것이지만 인간은 사회적 동물이잖아요. 사회적으로 보면 그것은 '노동력의 단절'이에요. 대체할 노동력을 만들어 내지 않으면 사회도 단절되죠. 따라서 사회 전체로는 대체 노동력 생산 비용도 노동력의 가치에 포함되죠. 대체 노동력이 뭐예요? 다름 아닌 노동자의 2세잖아요. 따라서 노동자 자녀 양육비 또한 노동력의 가치에 포함돼야 하는 거죠. 노동력의 가치(임금)는 결국 노동자와 그 가족의 생계비가 기준이 되는 겁니다.

표준 생계비

그렇다면 생계비는 어떻게 정할까요? 여기에는 두 가지 방법이 있어요. 이론 생계비 방식과 실질 생계비 방식이 그거예요. 이론 생계비는 생계유지에 필요하다고 보는 소비재·서비스의 종류와 수량을 정해 금액으로 환산하는 방식입니다. 반면 실질 생계비는 모형으로 삼을 만한 가계를 뽑아서 그 생계비를 조사한 뒤 다듬는 방식이죠. 실제로는 두 가지 방식을 혼용하거나 절충하는 경우가 많아요. 그런데 어떤 방식을 쓰든 그 수준은 지역마다 다를 수밖에 없겠죠. 곳에 따라 소비 성향이나 지출 규모가 다르고, 그 기반이 되는 문화 유형도 제각각일 테니까요. 같은 나라 안에서도 시대에 따라, 누가 책정하느냐에 따라 수준이 달라져요. 실제로 우리나라 노동 단체(노총)들은 임금 인상의 근거 자료로 해마다 생계비를 발표해 왔어요. 그런데 과거에는 '최저 생계비'를 제시해 왔는데 얼마 전부터는 그걸 '표준 생계비'로 바꿨어요. 최저 생계비는 말 그대로 생계유지에 들어가는 최소 비용을 뜻해요. 이에 견줘 표준 생계비는 표준적 생활수준에 필요한 비용으로, 최저 생계비보다는 액수가 늘어나게 되죠. 이는 과거에 비해 국가 전반의 경제 규모나 소비 수준이 높아진 생활 환경을 감안한 거예요.

그런데 임금이 표준 생계비 그대로 결정되는 경우는 거의 없어요. 자본은 임금을 활용해 노동자를 통제하고 노동 성과를 올리려 하되 되도록 적게 주려 애쓰죠. 노동자는 반대로 되도록 많이 받아 내려 하고요. 결국 실제 지급되는 임금 수준은 노동조합, 최저 임금, 노동 법규, 실업률, 사회 보장 같은 여러 요인에 따라 결정돼요. 산업 발전국을 보더라도 전후 호황기에는 국가의 전체 소득에서 임금이 차지하는 비중이 차츰 늘어났어요. 노동자 계급의 정치, 사회적 힘이 강해졌기 때문이에요. 반면 1980년대를 지나 신자유주의 시대에 이르러 국가 정책이 자본에 치우치면서 임금의 비중은 줄어들고 이윤의 비중은 높아졌어요.

최저 임금

여기서 알 수 있는 건 임금 수준은 현실에서 노사의 힘에 따라 결정되는 경향이 있다는 거예요. 당연히 자본 쪽이 노동 쪽보다 훨씬 힘이 세죠. 그런데 힘

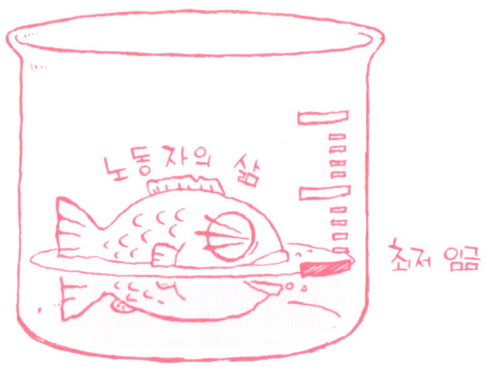

이 세다고 해서 말 그대로 '쥐꼬리'만큼만 주면 어떻게 될까요. 노동자와 그 식구의 생계가 무척 어려워지겠죠. 사회 전체로 봐서도 큰 손실이에요. 생활고로 병이 들거나 딱한 처지의 노동자가 늘어나면 나라 경제에도 나쁜 영향을 미치죠. 결국은 자본에게도 손해로 되돌아오게 돼요. 따라서 노동자를 위해서도, 사회 전체를 위해서도 기본적인 생활을 할 수 있을 만큼 임금을 보장해야 합니다.

그래서 '최저 임금' 제도가 생겼어요. 최저 임금이란 "사용자는 최소한 이 정도 임금은 주고 일을 시켜야 한다"고 법으로 정한 최저선이에요. 노동자·사용자·공익 위원으로 구성된 최저임금 심의위원회가 해마다 물가인상 같은 요인을 감안해 최저 임금 액수를 정하죠. 만약 이를 어기는 사용자가 있다면 당연히 처벌을 받게 됩니다.

문제는 그동안 책정돼 온 최저 임금 액수가 형편없이 적어서 있으나 마나 한 제도가 됐다는 거예요. 최저 임금은 저임금 노동자를 보호하고 임금 격차를 줄이려고 도입한 제도잖아요. 그 취지를 살리려면 최저 임금 수준이 웬만큼은 돼야 해요. 그런데 법정 최저 임금으로는 도저히 먹고살기가 힘들다면 굳이 그런 제도를 둘 필요가 없겠지요. 우리나라 최저 임금이 그렇습니다. 해마다 올랐는데도 전체 노동자 평균 임금의 1/3밖에 안 되거든요.

이런 마당에 최저 임금이 '최고 임금'으로 둔갑하는 일까지 벌어져요. 최소한 이 정도는 주어야 한다는 것이 "이 정도 이상은 줄 수 없다"로 변질 되는 것이죠. 무슨 얘기인지 이해가 잘 안 간다고요? 예컨대 대학교를 비롯해 공공 기관이나 대형 건물 따위를 청소하는 노동자들이 그런 경우예요. 전국적으로 몇십만 명이나 되는데, 이분들 임금은 대부분 최저 임금과 엇비슷한 수준이에요. 이분들이 임금 인상을 요구하면 사용자들은 보통 "최저 임금 이상은 줄 수 없다"고 버텨 왔어요. 청소 노동자뿐만 아니라 아르바이트 하는 청소년한테는 최저 임금 주는 걸 당연하게 여기는 풍토도 문제죠.

이런 경우를 생각해서라도 최저 임금은 하루빨리 현실화돼야 마땅해요. 최소한 전체 노동자 평균 임금의 50% 이상이 되도록 법에 명시할 필요가 있어요. 심지어 법망을 피해 가며 최저 임금조차 주지 않는 악덕 사용자까지 있으니 정부의 철저한 감독도 중요하죠. 최저 임금보다 적게 주는 경우를 적발하면 정부가 우선 그 차액을 지급하고, 나중에 사업주에게 징수하는 제도를 도입해야 해요.

임금 격차와 '동일 가치 노동 동일 임금'

앞에서 최저 임금이 우리나라 평균 임금의 1/3밖에 안 된다고 했죠. 여기서 알 수 있는 또 다른 현실은 우리나라에 저임금 노동자도 많지만 상대적으로 높은 임금을 받는 노동자도 적지 않다는 거예요. 그래서 "임금이 표준 생계비에 못 미치니 그 75% 정도는 달라!"고 요구하는 노동조합(노동자)이 많아요. 반면 지금도 표준 생계비보다 많이 받아서 아예 다른 기준으로 임금 인상을 요구하는 노동조합(노동자)도 있어요. 주로 대기업과 중소기업, 정규직과 비정규직 사이의 임금 격차 때문에 빚어지는 현상이죠. 앞에서 노동의 위기를 살펴봤잖아요. 그 위기의 중요한 지표인 '노동 시장 양극화'의 한복판에는 바로 이 임금 격차 문제가 놓여 있어요. 따라서 임금 격차를 줄이는 일은 무척 중요한 사회적 과제일 수밖에 없겠지요.

임금 격차를 해소하려면 어떤 방법이 있을까요. 많이 받는 노동자 임금은 깎고, 적게 받는 노동자 임금은 올려 주면 간단하겠죠. 하지만 그게 터무니없다는 건 설명이 필요치 않겠지요. 그렇다고 정부와 사용자들처럼 상대적 고임금자들을 '노동 귀족'으로 몰아세워 희생양으로 삼는 것도 옳지 않아요. 무엇보다 다수가 공감할 수 있는 원리, 원칙을 세우는 게 먼저예요.

우선 대기업과 중소기업의 임금 격차는 어떻게 해소할 수 있을까요. 이 경우는 스웨덴의 '연대 임금 정책'을 참고할 만해요. 이 제도는 대기업 노동자의 양보를 전제로 설계됐어요. 같은 업종, 같은 직무에는 기업 규모와 상관없이 같은 임금을 주도록 한 거죠. 그 결과 대기업 노동자들은 더 받을 수 있는 여건임에도 중소기업과 보조를 맞췄어요. 반면 일정 수준의 임금을 줄 능력이 없는 중소기업은 문을 닫았죠. 이는 "적정 임금을 지급할 능력도 없는 기업이라면 차라리 없는 게 낫다"는 사회적 공감대가 있었기에 가능했어요. 이를 통해 저임금 노동자를 지원하는 한편 산업 합리화를 촉진하는 거죠.

사실 이 제도의 핵심 원리는 대기업 노동자의 양보나 산업 합리화보다는 같은 일을 하는 노동자에게는 같은 임금을 주어야 한다는 거예요. '동일 가치 노동 동일 임금' 원칙이죠. 똑같은 일을 한다면 비록 기업 규모가 다르더라도 같은 수준의 임금을 지급하는 사회적 노력이 절실하다는 거죠. 이 원칙이 구현돼야 하는 또 다른 이유는 비정규직 차별 때문이에요. 이미 지적했듯 자동차 조립 라인에서 한 사람은 오른쪽 바퀴를, 또 다른 사람은 왼쪽 바퀴를 끼우는데 단지 정규직–비정규직이라는 차이 때문에 임금을 차별하는 게 우리 사회의 현실이거든요.

한편 임금 격차는 임금 제도만으로 해결하기 어려운 측면이 있어요. 따라서 조세 제도, 복지 제도와 연계해 종합적인 대책을 세울 필요가 있죠. 예컨대 대기업한테 세금을 많이 거둬 교육, 의료, 주택 같은 필수 서비스를 사회 복지로 해결하는 방안도 있어요. 또한 사회적 임금(실업 수당, 공교육, 의료, 연금 같은 실질적 임금 보전 요소)과 시장 임금을 조정하는 방법도 있습니다. 이를 통해 임금 격차를 줄임으로써 임금 인상을 자제토록 유도하는 거죠. 요컨대 사회 경제 구조가 이미 대기업과 정규직에 치우친 마당에 임금마저 시장 논리에 맡기면 격차가 더 벌어질 수밖에 없다는 거예요. 따라서 이제는 임금 정책을 개별 노사에게 맡겨두는 방임형에서 사회적 결정 구조로 바꿔 나가야 합니다.

노동 시간

인류는 생존에 꼭 필요한 걸 마련하기 위해 노동할 수밖에 없었습니다. 거꾸로 말해 생활필수재가 마련되면 노동을 하지 않았다는 거죠. 실제로 인류의 노동 시간은 그리 길지가 않았어요. 자연의 이치에 따라 해가 뜨면 일어나고, 늦어도 해질 때까지만 일했어요. 비가 오거나 날씨가 안 좋을 때도 노동을 멈췄고, 추위 때문에 농작물이 살 수 없는 겨울철은 농한기라 해서 아예 '놀고먹는' 기간이었죠. 이미 살펴보았듯 고대 그리스·로마는 한 해에 115일이 공휴일

이어서 1년의 1/3을 쉬었어요. 고대 이집트 또한 한 해의 절반은 거의 일을 하지 않았다고 해요.

인류를 산업 사회로 이끈 유럽 또한 전통적으로 일요일과 성자 축일, 기념일을 포함해 1년의 절반 가까이 휴일이었어요. 그러다 자본주의 생산 체제가 들어서면서, 특히 기계화가 진전되면서 노동 시간이 크게 늘어났죠. 이윤을 더 늘리려고, 새 기계에서 빨리 본전을 뽑으려고 쉴 새 없이 돌리고, 노동자도 같이 혹사시키는 자본의 속성 기억하시죠? 게다가 산업 혁명으로 자연환경을 극복할 수 있게 되자 상황은 더 나빠졌어요. 작업장이 실내 공간으로 바뀌면서 날씨의 영향이 줄었지요. 또한 가스등 같은 인공 조명 덕분에 어둠까지 사라지자 노동 시간은 어마어마하게 길어지죠. 독일의 경우, 하루 노동 시간이 1800년경에는 10~12시간 남짓이었지만 1820년경에는 11~14시간, 1830~60년에는 14~16시간으로 계속 늘었어요. 다른 나라도 비슷해서 대다수 산업국의 연간 노동 시간은 한때 3,500~4,000시간(주당 67~76시간)이나 됐어요. 미국 또한 20세기 초까지 평균 노동 시간이 주당 60시간 정도였다고 해요.

그러던 것이 지금은 연간 2,000시간 아래로 줄었어요. 우리나라가 아니고, 노동자 권리 보장이 앞선 나라들 얘기죠. 아무튼 지난 수십 년 동안 노동 시간은 차츰 줄어들고 유급 휴일은 늘었어요. 물론 노동 생산성이 높아졌기 때문이죠. 그러나 무엇보다 노동 시간을 줄이려는 노동자들의 끊임없는 투쟁 덕분이에요. 사실 '노동 운동의 역사는 노동 시간 단축의 역사'라 할 만큼 노동 시간 단축은 의미가 큽니다.

노동 시간 단축의 역사

산업화가 진전될수록 노동 시간은 늘어만 갔어요. 이에 영국의 사회 운동가

오언(Robert Owen, 1771~1858)은 1817년 '하루 8시간 일하고, 8시간 놀고, 8시간 자기' 운동에 나섰어요. 산업 혁명 뒤 노동자들도 끊임없이 8시간 노동제를 요구했습니다. 하지만 영국에서는 1847년에서야 여성과 어린이에 한해 10시간 노동제를 도입(공장법)했어요. 프랑스에서는 이듬해인 1848년 2월 혁명 직후 10시간 노동제를 도입하죠. 19세기를 지나면서 8시간 노동제는 각국 노동 운동의 주요 목표가 됐어요. 이윽고 국제노동자협회는 1866년 제네바에서 회의를 열고 8시간 노동제를 선언해요. "노동 시간 단축 없이는 노동 조건 개선과 해방을 위한 어떤 노력도 좌절할 것이다. 노동 시간 단축은 예비 조건이다"고 말이죠.

한편 미국에서는 남북 전쟁 뒤 8시간 노동제를 요구하는 운동이 시작되죠. 급기야 1886년 5월 1일 역사적인 총파업이 일어났어요. 이 사건이 바로 오늘날 노동절의 유래가 된 메이데이(May Day)투쟁이죠. 하지만 노동 시간 단축의 길은 험난하기만 했어요. 예컨대 미국 대법원은 1905년, 하루 노동 시간을 10시간으로 제한한 뉴욕주 법에 대해 위헌 판결을 내렸어요. 그 이유가 걸작인데 "제빵 노동자들이 원하는 시간만큼 일할 자유를 박탈했다"는 거였죠.

우여곡절 끝에 마침내 8시간 노동제가 국제적으로 인정받게 된 것은 1차대전 직후인 1919년의 일입니다. 여기에는 국제 자본 진영의 사회주의에 대한 견제 심리가 적잖게 작용했어요. 2년 전인 1917년 러시아에서 사회주의혁명이 성공한 직후 8시간 노동제가 전격 실시됐거든요. 러시아보다 산업이 훨씬 발전한 서유럽 각국이 8시간 노동제 도입을 더 늦출 명분이 없었던 거죠. 1차대전 강화 조약(베르사유 조약)에 따라 1919년 세워진 국제노동기구(ILO)는 첫 회의에서 8시간 노동제와 실업에 관한 조약을 채택합니다. 이로써 '하루 8시간 노동'이 제기된 지 어언 한 세기 만에야 제도로서 정착된 셈이죠.

'소외된 노동'은 필연적으로 자유 시간 또는 여가 시간을 갈망하게 되죠. 그래서 법정 노동 시간은 주 48시간에서 44시간으로, 다시 40시간으로 꾸준히 줄어 왔어요. 우리나라의 경우 근로기준법이 제정된 1953년 이후 줄곧 주 48시간 제가 유지되다가 36년 만인 1989년에 주 44시간제로 바뀌었어요. 저는 그때 인천의 한 자동차 부품 회사에서 일하고 있었는데, 동료들과 함께 "주 44시간 노동으로 최저 생계비 쟁취하자!"는 구호를 외쳤던 기억이 납니다. 그 14년 뒤인 2003년에는 주 40시간제로 넘어갔죠. 이렇듯 꾸준한 법정 노동 시간 단축은 노동 생산성 향상에 바탕을 둔 것이었어요. 여러 차례 짚어 보았듯 노동 생산성 이 꾸준히 높아지면 '잉여 인력'은 계속 쌓여 갑니다. 그때마다 '노동 시간 단축이냐, 고용 인원 감축이냐'는 선택의 갈림길을 만날 수밖에 없어요.

노동 시간 단축을 통한 고용 창출

기술 발달 속도가 갈수록 빨라지니 고용에 대한 압박도 세질 수밖에 없겠지요. 새로 뽑을 여력이 생기기는커녕 이미 있는 일자리마저 없애야 하는 상황이 됩니다. 그러니 이직이나 퇴직 같은 자연 감원이 생겨도 빈자리를 채우지 않게 됐어요. 더욱이 구조 조정이라는 이름으로 부러 인력을 줄이기도 하죠. 이 경우 일자리가 곧 밥줄인 노동자들은 인위적 퇴출 조치에 저항하게 마련이에요. 그러면 극한 분쟁으로 치닫기 십상이고, 노사 양쪽에 심각한 손실을 입히게 돼요. 그래서 일자리를 유지하고, 새로운 일자리를 만들어 내는 방안으로 노동 시간을 줄이자는 움직임이 늘고 있어요.

우리나라도 1997년 외환 위기 속에서 대량 감원 사태가 봇물을 이뤘어요. 또한 정리 해고제 입법을 둘러싸고 노동자들의 거센 저항을 불러일으켰죠. 이 과정에서 오랜 사회적 논의의 끝에 2003년 주 40시간 노동제가 도입됐습니다. 그러나 '노동자의 삶의 질 향상과 고용 창출'이라는 입법 취지와 달리 산업과 기업 규모에 따라 단계적으로 시행하도록 했어요. 그 결과 공공, 금융·보험 산업과 1,000인 이상 사업체는 2004년 7월부터 시행된 반면, 300인 이상 사업체는 2005년 7월부터, 100인 이상 사업체는 2006년 7월부터, 50인 이상 사업체는 2007년 7월부터, 20인 이상 사업체는 2008년 7월부터, 20인 미만 사업체는 2011년 7월부터 각각 시행됐어요.

프랑스에서는 지난 1999년부터 주 35시간 노동제를 시행하고 있어요. 시행 과정에서 이전 주 39시간 노동제 때의 임금을 유지할 수 있도록 기업의 사회 보장 분담금을 줄여 줬어요. 다른 유럽 국가들 또한 법정 노동 시간이 주 39시간 이하로 줄었고, 차츰 35시간제로 나아가는 추세죠. 벨기에는 2002년부터 타임크레딧(time credits)이라는, 우리로서는 꿈같은 제도를 새로 도입했어요. 고용 계약을 유지하고 복지 수당도 받으면서 길게는 1년 동안 휴직하거나 하루 절반씩만 일할 수 있는 제도래요. 나아가 노동 시간을 20% 줄여 주 4일 근무를 할 수도 있대요. 돈을 더 벌려고 아등바등 일에 매달리는 대신 삶의 질을 높이고, 일자리를 나누자는 취지죠. 그 밑바탕에는 "돈 쓰며 즐길 여가가 없다면 돈을 더 벌어 봤자 무슨 소용이냐"는 생각이 깔려 있다고 합니다.

노동 시간을 줄이고도 임금을 그대로 주면 얼핏 기업에 손해일 것 같지만 그렇지 않아요. 노동 시간이 줄어들면 노동자들의 심신 상태가 좋아지죠. 그래서 활기차고 의욕적인 7시간 노동이 그보다 의욕이 떨어진 상태의 8시간 노동의 성과와 맞먹는대요. 실제로 프랑스와 벨기에 노동자들의 시간당 생산성은 노동 시간이 긴 미국보다 높아요. 참고로 미국 노동자의 연간 노동 시간(2010년 기준)은 1,778시간으로 과거 장시간 노동을 해 온 것으로 유명한 일본(1,733시간)이나 OECD 평균(1,749시간)보다도 길지요.

2,354...
시간

압도적 1등

OECD 국가중
1년 평균노동시간

대한민국은 최장시간 노동 국가

그런데요, 우리가 지금 미국 걱정해 주고 있을 처지가 아니에요. 우리나라야 말로 정말 심각한 장시간 노동 국가죠. 연간 2,193시간으로 OECD 회원국 가운데서 당당 1위를 기록하고 있어요. OECD평균보다 444시간이 길고, 가장 짧은 네덜란드(1,377시간)보다는 무려 816시간이나 길죠. 또 한 가지 문제는 우리 정부가 OECD에 실제보다 노동 시간을 줄여서 보고했다는 사실이에요. 통계청 경제 활동 인구 조사 결과로는 우리나라 취업자의 연간 노동 시간은 2,354시간으로 돼 있어요. 두 번째로 노동 시간이 긴 그리스가 2,119시간이었으니 가히 타의 추종을 불허하는 수준이라고 할 수 있죠.

이는 법정 노동 시간 단축도 중요하지만 실제 노동 시간을 줄이는 일이 얼마나 시급한지를 보여 줍니다. 물론 주 40시간 노동제가 시행될수록 실제 노동 시간도 꾸준히 줄어 온 게 사실이에요. 전체 노동자의 30.2%가 주 40시간제를 적용받던 2005년에는 47.5시간이던 주간 실노동 시간이, 주 40시간제를 53.5%가 적용받은 2011년에는 42.7시간으로 줄었거든요. 한국노동 사회연구소 김유선 소장이 분석한 결과예요. 이때 문제가 되는 것은 초과 노동이에요. 근로기준법에는 초과 노동 한도를 주당 12시간으로 제한함으로써 일주일에 52시간까지 일을 시킬 수 있어요. 하지만 노동부는 '휴일 노동은 연장 노동에 포함되지 않는다'는 법 해석으로 380만 명 정도가 52시간 넘게 일하는 것으로 파악돼요.

따라서 노동 시간을 줄이려면 연장 노동을 더욱 엄격히 제한해야 하겠지요. 이를 위해서는 노동부의 법 해석 폐기, 유럽연합처럼 주 8시간으로 연장 노동 한도 제한 같은 방안을 생각해 볼 수 있어요. 장시간 노동이 없어지면 산업 재해와 직업병이 줄어들 것이고, 노동자의 삶의 질 또한 크게 나아지겠지요. 나아가 주당 52시간 한도만 지키더라도 일자리 75만 개가 새로 생기게 돼요. 만약 유럽연합 수준인 48시간으로 낮추면 새 일자리는 115만 개로 늘어나죠. 이 경우 실제 노동 시간도 주 40.4시간(연간 2,107시간)으로 줄어듭니다.

노동절(메이데이)의 유래

미국에서는 1880년 초부터 8시간 노동제 요구가 확산됩니다. 당시 미국은 사회의 부가 소수에게 집중돼 빈부 격차가 크게 벌어졌어요. 부자들은 다이아몬드 목걸이로 강아지를 꾸미고, 100달러짜리 지폐로 담배를 말아 피우는 게 유행일 정도였죠. 반면 노동자들은 하루 14~18시간 일하면서도 저임금에 시달렸어요. 이에 노동자들은 1886년 5월 1일 미국 노동총동맹 주도로 8시간 노동제를 요구하는 총파업에 들어가 대대적인 거리 행진을 벌입니다. 이날 파업에는 전국 1만 1,562개 공장에서 35만 명이 참여했고, 주요 도시에서 수만 명씩 평화 행진을 벌였죠. 그 결과 20만 명 남짓한 노동자가 8시간 노동제 협약을 맺었어요.

하지만 자본가들의 반격도 만만치 않았죠. 맥코믹 공장에서 파업 농성 중이던 노동자들에게 발포토록 함으로써 다수의 사상자가 생겼어요. 이에 5월 4일 30만 노동자의 항의 집회가 하이마켓 광장에서 열렸어요. 그런데 집회 도중 갑자기 폭탄이 터져 경찰 수십 명이 죽거나 다치고, 경찰의 무차별 발포로 집회 참가자도 수백 명이 죽거나 다치는 참사가 벌어졌어요. 이 사건은 나중에 경찰의 자작극으로 밝혀지죠. 하지만 이를 빌미로 대대적인 검거 선풍이 불어 수백 명이 체포되고, 파업 지도부 8명에게는 사형이 선고돼요. 이 가운데 4명에 대해서는 실제로 사형이 집행되고 말았어요. 그때 안타깝게 목숨을 잃은 노동 운동가 스파이즈는 법정 최후 진술에서 이런 말을 남겼어요.

"당신은 하나의 불꽃을 짓밟아 버릴 수 있다. 그러나 불꽃은 당신 앞에서, 뒤에서, 사면팔방에서 끊일 줄 모르고 들불처럼 타오르고 있다. 그렇다. 그것은 들불이다. 당신들은 이 타오르는 들불을 끌 수는 없을 것이다."

1889년 7월 열린 국제노동자협회(제2 인터내셔널) 파리 총회에서는 미국 노동자들의 8시간 노동 쟁취 투쟁을 기려 5월 1일을 세계노동절(메이데이)로 정했어요. 그 뒤 전 세계 노동자들은 해마다 이날이 되면 대대적인 거리 행진을 벌이면서 단결을 과시하고 있지요.

안전·보건과 노동 재해(산업 재해)

일을 하다 보면 뜻밖의 사고로 다치거나 심하면 목숨을 잃을 수도 있어요. 또한 업무에서 비롯된 스트레스나 균형 잃은 동작, 해로운 작업 환경 때문에 질병에 걸리기도 하죠. 이렇듯 노동과 관련해 생기는 사고나 질병을 '업무상 재해' 또는 '산업 재해'라고 합니다. 줄여서 산재라고도 하고, 요즘엔 좀 더 정확한 표현인 '노동 재해'로 바꿔 쓰자는 움직임도 있어요.

우리나라는 산업 재해로 해마다 2,000명 넘게 숨지고 있어요. 노동부가 공식 발표한 통계가 그렇고요, 사용자들이 산업 재해를 숨기는 경우가 많아 실제로는 훨씬 더 많다고 하죠. 2011년 말 기준으로 사망자가 2,114명이니 날마다 6명이 산재로 목숨을 잃는 셈이에요. 그 가운데 1,383명은 사고로 목숨을 잃었어요. 일하다가 높은 곳에서 떨어지거나 무거운 물체에 깔리거나, 기계에 부딪히는 끔찍한 사고로 말이죠. 그래서 산재 통계가 잡히기 시작한 1964년부터 2011년까지 산재 사망자는 대략 7만 5,000명을 웃도는 것으로 파악되고 있어요.

사실 우리나라는 오래전부터 '산재 공화국'이라는 부끄러운 별명을 달고 있어요. 특히 사망 재해가 심한 편인데, 노동자 1만 명 당 사망자 비율이 1.47(2011년)이나 돼요. 다른 나라는 일본 0.25, 미국 0.48, 독일 0.17, 호주 0.25 수준(2007년 기준)이니 그 정도를 짐작할 수 있겠지요. 서유럽 국가는 물론 멕시코, 태국, 중국 같은 개도국과 비교해서도 2배 정도 높은 형편이에요. 실제 국제 통계를 보면 우리나라의 산재 사망률은 부동의 세계 1위를 달려왔어요. 그런데 이런 자료는 산재 보험을 적용받은 경우만을 통계로 잡은 것이라 실제로는 훨씬 심각하다고 할 수 있어요. 특히 고용이 불안정한 비정규직이나 이주 노동자일수록 산재 보험으로 처리되지 못하는 경우가 많아요.

이렇게 된 데는 성장 지상주의의 영향이 컸어요. 고도성장을 위해 노동자는 기계 부속품 노릇을 해야 했죠. 건강과 안전의 사각지대에서 일하는 건 어쩔 수 없는 일로 치부됐고요. 산업 재해는 '성장의 부산물'이나 '사회적 비용'쯤으로 여겼던 거예요. 1990년대에 들어서면서 재해율은 줄어드는 추세예요. 하지만 산재 사망률은 좀체 줄지 않고 있는데 이는 노동 양극화와 관련이 있습니다. 예컨대 비정규직 사망률이 정규직보다 10배 가까이 높아요. 게다가 신자유주의 '규제 완화' 논리가 맹위를 떨치면서 여건은 더 나빠졌어요. 안전 장치나 보건 설비 구비 의무를 규제로만 여긴 탓이에요. 노동자의 생명이 걸려 있으니 철저히 관리, 감독해야 마땅한 데 말이죠.

노동자에게는 안전하고 건강한 환경에서 일할 권리가 있어요. 또한 사고를 당하거나 병에 걸리면 마음 놓고 치료받을 권리도 있고요. 생계를 위해 취업을 했는데 일하다가 다치면 얼마나 억울하겠어요. 게다가 치료비까지 본인이 부담해야 한다면 분통 터질 노릇이죠. 그래서 노동자가 건강을 되찾을 때까지 사용자는 응당 책임을 져야 합니다. 치료와 요양을 할 수 있도록 하고, 원래 일하던 자리로 돌아올 수 있게 보장해야죠. 그런데 만약 사용자한테만 보상을 책임 지우면 그 부담이 만만치 않겠죠. 그래서 생긴 게 산업재해 보상보험법(산재 보험법)이에요. 국가가 사용자들한테 보험료를 거둬 그 재원으로 산재를 당한 노동자들에게 직접 보상을 해 주죠. 모든 사용자는 이 보험에 반드시 가입해야 합니다.

그런데 문제가 있어요. 노동자가 사고를 당하거나 질병에 걸렸을 때, 그게 과연 업무 때문인지 모호한 경우가 적지 않지요. 사용자들은 대부분 노동자 탓으로 돌리면서 되도록 산재 처리를 꺼립니다. 산재로 처리되면 사용자가 내야 하는 보험료도 올라가고, 위험 사업장으로 분류돼 불이익을 받을 수 있기 때문이죠. 그래서 일단은 산재 처리를 피할 방법을 찾아보고, 노동자에게도 산재 처리를 포기하도록 종용합니다.

업무상 질병(직업병)의 경우 특히 인정받기가 쉽지 않아요. 질병은 사고와 달리 업무 연관성을 입증하기가 어렵거든요. 가령 우리나라 대학생들이 가장 입사하고 싶어 하는 재벌 기업 중 하나인 삼성전자에서는 백혈병 같은 직업병으로 숨진 노동자가 2012년까지 적어도 56명이나 돼요. 제조 공정에서 독성 화학 물질에 노출된 젊은 노동자들이 집단적으로 암에 걸린 거죠. 이에 대해 법원은 2012년 4월 '혈소판 감소증 및 재생 불량성 빈혈' 증상을 보이는 이 회사 노동자에 대해 산재 승인을 했어요. 하지만 삼성은 아직 어떤 책임도 인정하지 않고 있어요. 정부 또한 보상을 거부하는 한편 일방적으로 삼성 쪽을 편들고 있는 실정이죠.

한편 산재를 당한 노동자는 빨리 보상 결정이 나야 치료도 받고 생계도 계속 꾸려 나갈 수 있어요. 하지만 우리나라는 근로복지공단의 산재 승인이 나야 보상을 받을 수 있는 '선승인 후보장' 체계예요. 가난한 노동자는 제대로 치료받지 못한 채 공단의 산재 승인을 학수고대하며 버틸 수밖에 없어요. 그나마 공단에서 승인하지 않으면 법원에 제소해야 하고, 버텨야 하는 기간은 더욱 늘어나게 되죠. 그래서 최소 요건만 갖추면 먼저 보상을 해 주는 '선보장 후평가' 제도를 도입해야 하는 겁니다.

모성권 보장과 성 평등

여성의 신체·생리 구조는 남성과 다릅니다. 아울러 가임 여성은 원하는 경우 임신·출산을 하게 되죠. 그런데 인류 사회는 지금껏 남성을 중심으로 움직여 온 게 사실이에요. 이는 노동 사회 또한 마찬가지죠. '노동자' 하면 으레 건장한 남성 노동자를 떠올리는 데 익숙해요. 나아가 남성이 주로 생계를 책임지고, 여성은 가사를 전담하거나 생계를 보조한다는 관념이 뿌리가 깊죠. 심지어 그것이 노동 관련 법·제도·관행 속에도 남아 있어요. 따라서 노동자 보호 조치를 마련할 때도 그 기준이 되는 건 늘 남성이었어요.

고용, 임금, 노동 시간·휴일·휴가, 노동 안전 보건, 복리 후생 같은 노동 조건이 남성과 여성에게 다른 영향을 미칠 수 있어요. 예컨대 남성 노동자의 평균 체형을 바탕으로 안전 기준을 설정할 경우 체형이 다른 여성 노동자들은 뜻밖의 불이익을 당할 수 있겠지요. 따라서 노동 조건을 설정할 때도 마땅히 여성 고유의 특성을 고려한 보호 조치가 마련돼야 합니다.

세계 최초의 모성 보호 규범은 1844년 제정된 영국 공장법이에요. 이 법은 부인의 노동 시간을 12시간으로 제한하고, 심야 작업을 금지했죠. 세계 각국은 2차대전 이후 저마다 모성 보호 규정이 포함된 노동 법규를 제정하게 됩니다.

우리나라는 근로기준법(근기법)과 남녀고용 평등과 일·가정 양립 지원에 관한 법(남녀고용 평등법) 등에 여성 보호 조항을 두고 있어요. 근기법은 여성 노동자에게 임신 또는 출산 기간에 해로운 일을 시키지 못하도록 하고 있죠. 또한 야간 노동(오후 10시부터 오전 6시까지)과 휴일 노동은 본인의 동의를 얻어야 합니다. 임산부에 대해서는 90일의 산전 산후 휴가를 주어야 하고요. 태아 검진(정기 건강 진단)도 보장돼요. 만약 유산 또는 사산을 한 경우 본인이 청구하면 휴가를 주어야 해요. 임산부에게는 또 초과 노동을 시켜선 안 되고, 원할 경우 쉬운 일로 바꿔 줘야 하죠. 아울러 출산 후 1년 동안은 초과 노동 시간이 제한되고, 매일 유급 수유 시간이 보장돼요. 이 밖에 모든 여성 노동자에게는 광산의 갱내 노동도 금지됩니다. 무급화를 둘러싸고 논란을 빚긴 했지만 월 1일의 생리 휴가도 주어야 하고요.

남녀고용 평등법은 근기법의 모성 보호 규정을 보완하고 있어요. 우선, 배우자의 출산을 이유로 (그 남편이) 휴가를 청구하면 10일의 유급 출산 휴가를 주어야 해요. 출산을 장려는 지원책도 있는데, 그중 하나가 육아 휴직입니다. 만 8세 이하 또는 초등학교 2학년 이하(입양한 자녀 포함) 자녀를 양육하기 위해 1년까지 휴직을 할 수 있어요. 어린이의 아버지, 어머니 모두 신청할 수 있지만 휴직 기간은 무급이에요. 다만 고용 보험 가입 사업장 노동자 가운데 요건을 갖춘 경우 소정의 육아 휴직 급여가 지급돼요. 휴직 대신 그 기간에 노동 시간을 주 15~35시간으로 줄일 수도 있고, 두 가지를 한 번씩 섞어서 쓸 수도 있어요. 아울러 일정 규모 이상의 사업장에는 직장 어린이집을 설치해야 합니다. 이 밖에 가족의 질병, 사고, 노령으로 인한 가족 돌봄 휴가와 휴직도 1년에 90일까지 가능해요.

한편 이 법은 고용에서 남녀의 평등한 기회와 대우를 보장하고 성차별을 금지하는 내용도 담고 있습니다. 먼저, 노동자를 모집·채용할 때 남녀를 차별해서는 안 돼요. 여성을 모집·채용할 때 직무 수행과 관계없는 용모·키·체중 같은 신체 조건이나 미혼 따위의 조건도 붙일 수 없어요. 또한 가치가 똑같은 노동에 대해서는 같은 임금을 지급해야 합니다(동일 가치 노동 동일 임금). 나아가 금품 지급이나 복리 후생, 교육·배치·승진에서도 남녀를 차별할 수 없어요. 혼인과 임신(출산)을 정년·퇴직·해고 사유로 삼아서도 안 돼요.

남녀고용 평등법은 이 밖에 직장 내 성희롱을 금지하고 있는데, 이에 대해서는 따로 자세히 살펴보겠습니다.

어린이 노동 보호

산업화 초기, 유럽 자본가들은 적은 비용으로 노동력을 쓰려고 임금을 줄일 수 있을 만큼 줄였어요. 이를 위해 임금이 적은 7~9세 어린이와 청소년, 여성을 주로 고용했죠. 기계화가 진전될수록 작업이 단순해진 덕분이죠. 처음엔 부랑자들을 가둬 두고 노역을 시키는 구빈원(구호 시설) 어린이에 국한했지만 나중에는 일반 가정 어린이까지 공장과 광산에서 일을 시켰어요. 갈수록 어른들 벌이만으로는 생계를 잇기가 어려워진 탓이죠.

사실 산업화 이전 시대에도 어린이는 일을 했어요. 하지만 이때는 자기 집에서, 부모의 보호 속에, 감당할 수 있을 만큼만 했죠. 우리나라 전통 농경 사회에서도 이 점은 비슷했어요. "가을에는 부지깽이도 덤벙인다"는 속담처럼 농사가 바쁠 땐 남녀노소 할 것 없이 거들어야 했으니까요. 어린이라고 예외가 아니었죠. 오죽했으면 초등학교까지 '농번기 방학'을 해서 일손을 돕도록 배려했을까요. 하지만 아무리 바쁘더라도 어린이한테 맡긴 일은 아기 보기, 가축 돌보기, 가벼운 물건 나르기처럼 능히 감당할 수 있는 일이었죠.

하지만 공장은 달랐어요. 어른과 똑같은 엄격한 규율이 적용됐고, 많게는 하루 15시간이나 일을 시켰어요. 음식도 굶어 죽지 않을 정도로 주었고요. 그래서 어린 노동자들은 일이 끝나자마자 작업장 바닥에서 곯아떨어지기 일쑤였대요. 어린이를 쓰면 임금을 적게 줘도 되니 당장 득이 되죠. 그러나 심신의 발육이 뒤처져서 막상 어른이 되면 노동력의 질이 떨어질 수밖에 없어요. 따라서 어린이 노동을 제한하는 게 장기적으로, 그리고 기업에도 좋습니다.

그래서 영국은 1830년대에 공장법을 만들어 어린이 노동을 제한하게 돼요. 이 법은 9세 이하 공장 노동 금지, 14세 이하 하루 8시간으로 노동 시간 제한 같은 내용을 담았고 곧 다른 나라로 퍼졌어요. 그전까지는 상당수 지배층이 이를 '자유시장 원칙'을 거스르는 일로 여겼어요. 특히 어린이의 작은 손이 작업에 유리한 섬유 산업, 작은 몸집이 갱도를 드나들기 쉬운 광산에서 어린이 노동이 많았죠.

지금도 일부 개발도상국에서는 어린이 노동이 사라지지 않고 있어요. 노동하는 18세 미만 어린이가 세계적으로 2억이 넘는대요. 그 나이 대 전체 인구의 14%나 되는 숫자예요. 아프리카 남부 지역에서는 그 비율이 25%나 되고 나이지리아, 인도, 파키스탄, 예멘 같은 곳에서 어린이 노동이 심각해요. 인도 유리 공장 노동자의 절반 이상이 어린이고, 베트남 어린이는 커피 농장에서, 콜롬비아 어린이는 탄광에서 일한대요. 네팔의 주력 수출품 수공 카펫 산업은 15만이 넘는 어린이를 착취하고 있는데 심지어 납치와 인신매매까지 저지른다고 해요.

그 대열에는 놀랍게도 유명한 초국적 기업도 버젓이 끼어 있어요. 미국 월마트에서 판매한 성탄절 기념품은 중국 어린이가 만든 것이고, 미국 메텔 사의 토마스 기차 장난감, 바비 인형 같은 완구는 중국의 중·고등학생을 고용해 만든 거래요. 유명한 스포츠용품 회사인 나이키 축구공, 운동화도 어린이들이 만들었대요. 어린이들의 작은 손이 축구공을 꿰매는 데 유리하기 때문이래요. 산업화 초기 영국의 섬유 공장처럼 말이죠.

국제노동기구(ILO)는 지난 1973년 15세가 넘는 사람만 고용할 수 있도록 최저연령 협약을 채택했어요. 이어 1999년, '가혹한 형태의 어린이 노동 금지와 근절을 위한 즉각적인 조치에 관한 협약'을 채택했죠. 2002년에는 매년 6월 12일을 '세계 어린이 노동 반대의 날'로 정했어요.

어린이는 꿈을 키우며, 자신의 미래를 준비하는 일에 전념하는 게 바람직합니다. 물론 교육 목적에서 노동을 체험해 볼 수는 있죠. 생계를 위한 어린이 노동이 좀체 사라지지 않고 있는 중요한 원인은 가난이에요. 가난한 부모들은 먹고살기 위해 어쩔 수 없이 아이들에게 일을 시킬 수밖에 없어요. 결국 가난이 어린이 노동을 부르고, 교육을 받지 못한 어린이에게 가난이 대물림되는 악순환이 이어지죠. 따라서 어린이 노동을 없애려면 성인 노동자의 저임금부터 없애야 합니다. 그렇지 않다면 어린이라도 일해야 하는 경우가 생기게 마련이에요. 이때는 신체 발육과 정신 발달을 해치지 않도록 보호하고, 인권을 존중해야 합니다.

4. 노동자의 권리를 찾고 싶어요

우리는 앞에서 인간다운 노동을 위한 기본 조건이 무엇인지 알아보았습니다. 그 내용은 워낙 중요하기 때문에 취업이 결정되기 전에 서로 합의하거나 확인할 수 있는 게 보통이죠. 그런데 고용 계약을 맺으면서 모든 노동 관련 사항을 시시콜콜 합의하거나 확인하기는 어려워요. 그 가운데는 미리 결정할 수 없거나 변수가 따르는 것도 적지 않죠. 이런 것들은 일을 해 나가면서 상황과 조건에 맞게 처리하게 됩니다.

가령 정규직 노동자는 '특별한 경우'를 빼고는 정년까지 고용이 보장돼요. 그런데 이 '특별한 경우'가 생길지 안 생길지, 생긴다면 언제일지 미리 알 수가 없거든요. 정년 전에 노동자 스스로 그만둘 수도 있고, 반대로 회사 쪽이 해고를 할 수도 있죠. 아니면 징계를 내리거나 부당하게 권익을 침해할 수도 있겠죠. 때문에 근로기준법을 비롯한 개별적 노동관계법에서 개별 노동자와 사용자 사이에 일어날지 모르는 사항들을 다루는 겁니다.

개별적 노동관계는 고용 계약에서 시작돼요. 법률 용어로는 '근로 계약'이죠. 노동자가 어떤 조건에서 노동력을 제공할 것인지 약정하는 거예요. 보통

'근로 계약서'를 씁니다. 여기에는 담당 업무, 임금, 노동 시간, 쉬는 시간과 휴일·휴가, 일할 장소 따위를 기록해요. 특히 사용자는 임금 산정 기준과 지급 방법을 반드시 문서로 작성해 줄 의무가 있어요. 이런 사항은 판단 근거가 워낙 분명하기 때문에 계약 사항을 지켰는지를 두고 다툼이 일어나는 경우가 별로 없어요. 하지만 해고 같은 신분상의 불이익 조치나 차별 대우, 감시, 성폭력 같은 인권 침해 행위를 두고는 다툼이 많이 일어나는 편이에요.

부당 해고

사용자는 언제라도 자기 마음에 들지 않는 노동자를 해고할 수 있기를 바랍니다. 또한 필요하면 언제라도 고용 인원을 조정할 수 있기를 바라죠. 하지만 노동자에게 일터는 생명줄이에요. 그래서 해고된 노동자의 삶은 그 순간부터 엉망이 됩니다. 직장을 관두기는 마찬가지지만 스스로 사직하는 것과 해고는 하늘과 땅 차이죠. 사직은 미리부터 계획을 세워 차근차근 몸과 마음의 준비를 할 수 있지만 느닷없이 해고되면 어떻게 될까요. 당장 생계가 막막해지겠죠. 정신적 충격과 혼란, 심적 갈등도 피할 수 없어요. 한순간에 생활이 흐트러지는

거예요.

해고가 사람에게 얼마나 큰 고통을 주는지는 쌍용자동차 사태가 잘 보여 줍니다. 쌍용자동차는 지난 2009년 '긴박한 경영상의 이유'를 들어 노동자 2,646명을 정리 해고 했어요. 노동자들은 이에 거세게 저항했지만 경찰력을 동원한 탄압에 밀려 결국 회사에서 쫓겨나고 말았지요. 이들은 '내가 왜 해고돼야 하는지' 납득할 수 없었어요. 굳이 정리 해고를 하지 않아도 되는 상황이었는데 회사가 손실 규모를 부풀려 강행했다는 근거 자료도 발견됐어요. 아무튼 그 뒤 3년 동안 해고 노동자와 가족 중 22명이 스스로 목숨을 끊거나 후유증으로 숨졌어요. 이들이 얼마나 큰 고통을 겪었는지 짐작할 수 있죠. "해고는 살인이다!"라는 이들의 절규가 결코 과장이 아님을 보여 줍니다.

이걸 보더라도 해고는 엄격히 제안해야 합니다. 그래서 근로기준법 제23조는 '정당한 이유 없는 해고, 휴직, 정직, 전직, 감봉, 그 밖의 징벌'을 할 수 없도록 하고 있어요. 무조건 해고를 금지하는 게 아니에요. '정당한 이유'가 있으면 해고할 수 있다는 얘기죠.

그렇다면 '정당한 이유'란 어떤 경우일까요. 그것은 노동자가 도저히 함께 일할 수 없을 만큼 잘못을 저질렀거나, 대규모 고용 조정을 하지 않으면 경영을 계속하기 어려운 경우입니다. 보통 앞엣것을 '징계 해고', 뒤엣것을 '정리 해고'라 부르죠. 그런데 해고해도 되는 경우, 해서는 안 되는 경우가 법 조문에 세세히 나와 있지는 않아요. 경우의 수가 워낙 많기 때문이죠. 정리 해고는 그나마 근로기준법 제24조(경영상 이유에 의한 해고의 제한)에 그 요건을 밝혀 뒀어요. 긴박한 경영상의 필요가 있고, 해고 회피 노력을 다한 뒤, 합리적이고 공정한 기준에 따라 대상자를 선정하라는 거예요. 그러나 이 또한 긴박한 경영상의 필요가 무엇이고, 회피 노력을 얼마나 해야 하는지 같은 기준은 나와 있지 않아요. 그래서 어떤 해고가 정당한지 또는 부당한지는 노동위원회 심판이나 법원의 판결에 맡겨지게 되죠. 이에 따르자면 다음과 같은 경우가 대표적인 부당 해고입니다.

- 노동조합을 설립했거나 그 활동을 했다는 이유로 해고하는 경우
- 여성이라는 이유로, 또는 남성보다 먼저 해고하는 경우
- 출산 휴가나 육아 휴직을 요구했다는 이유로 해고하는 경우
- 업무상 재해를 이유로 해고하는 경우
- 노동부나 다른 기관에 사용자의 부당한 처사를 신고했다는 이유로 해고하는 경우
- 반드시 노동자를 줄이지 않아도 되는데 별다른 노력 없이 정리 해고를 하는 경우

그런데 노동자를 해고하려면 '정당한 이유'만 갖고는 안 돼요. 이와 더불어 '정당한 절차'를 거쳐야 합니다. 법률이나 취업 규칙, 단체 협약에 규정된 해고 절차를 거치지 않으면 해고 이유가 아무리 정당해도 부당 해고가 되죠. 근로기준법이 정한 그 최소한의 절차는 이렇습니다.

먼저, 해당 노동자에게 늦어도 30일 전에는 미리 알려 줘야 해요. 다른 일자리를 알아보는 등 해고에 대비할 시간을 주자는 취지예요. 그 점에서 30일은 너무 짧다고 볼 수 있는데, 미리서 알리지 않으면 해고 예고 수당으로 30일분 이상의 통상 임금을 줘야 합니다. 둘째, 해고 사유와 해고 날짜는 '서면으로' 알려 줘야 효력이 있어요. 셋째, 해고에 앞서 그 노동자가 자신을 변호할 수 있는 기회를 줘야 해요. 이 경우 보통 인사위원회 같은 심사 기구를 열죠.

한편 경영상 이유에 따른 해고는 더 엄격한 절차를 거치도록 하고 있어요. 위에서 알아본 과정 말고도 60일 이전에 노동조합이나 노동자 대표에게 미리 알리고, 해고를 피할 수 있는 방법과 해고 기준에 대해 충분히 의논해야 합니다.

이 정도 절차도 너무 미흡한 게 사실이죠. 노동자가 문제를 일으킨 게 아니고 경영 실패나 경제, 기술적 변화 때문에 해고를 하는 거잖아요. 따라서 그에 따른 고통은 사용자와 국가, 노동자가 나눠 지는 게 국제적 상식이에요. 또한 대상자를 선정할 때도 사회 경제적 약자를 먼저 보호해야 마땅합니다. 다시 말해 임신 또는 출산 휴가나 육아 휴직을 사용할 조건에 있거나 사용 중인 여성과 장애인 노동자는 우선 배려해야 합니다. 장기 근속자, 재취업이 어려운 연로자, 건강이 안 좋은 이도 배려해야죠. 아울러 전체 노동자의 이해를 대변하는 데 중요한 구실을 하는 노조 대표, 임원, 활동가도 우선 해고 대상에서 제외돼야 하겠지요.

문제는 이런 규정과 절차가 정작 해고 자체를 막지는 못한다는 거예요. 그저 해고된 뒤 그 해고가 정당한지 부당한지 따지는 사후 판단 기준으로 쓰일 뿐이라는 거죠. 가령 사전에 해고 심의위원회 같은 정부 기구의 승인을 얻거나 반드시 심사를 거치도록 하는 방법도 있을 텐데 말이죠. 그래서 사용자들은 필요하면 해고를 저지르고 보는 경우가 많아요.

그렇다고 해고 조치를 순순히 받아들일 순 없겠죠. 어떤 대응 방법이 있을까요. 우선 노동위원회에 구제 신청을 할 수 있습니다. 해고가 아니라 정직, 감봉 같은 징계를 당한 경우에도 신청할 수 있어요. 다만 해고 조치 뒤 3개월 안에 지방노동위에 신청해야 합니다. 불행히도 해고가 정당하다는 판정이 나왔다면 중앙노동위에 재심을 신청할 수 있어요. 이번에도 부당 해고 판정이 안 나오면 법원에 해고 무효 청구 소송을 낼 수 있습니다. 법원이 해고 무효를 판결하면 복직할 수 있는 길이 열리고, 해고 기간의 임금도 받을 수 있어요.

그런데 사용자들은 부당 해고 판결이 내려져도 복직을 이행하는 대신 벌금을 내는 쪽을 택하는 경우가 많아요. 부당 해고에 대한 벌칙은 '5년 이하의 징역이나 3,000만 원 이하의 벌금'인데 대체로 적은 액수의 벌금을 매기기 때문이죠. 따라서 부당 해고는 법적, 행정적 구제 조치에 기대기보다는 노동자의 단결된 힘으로 사전에 막아 내는 게 중요합니다.

폭력 행위 금지

우리 사회에는 여러 성향의 사람이 모여 삽니다. 그래서 늘 갈등 요인을 안고 있죠. 직장도 마찬가지예요. 특히 지위가 높은 사용자나 상급자가 아랫사람을 함부로 대하면서 갈등이 빚어지는 경우가 많죠. 일을 하다 보면 누구나 잘못이나 실수를 저지를 수 있습니다. 이때 막말과 욕설을 퍼붓거나 심지어 폭력을 쓰는 사용자들이 더러 있어요. 같은 잘못을 되풀이하지 않도록 따끔하게 혼내 준다는 구실로 말이죠. 그러나 실제로는 분풀이인 경우가 많고, 되레 역효과를 내기 쉬워요.

그런데 사용자들은 노동자가 실수를 할 때보다는 자신의 권리를 주장할 때 폭력을 쓰는 경우가 많다고 해요. 예컨대 "임금이 너무 밀렸으니 빨리 지급해 달라", "왜 이달부터 임금을 올려주기로 하고 약속을 어기느냐", "중요한 용무가 있다고 했는데도 왜 자꾸 연장 근무를 강요하느냐", "사소한 실수인데 해고는 너무 지나친 징계다. 당장 철회하라." 같은 항의나 시정 요구를 할 때 말이죠. 이때 사용자는 자신의 권위를 내세우며 고압적으로 대응하기가 쉬워요. 그러다 보면 노동자의 반발도 세지고, 이에 대해 폭언과 폭행으로 이어지기 십상이죠.

그러나 노동자는 노동력을 제공하기로 했을 뿐, 신체의 자유나 인격까지 내준 건 아니에요. 당연히 인권을 존중받으며 일할 권리가 있죠. 때문에 근로기준법 제8조는 "사용자는 사고의 발생이나 그 밖의 어떠한 이유로도 근로자에게 폭행을 하지 못한다"고 못 박아 둔 거예요. 눈여겨볼 것은 '사용자의 폭행'을 콕 집어 금지한 점이에요. 이는 우월한 지위를 악용해서 폭력을 휘두를 가능성을 높게 본 것이라 할 수 있죠. 여기서 폭행이란 신체적 폭력뿐 아니라 막말과 욕설 같은 정신적 폭력도 포함된 개념입니다.

우리나라는 1980년대 중반까지도 '병영 통제'라 해서 군대를 본뜬 노무 관리가 널리 퍼져 있었어요. 그 시절을 겪은 노동자들은 "우리 땐, 동작이 굼뜨기만 해도 쪼인트 까이고, 철제 공구로 머리통 얻어맞고 그랬어. 그래도 지금은 많이 좋아진 거야." 따위의 회고담을 들려주기도 하죠. 실제로 두발까지 통제하고, 폭력이 난무하는 시대였으니까요. 그 뒤로도 노동조합을 억누르려 '식칼 테러'를 저지르거나, 노조 결성을 막기 위해 간부로 내정된 노동자를 납치하는 일이 흔했어요. 이게 현대, 삼성같이 내로라하는 재벌 기업에서 벌어진 일이에요.

지금은 많이 줄었다고 하지만 여전히 살아 있어요. 21세기가 10년 가까이 지난 시대에 화물차 운전기사(노조 간부)를 끌어다가 야구 방망이로 때린 뒤 '맷값'이라며 한 대에 몇백만 원씩 쳐서 던져 준 재벌 계열사 사장, 한 번쯤 들어본 얘기일 거예요.

그런데 이러저러한 폭력을 당했어도 그냥 참고 넘어가는 노동자들이 적지 않아요. 문제 삼으면 혹시 일자리를 잃지 않을까, 또 다른 보복을 당하지 않을까 걱정해서죠. 하지만 여럿이 힘을 모아 시정을 요구하면 잘못된 현실을 바꿀 수 있어요. 예전보다 그나마 사용자의 폭력이 줄어든 것은 많은 노동자들이 자신의 불이익을 감수하고라도 잘못된 처사를 바로잡으려 애쓴 덕분이에요.

직장 내 성폭력

　폭력은 사람의 신체와 정신세계를 갉아먹습니다. 폭행이나 막말, 욕설 같은 물리적, 언어적 폭력뿐 아니라 성폭력도 마찬가지예요. 성폭력이란 성폭행(강간) 같은 흉악 범죄에만 국한되지 않습니다. 성추행, 성희롱을 포함해 성을 매개로 한 신체적·언어적·심리적 폭력을 모두 아우르는 개념이죠. 누군가 함부로 몸을 만지거나, 자신의 뜻과 상관없이 성적으로 난처한 상황에 놓인다면 불쾌감, 굴욕감을 느끼게 돼요. 현실에서 성폭력 피해자는 대부분 사회적 약자인 여성입니다. 옛날에는 사회적 약자의 인권이 무시되는 경우가 많았어요. 성폭력 또한 얼마 전까지 '별일 아닌 것', '그럴 수도 있는 것'으로 여기는 경우가 적지 않았죠. 직장에서 일어나는 성폭력이 그런 경우라 할 수 있어요. 그래서 직장 내 성폭력은 피해를 당해도 그냥 덮어 두는 경우가 많아요. 그게 성폭력인지 잘 모르거나 인간관계가 껄끄러워지지 않을까, 행여 불이익을 당하진 않을까 걱정해서죠. 거꾸로 제 딴에는 '친밀감을 나타낸 것'이라 생각했는데 결과적으로 가해자가 되기도 해요. 이는 성을 바라보는 관점이 뒤틀렸거나 감수성이 무뎌서 빚어지는 경우죠. 이를 보통 '성인지 관점' 또는 '성인지 감수성'이라고 해요.

　남녀고용 평등과 일·가정 양립 지원에 관한 법(남녀고용 평등법)은 성폭력의 한 유형인 직장 내 성희롱을 금지하면서 중요하게 다루고 있어요. 여기서 '직장 내 성희롱'이란 사업주·상급자 또는 노동자가 직장 내 지위를 이용하거나 업무와 관련해 다른 노동자에게 성적 언동 등으로 성적 굴욕감 또는 혐오감을 느끼게 하거나 고용에서 불이익을 주는 것을 말합니다. 이런 규정만으로는 아마 이해하기가 어려울 거예요. 그래서 이 법 시행 규칙 제2조는 다음과 같이 '직장 내 성희롱 판단 기준'을 들고 있어요.

[육체적 행위]

(1) 입맞춤, 포옹 또는 뒤에서 껴안는 등의 신체적 접촉 행위

(2) 가슴·엉덩이 등 특정 신체 부위를 만지는 행위

(3) 안마나 애무를 강요하는 행위

[언어적 행위]

(1) 음란한 농담을 하거나 음탕하고 상스러운 이야기를 하는 행위(전화 통화 포함)

(2) 외모에 대한 성적인 비유나 평가를 하는 행위

(3) 성적인 사실 관계를 묻거나 성적인 내용의 정보를 의도적으로 퍼뜨리는 행위

(4) 성적인 관계를 강요하거나 회유하는 행위

(5) 회식 자리 등에서 무리하게 옆에 앉혀 술을 따르도록 강요하는 행위

[시각적 행위]

(1) 음란한 사진·그림·낙서·출판물 등을 게시하거나 보여 주는 행위(컴퓨터 통신, 팩시밀리 등을 이용하는 경우 포함)

(2) 성과 관련된 자신의 특정 신체 부위를 고의적으로 노출하거나 만지는 행위

이 밖에 사회 통념상 성적 굴욕감 또는 혐오감을 느끼게 하는 것으로 인정되는 언어나 행동도 포함돼요.

그런데 시행 규칙에 예시되지 않은 행위 가운데서도 성희롱으로 볼 수 있는 경우가 많아요. 그렇다면 여기에 나오지 않은 행위가 성희롱인지 아닌지는 어떻게 판단할까요? 이때 가장 중요한 판단 기준은 '피해자의 느낌'이에요. 어떤 의도에서 성적 언행을 했든 피해자가 거기에서 불쾌감이나 혐오감을 느꼈다면 성희롱이 되는 거죠. 설령 친밀감을 나타내거나 딱딱한 분위기를 풀어 보려는 선의에서 비롯됐다고 하더라도 말이죠. 어떤 의도였는지가 판단 기준이 된다면 피해자가 받은 상처와 고통이 무시되기 쉬운 까닭이에요.

그래서 어떤 경우가 성희롱인지, 또 그것이 어떤 결과를 가져오는지 정확히 아는 게 중요합니다. 아울러 자신의 성인지 관점과 감수성을 꾸준히 점검해 보는 노력도 필요하겠죠. 사실 정치인을 비롯한 고위 공직자와 저명인사들의 성희롱 파문이 끊이지 않는 것도 이들이 시대감각과 감수성에 뒤떨어진 탓이 커요. 그래서 남녀고용 평등법은 직장 내 성희롱 예방을 위한 조치로 '성희롱 예방 교육'을 실시하도록 하고 있어요.

성희롱이 쉽게 저질러지고, 그걸 가벼이 여기게 된 데는 피해자가 겪는 고통이 제대로 알려지지 않은 탓도 있어요. 성희롱은 피해자에게 불쾌감을 주는 데서 그치지 않고 신체적, 정신적으로 심각한 해를 미칩니다. 소화 불량이나 위장병, 가슴 두근거림, 두통 같은 스트레스 관련 증상을 보이기도 하고, 신경과민이나 우울증, 고립감, 무력감 같은 정신 질환에 시달리기도 해요. 정상적으로 업무를 볼 수 없을 만큼 증세가 심한 경우도 있고, 때로는 직장 생활까지 포기하게 만들죠.

또 다른 문제는 직장 내 성희롱이 생각보다 널리 퍼져 있다는 사실이에요. 이 점은 여러 가지 조사에서도 확인할 수 있죠. 따라서 직장 내 성희롱을 몇몇 문제 있는 개인의 일로 다뤄서는 안 됩니다. 그 밑바탕에는 '권력관계'가 깔려 있는데 가해자는 대부분 사용자나 상급자예요. 이들은 노동자에게 승진, 임금 인상 같은 특혜나 불이익을 줄 수 있는 힘을 지녔거든요. 특히 성적 요구를 거절하거나 성희롱을 폭로했을 때 닥칠 불이익을 생각하면 피해자가 얼마나 난처하겠어요. 그래서 여성 상사가 남성 부하 직원을 성희롱하는 경우도 더러 생기는 거죠.

아무튼 성희롱 피해를 밝히기가 여러모로 껄끄러워 참고 견디거나 덮어 두면 더 큰 피해로 이어지거나 또 다른 피해자를 낳게 돼요. 성희롱을 저질렀는데도 아무 제재가 없다면 가해자는 자신의 행위에 문제가 없다고 생각하겠죠. 우리 사회에 성희롱이 퍼져 있는 건 이런 풍토가 큰 몫을 하고 있어요. 용기를 내어 거부하고, 항의하고, 재발 방지 대책을 촉구하는 일이 그래서 절실합니다.

이에 따라 남녀고용 평등법은 직장 내 성희롱이 일어나면 지체없이 가해자를 징계하도록 하고 있어요. 아울러 피해자 또는 피해 발생을 주장하는 노동자를 해고하거나 불리한 조치를 해서는 안 됩니다. 나아가 고객 등 직장 외부인이 성희롱을 저질렀을 때, 해당 노동자가 요청하면 근무지 변경, 배치 전환 같은 조치를 취하도록 하고 있어요. 나아가 고객의 성적 요구를 뿌리쳤다는 이유로 해고나 불이익 조치를 내려선 안 됩니다.

한편 피해자가 어렵게 용기를 내어 피해 사실을 밝혔을 때, 주위 사람들이 이를 무시하거나 가해자를 두둔하고, 심지어 피해자를 나무라는 일이 종종 벌어져요. 예컨대 "절대 그럴 사람이 아닌데……", "뭐 그깟 일로 분위기를 흐리나", "좋아하면 그럴 수도 있는 거 아냐?", "옷차림이며, 평소 행실이며 당해도 싸지", "이래가지고야 어디 입이라도 벙긋하겠어?", "일부러 그런 것도 아닐 텐데 한번 봐주지?" 같은 반응을 들 수 있죠. 그러면 피해자는 다시 한 번 상처를 입게 돼요. 이런 경우를 보통 '2차 가해'라 하죠. 2차 가해는 피해자를 더 큰 고립감과 무력감에 빠뜨립니다. 그래서 성희롱 여부를 판단할 때는 피해자의 느낌을 중시하는 '피해자 중심주의'에 바탕을 둬야 하는 거예요. 우선은 피해자의 느낌과 생각을 지지해 주고 보호해 줄 필요가 있어요. 만약 피해자가 직접 나서기 힘든 처지라면 동료들이 도와줘야 하겠지요. 피해자가 증언이나 사실 확인서를 요청하면 적극 도와야 하고요. 아울러 누구라도 자신의 의도와 달리 가해자 또는 2차 가해자가 될 수 있음을 깊이 새겨서, 성인지 관점·성인지 감수성을 가다듬어야 하겠습니다.

노동자 감시와 프라이버시

폭행이나 막말, 욕설 같은 눈에 보이는 것만이 폭력이 아닙니다. 눈에 보이지 않지만 어쩌면 더 무서운 폭력도 있어요. 그것이 바로 노동자 감시예요. 사용자가 노동자를 감시하는 일은 산업화 초기부터 있었어요. 마음에 들지 않는 노동자를 솎아내고 제재하기 위해서죠.

우리는 앞에서 영화 〈모던 타임스〉를 통해 단순 반복 작업이 노동자에게 어떤 악영향을 미치는지 살펴본 바 있습니다. 그런데 〈모던 타임스〉는 단순 반복 작업의 폐해뿐 아니라 노동자 감시의 문제점까지 날카롭게 꼬집었어요. 찰리가 화장실에서 담뱃불을 붙이자마자 화장실 벽면의 화면에서 "빨리 작업대로 복귀하라"는 명령이 떨어져요. 작업대에서는 다시 "5번 열 3번째 작업자, 나사를 더 조일 것"이라는 소리가 들려오죠. 중앙 통제실에 앉아 누가 작업을 어떻게 하고 있는지, 라인의 속도가 어떤지 따위를 일일이 확인할 수 있다는 설정이었죠. 영화가 만들어진 1930년대에는 그저 상상일 뿐이었죠. 그때는 노동자 감시가 주로 현장 관리자를 통해 간접적으로 이루어졌거든요. 하지만 첨단 장비가 발달한 오늘에 이르러 그것은 이미 현실이 되었습니다.

노동자를 감시하기가 쉬워졌고, 크게 늘었어요. CCTV나 전자 신분증은 말할 것도 없고 우리가 늘 쓰고 있는 인터넷, 전자 우편, 휴대 전화도 마음만 먹으면 감시 도구로 악용될 수 있죠. 게다가 끝없이 발전하는 정보 통신 기술 덕분에 감시 체계 또한 고도로 진화했어요. 예컨대 위치 추적 시스템(GPS, 휴대 전화 위치 추적), 전자 카드(IC칩 카드, 액티브 배지), 생체 인식기(지문, 홍채, 정맥 인식기) 따위를 들 수 있어요. 나아가 업무용 개인 컴퓨터, 전화를 멋대로 열람하거나 도·감청하는 경우도 늘었죠. 생산 사무 자동화 시스템(ERP, DAS)도 노동자 감시 수단으로 이용되고요.

전자 감시는 눈에 띄지 않는다는 특징이 있어요. 피해자는 감시를 당하면서도 대부분 그 사실을 모르죠. 컴퓨터 기술을 이용한 노동자 감시가 첨단을 걸어요. 예전엔 얼굴을 맞댄 상태에서 노동자를 물리적으로 통제했다면 이제는 개인 정보를 장악해 정신적으로 통제하는 거죠. 그것도 아주 정밀하게 감시할 수 있고, 수집된 정보는 결과 분석 기술을 통해 다양하게 활용됩니다.

게다가 전자 감시 시스템 구축 비용도 갈수록 줄어들어 이젠 웬만한 중소기업도 갖출 수 있어요. 감시 대상 또한 생산직, 사무직, 서비스직을 가리지 않죠. 예컨대 ERP(전사적 자원관리 시스템)는 각각의 기계에 전자 센서를 붙여 노동자의 작업 시간, 휴식 시간, 생산량, 생산 속도, 불량률, 현재 위치 같은 정보를 실시간으로 파악합니다. 이 경우 노동자의 자율성은 크게 떨어지고 여유 시간도 줄어들 수밖에 없어요. 나아가 작업과 관계없는 사적인 대화나 노조 활동 같은

정보가 직간접으로 파악돼 악용될 수 있지요.

기업들은 아울러 온라인 감시 시스템을 활용해요. 네트워크를 감시해 특정 사이트에 접속하는 걸 막고, 개인 이메일까지 뒤지죠. 최근에는 인터넷을 기반으로 업무 환경이 바뀌다 보니 네트워크를 감시하는 첨단 시스템이 속속 등장하고 있어요. 기업은 네트워크로 연결된 모든 정보를 실시간으로 파악할 수 있습니다.

기업들은 감시 시스템을 도입하면서 흔히 산업 안전, 보안, 업무 효율성 향상, 고객 서비스 관리, 도난 방지 같은 명분을 내세우죠. 그러나 실제로는 사생활을 침해하고, 개개인을 통제하며, 노동 강도를 높이는 데 이용해요. 수집된 정보는 직무 평가 근거 자료로 인사 고과에 반영됩니다. 심지어 밉보인 노동자를 옴짝달싹 못하게 하는 '꼬투리'로 악용하기도 하죠. 감시 체계가 작동하고 있다는 것만으로도 노동자는 정신적 고통에 시달립니다. 자신의 일거수일투족이 언제 사용자의 감시망에 잡힐지 모르기 때문이죠. 그러니 한시도 긴장을 늦출 수 없어 심신이 피폐해져요. 끝판에 가서는 굳이 사용자가 통제하지 않아도 노동자 스스로 감시를 내면화해 알아서 복종하도록 만드는 거지요.

한편 노동자 감시는 이렇듯 개개인을 옥죌 뿐 아니라 노동조합 활동을 탄압하는 데도 악용됩니다. 예컨대 CCTV를 설치한 뒤로는 노동자들끼리 대화도 줄어들고, 노조 간부를 피하게 되며, 노조 사무실에도 드나들지 않게 된다고 해요. 그 결과 조합원들 사이의 유대 관계가 끊어지고 노조 활동도 얼어붙게 되지요.

인권 단체들이 조사한 바로는 대다수 노동자들이 늘 감시당하고 있다는 생각을 하고 있대요. 또 절반 가량은 불안, 우울증, 피해 의식, 적응 장애 같은 정신적 고통에 시달린다고 해요. 이렇듯 행동의 자유, 프라이버시, 심신의 건강을 해치고, 노동 기본권을 억누르는 노동자 감시는 반드시 사라져야 하겠지요. 노동자에게는 감시를 거부할 권리가 있어요. 국제노동기구(ILO)도 '노동자의 개인 정보 보호에 대한 행동 강령'으로 이를 강조합니다. "노동자의 존엄성과 프라이버시는 보호되어야 한다.", "노동자는 누가, 어떤 정보를, 어떤 목적으로, 어떤 조건에서 사용할 것인지를 결정할 권리가 있다." 이렇게 말이지요.

하지만 우리나라는 안타깝게도 이를 규제할 수 있는 법과 제도를 제대로 갖추지 못했어요. 지금으로선 '통신 비밀 보호법' 같은 법률에 간접적으로 기댈 수밖에 없는 형편이죠. 따라서 노동자들 스스로 동의하지 않는 감시를 거부하는 게 중요합니다. 아무래도 혼자서는 힘들 테니 노동조합 같은 단결된 힘으로 대응하는 게 좋겠지요.

5. 노동자가 단결해야 하는 이유는 뭔가요?

노사 관계−협력과 대립의 이중성

앞에서 우리는 개별 노동자와 사용자 사이에 흔히 빚어지는 갈등 요인과 노동자 권리 보호에 대해 알아봤습니다. 이런 사실이 아니라도 노동자와 사용자는 기본적으로 대립, 갈등하는 관계예요. 왜 그럴까요? 사용자는 이윤을 극대화하기 위해 생산 비용, 그 가운데서도 특히 임금을 줄이려고 애쓰죠. 반면 유일한 생계 원천인 임금이 줄면 노동자는 당장 생활이 어려워져요. 때문에 노동자는 노동 조건을 깎아내리려는 사용자에 맞설 수밖에 없어요. 노사 관계가 본질적으로 대립적인 건 이렇듯 서로 어긋나는 이해관계 때문이죠.

그러나 둘의 관계가 늘 대립적인 건 아니에요. 이해관계가 일치하는 경우도 있어요. 예컨대 노동 생산성이 높아져 기업의 수익이 늘어나면 자본의 몫(이윤), 노동자의 몫(임금) 모두 커지잖아요. 때문에 개별적인 관계에서는 직장 조직 틀 안에서 서로 협력해 나가는 거죠. 하지만 그 협력 관계가 오래도록 유지되긴 힘들어요. 갈등 요인이 적지 않기 때문이죠. 아울러 사회적 약자인 노동자는 사용자의 권익 침해를 혼자서는 이겨 내기 어렵습니다. 법과 제도로 권리를 보호

한다지만 사용자가 마음먹으면 얼마든지 법망을 피할 수 있거든요.

앞에서 노동자의 법적 권리를 설명하는 가운데 법조문보다는 노동자의 단결된 힘이 더 중요하다고 거듭 강조한 것도 이런 까닭이죠. 노동자들이 단결하면 노사 관계는 개별적 관계에서 집단적 관계로 바뀌게 돼요. 이 경우 노동자들의 힘도 훨씬 커지죠. 화살을 하나씩 부러뜨리기는 쉬워도 몇 개를 한꺼번에 부러뜨리기는 어려운 것과 같은 이치입니다.

단결 금지의 역사

그러나 노동자들이 단결하는 게 말처럼 쉽지 않아요. 자본주의 체제와 함께 등장한 노동자 계급은 처음부터 단결할 수가 없었어요. 단결이 법으로 금지됐기 때문이죠. 노동자들의 단결은 중죄로 다스려졌습니다. 어쩌다 그리됐는지 당시 영국으로 가 볼까요.

앞서 보았듯 도시 수공업 종사자인 장인과 직인, 도제는 길드라는 동업자 조합을 다 함께 조직했어요. 그런데 장인들이 제 잇속만 차리자 직인들은 그들만의 길드를 따로 만들었죠. 하지만 직인 길드는 장인 길드의 반대에 부딪혀 곧 불법화되고 말죠. 노동자 규제법(1392년), 도제 규제법(1562년) 같은 입법이 그거예요. "어떠한 단체, 집회, 조합도 가져서는 안 되고, 다른 불법 행위를 해서도 안 되며, 이를 어기면 처벌한다"는 것이었죠.

영국 정부의 이 같은 태도는 그 뒤로도 바뀌지 않았어요. 애덤 스미스는 이를 두고 "법은 고용주의 결사는 인정하거나 적어도 금지하지 않지만, 노동자들의 결사는 금지한다. 법은 임금을 떨어뜨리는 결사는 인정하면서도 임금을 올리려는 결사는 금지한다"고 꼬집었죠. 영국 의회는 실제로 1799년과 1800년 단결 금지법을 제정했고, 이런 상황은 단결 금지법이 폐지되는 1825년까지 지속됐어요.

한편 산업 혁명 때 생긴 노동자들의 오해가 스스로의 단결을 늦추기도 했어요. 나폴레옹 전쟁 여파로 경기가 침체되고 실업자가 급증할 때였죠. 절망에 빠진 노동자들은 이를 기계 탓으로 돌렸어요. 기계를 이용한 대량 생산이 숙련 노동의 가치(임금)를 떨어뜨리고, 일자리를 없앴다고 생각한 거죠. 이에 따라 노동자들은 기계 파괴 운동에 나섭니다. 이 운동은 1811년 노팅엄에서 시작돼 중북부 직물 공업 지대로 퍼져 나갔어요. 'N. 러드'라는 가공인물을 내세우면서 '러다이트'라 불렸지요.

기계 파괴는 과녁을 잘못 겨눈 행동이었죠. 설령 이 운동이 성공했더라도 문제가 해결될 리 없었어요. 고통의 원인은 기계 자체가 아니라 기계 소유자였으니까요. 이를 깨달은 노동자들은 선거권을 얻어 노동자를 위한 법을 만들자는 쪽으로 생각을 바꿨어요. 보통 선거권 등을 요구하는 차티스트(인민 헌장) 운동으로 넘어간 거죠. 노동자들은 이를 통해 정치적 권리를 얻는 데 성공했어요. 그래도 생활고는 여전했죠. 이제 노동자들은 임금 인상, 노동 조건 개선 같은 현실적 문제를 해결하려면 스스로 단결해 싸우는 수밖에 없음을 깨닫게 되었습니다.

거듭되는 얘기지만 노동 시장의 노동력 거래 관계는 대등하지 않아요. 저울추는 자본 쪽으로 완전히 기울어 있죠. 이 힘의 불균형을 극복하려고 노동자들은 단결했어요. 노동자들은 한곳에서 같이 일하고 교류하면서 유대를 쌓게 돼요. 그러면서 서로 이해관계가 같은 처지임을 깨닫게 되는데 이것이 단결의 밑바탕을 이룹니다.

노동 3권이란?

노동자들이 단결한다는 것은 곧 자신들의 단체(조직)를 만든다는 얘기예요. 한번 힘을 합쳐 뭔가를 얻어 낸 뒤 곧장 흩어질 수도 있겠죠. 하지만 권익을 계속 지켜 내려면 단결 상태를 유지해야 합니다. 그것이 바로 노동조합이에요.

노동조합은 흔히 사용자와 단체 교섭을 벌이고, 교섭이 깨지면 단체 행동을 벌입니다. 이렇듯 노동자들이 사용자와 좀 더 대등한 위치에서 권익을 지키는 과정에 '노동 3권'이 작동해요. 노동 3권이란 노동자들이 단체를 만들거나 가입할 수 있는 단결권, 사용자와 노동 조건 등을 놓고 단체로 협상할 수 있는 단체 교섭권, 대화로 뜻을 관철하기 힘들 때 시위, 태업, 파업 같은 집단행동을 할 수 있는 단체 행동권을 말합니다.

우리나라는 1953년 노동관계법을 제정할 때부터 노동 3권을 보장했어요. 집단적 노사 관계법의 경우 애초 노동조합법과 노동 쟁의 조정법으로 나뉘어 있

없는데 지난 1997년부터 '노동조합 및 노동관계 조정법'으로 합쳐져 오늘에 이르고 있죠. 이 법은 총칙부터 노동조합, 단체 교섭 및 단체 협약, 쟁의 행위, 노동 쟁의의 조정, 부당 노동 행위, 보칙, 벌칙까지 모두 8장으로 짜여 있어요. 그 자세한 내용은 앞으로 노동조합, 단체 교섭, 단체 행동으로 나눠 알아보도록 하고, 여기서는 부당 노동 행위에 대해서만 짚고 넘어가겠습니다.

부당 노동 행위란 집단적 노사 관계에서 사용자가 해서는 안 되는 다섯 가지 행위 유형을 말합니다. 첫째, 노동조합 조직 또는 가입이나 정당한 노조 업무를 이유로 해고하거나 불이익을 주는 행위. 둘째, 노조에 가입하지 않거나 탈퇴 또는 특정 노조의 조합원이 될 것을 고용 조건으로 하는 행위(유니언숍 단체 협약은 예외). 셋째, 정당한 이유 없이 단체 교섭을 거부하거나 해태하는 행위. 넷째, 노동조합 조직 또는 운영을 지배·개입하는 행위. 다섯째, 정당한 단체 행위 참가 또는 행정 관청에 부당 노동 행위를 신고·증언한 것을 이유로 해고 또는 불이익을 주는 행위.

노동자(노동조합)는 이러한 부당 노동 행위에 대해 노동 위원회에 구제 신청을 할 수 있어요. 아울러 법원에 행정 소송도 제기할 수 있죠.

'동일적 권리'로서 노동 3권과 노동 운동

그런데 단결권, 단체 교섭권, 단체 행동권은 따로 떨어져서는 제구실을 하지 못해요. 노동 3권을 행사하는 건 권익 확보가 목적이잖아요. 그런데 노동조합만 결성할 수 있고 교섭과 단체 행동할 권리가 없다면 어떻게 될까요. 이 노조는 아마 사용자에게 건의만 하는 단체로 머물기 쉽겠지요. 들어주느냐 마느냐는 여전히 사용자 맘이고요. 여기에 단체 교섭권이 주어진다면 교섭 테이블에서 요구의 정당성을 주장할 수도, 사용자를 설득할 수도 있겠지요. 그러나 사용자 쪽이 끝까지 버틴다면 노동자들은 읍소·구걸을 하거나 사용자의 선의에 기댈 수밖에 없겠지요. 단체 행동권이 보장될 때라야 노동자들은 다양한 실력 행사로 사용자를 압박함으로써 요구 수용 또는 요구에 가까운 수정안을 받아낼 수 있어요.

그래서 단체 행동권이 인정되지 않고, 단체 교섭권마저 불완전한 우리나라 교원노조나 공무원노조는 효과적으로 힘을 발휘하기 힘들고, '불법 단체 행동'을 각오할 수밖에 없는 형편이죠. 따라서 노동 3권은 한 몸처럼 통일적으로 보장돼야 제대로 작동하는 겁니다. 참고로 이렇게 중요한 단체 행동권이라도 만약 노동조합과 단체 교섭이 전제되지 않는다면 단체 행동은 한낱 '오합지졸의 소동'으로 끝날 가능성이 높겠지요.

여기서 꼭 알아 둘 것은 노동 3권은 단지 '할 수 있는 권리'라는 사실이에요. 다시 말해 근로기준법의 최저 기준처럼 국가가 관리·감독하면서 챙겨 주는 권리가 아니라는 거죠. 노조 결성, 단체 교섭, 단체 행동은 노동자들 스스로가 힘써 행사할 때에야 비로소 구현되는 권리예요.

예컨대 노조는 원래부터 세워져 있는 게 아니라 노동자들 스스로 결성해야 해요. 게다가 대다수 사용자는 노동자들이 노조를 중심으로 단결하는 걸 무척 싫어하죠. 그래서 평소 노조가 생기지 않도록 갖은 노력을 다해요. 노조가 들어설 기미라도 보이면 그걸 가로막으려 안간힘을 씁니다. 아예 삼성 재벌처럼 "내 눈에 흙이 들어가기 전엔 노조는 절대 안 된다"고 했다는 창업주의 유지를 받들어 '무노조 경영'을 기업의 기본 이념으로 삼는 경우까지 있어요.

단체 교섭 또한 스스로 쟁취해야 합니다. 단체 교섭권을 보장한다고 해서 사용자가 당연히 교섭에 응하는 건 아녜요. 오히려 온갖 핑계를 대고, 꼬투리를 잡아서 교섭을 회피하기 일쑤죠. 교섭 테이블에 나오더라도 실권자는 참석하지 않거나 시간만 끄는 경우도 많아요. 이렇듯 사용자의 다양한 방해와 회피를 뚫고서야 교섭은 비로소 이루어집니다.

단체 행동 또한 마찬가지입니다. 요컨대 노동관계법·제도는 노동자에게 밥을 떠 넣어 주는 장치가 아녜요. '권리 위에 잠자는 노동자'까지 보호해 주지는 않습니다. 권리를 누리려면 적어도 불이익을 각오하고 그것을 행사할 용기는 있어야겠죠.

6. 노동조합이란 무엇인가요?

노동조합은 노동자들이 스스로 만들거나 가입할 수 있는 조직 형태입니다. 영국의 유명한 사회 운동가 시드니 웹(S. Webb, 1859~1947)은 노동조합을 "노동자가 주체가 되어 자주적으로 단결하여 노동 조건 유지·개선과 기타 경제적, 사회적 지위 향상을 도모하기 위해 조직하는 단체 또는 그 연합 단체"라 정의했어요. 노동조합이 과연 무엇인가를 두고 따지기 시작하면 아마 책 한 권으로도 모자랄 거예요. 어떻게 정의를 하든 모든 경우에 다 들어맞기가 쉽지 않으니까요. 따라서 노동조합이 무엇인지는 이 정도로 해 두고 지나온 역사를 보면서 이해를 넓히도록 하겠습니다.

노동조합의 역사와 조직 형태

노동자들 스스로 만든 단체가 처음부터 노동조합 형태를 띤 건 아니에요. 노동조합의 초기 형태는 17세기 영국에서 노동자들이 결성한 우애 조합, 공제 조합 같은 조직이죠. 하지만 영국 의회의 단결 금지법 때문에 이들 조직은 비밀 결사가 됐어요. 그 주요 활동은 조합비를 걷어 두었다가 사고가 생겼을 때 지급하는 일종의 상호 부조였죠.

이런 상호 부조 단체 또한 이때가 처음은 아니었어요. 자본주의 이전부터 직인 길드가 있었고, 노동자 단체는 거기서 자연스럽게 이어진 셈이죠. 자본의 지위가 강화되면서 직인 길드가 결국은 노동조합으로 발전한 거예요. 특히 산업혁명을 거치면서 노동조합은 널리 퍼졌습니다. 노동자들이 도시로 몰려들고, 운송·통신이 발달하면서 이들의 소통과 교류는 더욱 자유로워졌죠. 노동자들은 개인으로는 약하지만 전체 노동자 계급이 뭉치면 엄청난 힘이 생긴다는 걸 깨달았어요. 하여 노동자들이 끈질기게 싸운 끝에 영국에서는 1825년에 단결금지법이 폐지됩니다. 그러나 1870년대까지 노동조합은 법률상 권리를 보장받지 못했어요. 파업 주도자와 참가자들은 '공모 죄', '폭력', '업무방해' 같은 혐의로 피소·투옥됐죠.

1871년이 돼서야 노동조합은 법률(노동조합법)로 승인돼 권리를 보장받게 됩니다. 그리고 1875년에는 노사 관계법에 따라 단체 행동이 대부분 합법화됐어요. 이제 노사는 적어도 법률적으로는 동등한 관계가 됩니다. 단체 교섭은 노사 관계를 이끌어갈 새로운 틀로 떠오르죠. 1890년대에 자본가들의 주도로 금속 기계 제조업, 제화업, 면업에 도입된 단체 교섭 체계는 다른 산업 부문에도 퍼집니다. 한편 1875년도 입법의 핵심 내용은 쟁의 행위에 대한 형사 책임 면제였어요. 그러자 영국 자본가들은 민사 책임을 들고 나옵니다. 예컨대 파업에 따른 사용자의 손해를 인정함으로써 단체 행동권을 실질적으로 부정한 태프 베일 사건(1901년)을 들 수 있어요. 노동자들은 판결 철회 운동을 벌였고, 1906년에는 노동 쟁의법이 제정돼 민사 책임도 면제되기에 이르죠. 이런 과정을 거쳐 노동자들은 법·제도적 장치들을 하나씩 확보해 갔습니다.

그런데 19세기 후반의 노동조합 운동은 미숙련 노동자보다 여건이 나은 숙련 노동자를 중심으로 펼쳐집니다. 숙련 노동자들은 직업을 중심으로 단결했어요. 직업별 노조(craft union)는 맨 처음 영국에서 태동해 1920년대 미국에서 주류를 이룬 조직 형태죠. 직능(직업)이 같은 노동자들이 모인 횡적 조직인데 인쇄공노조, 선반공노조, 목공노조, 제화공노조 따위가 여기에 해당하죠. 직업별 노조는 직업을 독점하고, 노동력을 조합원 위주로 공급하는 게 주목적이었어요. 클로즈드 숍(closed shop)이 대표적이죠. 클로즈드 숍이란 기업이 노동자를 고용할 때 협정을 맺은 노조의 조합원만 쓰도록 하는 제도예요. 비조합원은 쓰지 못하게 한 거죠. 뿐만 아니라 노조를 탈퇴하거나 노조에서 제명된 사람은 기업에서도 해고하도록 했습니다. 주로 직업별 노조가 사용자와 이런 협약을 맺었어요. 여기서 알 수 있듯 직업별 노조는 배타적 성향이 강했죠.

당연히 직업별 노조에서 배제된 미숙련 노동자들이 크게 반발할 수밖에 없었어요. 이에 미숙련 노동자까지 전체 노동자를 아우를 수 있는 조직 구성 움직임이 일어나죠. 대체로 두 가지 형태였는데 하나는 산업별 노조(industrial union), 다른 하나는 일반 노조(general union)였어요. 이 둘은 조합원 가입 자격이 그리 까다롭지 않다는 점에선 비슷해요. 차이가 있다면 산업별 노조는 조합원들이 같은 산업에 종사한다는 거죠. 그래서 동료 의식과 단결력이 강해 큰 힘을 발휘할 수 있었어요. 일반 노조는 조합원의 산업별 편차가 큰 편이고, 노동자 숫자가 적은 사업장이 주류를 이뤘죠.

노동조합 조직 구조는 낯선 내용이라서 아무래도 이해하기가 쉽지 않을 겁니다. 하지만 노동자에게는 무척 중요한 조직이므로 제대로 파악할 필요가 있어요. 아무튼 영국은 직업별로 뭉치는 전통이 강했어요. 그래서 노동조합이란 용어도 미국(labor union)과 달리 'trade union'으로 표기해요. 여기서 'trade'란 직업 또는 동업자를 뜻하죠. 그런 탓인지 영국에서는 미숙련 노동자를 아우르는 조직으로 넘어갈 때는 일반 노조로 가는 경향이 강했어요. 반면 유럽 대륙과 미국에서는 산별 노조가 차츰 주류가 되었습니다. 특히 2차대전 뒤 독일(서독)은 거대 산별 노조로 재편합니다. 독일의 노조 체제는 흔히 산별 노조의 모범으로 평가되지만 시각이 엇갈리기도 해요. 중앙 집권적 조직 체계를 바탕으로 강력히 싸울 수 있어 비교적 쉽게 목적을 이루는 건 장점이죠. 반면 의견 형성이나 의사 결정 과정이 주로 '위에서 아래로' 흐르는 바람에 지도부가 조합원을 '통제 대상'으로 여기는 경향도 있어요. 여기에다 지역·기업 단위(노동자위원회, 경영평의회) 대응 방향이 중앙 조직 차원의 의사 결정과 마찰을 빚는 것도 맹점이죠.

그렇다면 산별 노조나 일반 노조의 기업 내 활동은 어떻게 이루어질까요. 산별 노조가 주류인 유럽에서는 기업 안에 노동조합 조직을 두지 않는 게 보통이에요. 대신 사업장(공장)에는 노조원이든 아니든 전체 노동자의 이해를 대표해 고용주를 상대하는 조직이 따로 있어요. 독일의 직장평의회(Betriebsrat)가 이런 경우예요. 직장평의회 대표는 사업장 내 모든 노동자가 투표로 선출하는데 대개 노조원 중에서 뽑히죠. 직장평의회는 기업 경영이나 기업 복지 같은 문제를 사용자와 의논해 협약을 맺습니다. 하지만 직장평의회에는 단체 행동권이 없어요. 또한 임금이나 노동 시간 같은 노동 조건을 둘러싼 교섭은 노조의 권한이죠. 이에 비해 영국, 미국을 비롯한 앵글로색슨 계열 국가에서는 대체로 노동조합의 직장위원(shop steward)이 현장 노동자의 이해를 대표하면서 고충 처리 기능을 맡습니다.

앞에서 미국에서는 산별 노조 체제로 흐름이 잡혔다고 했잖아요. 하지만 1차대전 즈음에는 대기업을 중심으로 기업별 노조(company union)가 적잖이 들어섰어요. 우리나라도 오랫동안 기업별 노조가 주축을 이룬 탓에 익숙한 조직 형태죠. 하지만 유럽에서는 기업별 노조가 뿌리를 내리지 못했어요. 그 까닭은 기업주가 자기 회사에 노조가 결성되는 걸 싫어했기 때문이에요. 기업 안에 노조가 생기면 곧장 조합원들을 해고하거나 탄압해 무너뜨렸죠. 그래서 노조들은 늘 회사 밖에서 결성됐어요. 때문에 기업주에게 존속을 인정받은 기업 노조는 어용 노조(yellow 또는 company union)로 간주됐죠.

한편 어떤 조직 형태를 띠든 노동조합들은 하나같이 단결과 연대를 강조해요. 조직이 분열되면 조합 사이에 적대 관계가 생겨 교섭력을 떨어뜨리기 때문이죠. 그래서 노동자들이 되도록 더 넓게 단결하려 애쓰는 거예요. 전국 중앙 조직(내셔널 센터)을 세우는 것도 같은 맥락이에요. 전국 중앙 조직이란 산업이나 직종, 지역을 통틀어 전국 단위로 구축된 연합 조직을 말해요. 우리나라에서는 이를 '노총'이라 하는데 한국노총과 민주노총이 해당하죠. 노총이 생긴 건 산업 경제 발전과 관계가 깊어요. 교통과 통신이 발달하고 그 결과 전국에 걸쳐 시장이 형성된 상황 말이죠. 대자본이 전국 차원의 경영에 나서면서 노동조합 또한 그에 대응하는 조직 체계를 갖추게 돼요. 이를 통해 산업이나 지역 차원의 특수 현안보다는 전체 노동자 계급의 보편적 이해를 대변하는 데 힘을 집중하죠. 이 과정에서 노동조합의 권한은 노총으로 집중되는 경향이 있습니다.

이렇듯 산업 경제 발달 상황에 따라 진화를 거듭해 온 노동조합은 안정된 조직 체계를 갖추게 됩니다. 나아가 영향력 있는 주요 사회 세력으로 떠오르죠. 하지만 노동조합은 사회적 지위가 다져질수록 조합원들의 이해관계에 치우침으로써 사회 진보 활동을 소홀히 했어요. 이런 일이 거듭될수록 노동조합은 사회의 보편적 가치보다는 조합원의 이기적 요구에만 충실한 이익 집단으로 낙인찍히고, 끝내 사회적 약자들의 지탄을 받게 되죠. 실제 지난 1968년 유럽을 휩쓴 68혁명 때 그런 일이 벌어졌어요. 앞서 보았듯 당시 포드 시스템에 지쳐 있던 노동자들도 유럽 전역에서 파업으로 떨쳐 일어났거든요. 그런데 이 혁명에 참여한 학생들과 현장 노동자들은 유럽의 노동조합들을 '권력의 부스러기에 취해 이미 제도화된 기득권자', '노동 귀족들', 심지어는 '흡혈귀들'이라고 혹독하게 비난하죠. 그런데 이게 바다 건너 옛날이야기만은 아닌 듯해요. 우리나라에서도 얼마 전부터 이와 비슷한 조짐이 나타나고 있어 뜻있는 사람들의 우려를 자아내고 있습니다.

우리나라 노동조합의 발자취

이제 우리나라로 눈을 돌려 보죠. 근대적 노동 운동은 강화도 조약(1876, 고종 13년)이 결정적 계기가 됩니다. 부산·원산·인천·목포·군산 등지가 차례로 개항되면서 부두 노동이 생겨나죠. 이어 1898년에는 목포항 부두 노동자들이 파업을 일으키게 돼요. 아울러 전국 각지 광산에서도 노동 운동이 시작됩니다. 1901년 운산광산에서는 채굴권이 외국인에게 넘어가는 데 맞서 광산 노동자들이 작업을 거부했어요. 하지만 이때는 조직적 운동이라기보다는 우연히 터져 나오는 경우가 많았죠.

1910~1920년대 식민지 공업화 정책이 본궤도에 오르면서 노동 운동은 민족독립 운동 성격을 띠게 돼요. 노동자들의 조직력이 커지자 1920년 조선노동공제회와 노동대회가 창립되죠. 이들은 계몽 단체 성격이 짙었지만 우리나라 최초의 전국 단위 노동 조직이었습니다. 그 뒤 1922년 조선노동연맹회, 1924년 조선노농총동맹으로 맥을 이어가던 운동 조직은 1925년 조선농민총동맹과 조선노동총동맹으로 나뉘었습니다. 노동 운동이 체계를 갖추면서 파업 또한 조직적으로 펼쳐지죠. 그러나 1937년 중일 전쟁이 터지면서 일제의 탄압이 극심해져 노동 운동도 제대로 기를 펴지 못하게 됩니다.

1945년 해방과 더불어 노동 운동은 다시 활기를 되찾았어요. 그해 11월 5일, 조선노동조합전국평의회(전평)가 결성됩니다. 전평에는 금속 공업, 섬유, 토건, 철도, 전기, 출판, 식료 등 16개 산업별 노조가 참여했어요. 전평 스스로 밝힌 바로는 남북한 40여 지역에 전체 1,194개 분회, 50만 조합원을 거느리고 있었습니다. 당시 우리나라를 명실상부하게 대표하는 노동조합 조직임에 틀림없죠. 하지만 해방 공간의 좌우 대립 국면에서 좌익 진영의 일원이던 전평은 미 군정과 갈등을 빚다가 결국 불법화돼요. 우익 진영은 그 과정에서 미 군정의 비호 속에 1946년 3월 10일 대한독립촉성노동총연맹(대한노총)을 세워 전평과 대립 구도를 형성하죠. 그 뒤 전평은 몇 차례 총파업을 벌이기도 했지만 한국 전쟁을 거치면서 결국 와해되고 말죠.

1948년 대한민국 정부가 수립되면서 대한노총은 유일한 합법 노조가 돼요. 1954년 4월에는 이름도 대한노동조합총연합회(대한노총)로 바꿉니다. 제1공화국 시절, 자유당 정권의 전위대 노릇을 하던 대한노총은 5·16 군사 정변으로 해체돼요. 군사정권은 1961년 8월, '재건조직위원회'를 꾸려 한국노동조합총연맹(한국노총)을 결성하게 하죠.

1960년대와 1970년대 경제 개발 계획이 시행되자 산업 구조가 바뀌고 노동자가 빠르게 늘어납니다. 아울러 빈부 격차가 커지고, 노사 대립이 격해지죠. 정부는 노동자들을 억누르고 사용자를 비호해요. 이에 노동 운동은 임금 인상, 근로 조건 개선, 민주 노조 결성을 위해 거세게 싸웁니다.

특히 1970년대에 일어난 전태일 열사의 분신 항거, 동일방직 노조 탄압, YH무역 노조 신민당사 농성 같은 사건은 노동 문제에 사회적 관심을 모으는 계기가 됐어요. 이때부터 대학 출신자들이 생산직과 현장직 노동자로 뛰어들어 노동 운동에 활기를 불어넣죠. 아울러 민주 노조 건설 운동이 폭넓게 펼쳐지면서 유

한국노총 1961년 설립

민주노총 1995년 설립

신 체제에 맞선 민주화 운동과도 연계를 맺게 됩니다.

1980년 신군부의 군사 쿠데타가 일어나면서 노동 운동은 다시 침체 국면에 빠지죠. 그러나 1987년 6월 민주화 투쟁에 이어 7·8·9월 노동자 대투쟁이 솟구치면서 다시 활기를 띠게 돼요. 노조 결성이 봇물을 이루고, 어용 노조들이 잇따라 민주화되죠. 나아가 한국노총을 둘러싼 어용 논란도 거셌어요. 이에 한국노총에 속하기를 거부한 민주 노조들은 사무, 언론, 병원, 교직원 같은 사무·전문직 연합체나 지역 협의체(제조업)로 새로운 흐름을 형성하죠. 이어 1990년 1월에는 제조업 노조 중심의 민주 노조 결집체인 전국노동조합협의회(전노협)가 출범합니다. 아울러 대규모 재벌 계열사 노조들이 민주 노조 진영에 합류하면서 오랫동안 지속된 한국노총 유일 체제에 커다란 변화가 생기죠. 이 모든 흐름은 결국 1995년 11월 전국민주노동조합총연맹(민주노총) 창립으로 이어져요. 이후 우리나라 노동 운동은 민주노총과 한국노총 두 축으로 펼쳐지고 있습니다.

그러나 우리나라 노조원은 갈수록 줄어드는 추세예요. 노동부 발표에 따르면 2010년 현재 우리나라 노조원은 모두 164만 명입니다. 노조 조직률(조합원 수/전체 노동자 수)은 1989년(20%) 최고조에 달한 뒤 갈수록 낮아져 2010년에는

9.8%로 떨어졌어요. 노동자 열 명 가운데 한 명만이 조합원이라는 얘기죠. 이는 세계에서도 최하위권이에요. 경제협력개발기구(OECD) 30개국 중 29위에 해당하죠. 아이슬란드(79%)나 스웨덴(68%) 같은 북유럽은 물론이고 캐나다(27%) 영국(27%) 같은 서유럽이나 일본(18%)에 견줘 매우 낮습니다. 노동자 권익 보호 수준이 떨어지는 미국(12%) 정도가 우리나라와 비슷하죠.

한편 우리나라 노동조합은 오랫동안 기업별 노조가 대세를 이뤘어요. 해방 공간에서 노동 운동을 주도한 전평이 산업별 노조로 조직됐던 것을 빼고는 줄곧 그래 왔죠. 그런데 1987년 이후 민주 노조 진영은 기업별 노조의 한계를 인식하고 산업별 노조 체제를 추구해 왔습니다. 결국 민주노총 건설 과정에서 이 운동이 본격화돼요. 이에 따라 병원 노조들이 1998년 산별 노조인 보건의료노조를 설립하고, 조직 형태를 변경해 산별 노조 지부로 속속 전환했어요. 제조업에서는 2005년께 자동차·조선 산업 대기업 노조들이 역시 산업별 노조인 금속노조 지부(지회)로 변경됐죠.

이 밖에 공공, 금융, 사무 등 다른 산업 부문에서도 기업별 노조가 조직 형태를 변경했거나 지금도 산별 전환을 추진 중입니다. 그 결과 2010년 말 기준으로 전체 조합원의 54%가 기업별 노조를 벗어난 것으로 집계되고 있어요. 특히 산별 전환에 앞장서 온 민주노총 소속 조합원은 80%가 산별 노조 소속이죠.

노동조합의 운영

우리나라는 '노동조합 및 노동관계 조정법(노조법)'으로 노동 운동을 규율하고 있습니다. 이 법은 이중성을 띤다고 볼 수 있어요. 노조 활동을 법으로 보호하는 측면도 있지만 국가가 노조 운영에 개입해 자율성을 침해하는 구실이 되는 측면도 있죠. 이 점을 감안하면서 노동조합 관련 법·제도를 살펴보도록 하겠습니다.

노조법은 노동조합을 이렇게 정의합니다. "노동조합이라 함은 근로자가 주체가 되어 자주적으로 단결하여 근로 조건의 유지·개선 기타 근로자의 경제적·사회적 지위의 향상을 도모함을 목적으로 조직하는 단체 또는 그 연합 단체를 말한다." 어때요. 앞에서 본 시드니 웹의 정의와 거의 똑같죠? 실은 일본 법하고도 비슷해요. 여기서 알 수 있는 건 노조의 활동 범위가 임금 같은 노동 조건 유지·개선에만 국한되지 않는다는 점이에요. 노동자의 삶 전반을 개선하는 사회적·정치적 활동까지 노동조합 활동 영역이라고 할 수 있죠. 비정규직 확산 정책이나 한미 FTA 같은 사회 현안에 대응하는 것도 노동조합 본연의 기능이라는 거예요. 오히려 노조가 맡은 사회적 책무라고까지 할 수 있어요.

아무튼 노동자, 즉 '직업의 종류를 불문하고 임금·급료 기타 이에 준하는 수입에 의하여 생활하는 자'(노조법 제2조)는 누구나 노조에 가입할 수 있어요. 2명 이상이 모이면 노조를 새로 조직할 수도 있고요. 노조 설립은 법에 정한 내용을 신고하면 됩니다. 그러나 해당 관청이 사소한 조항을 꼬투리 잡아 신고서를 받지 않는 경우가 있어 사실상 허가제라는 비판을 받아 왔죠.

노동조합은 원래 스스로 만든 규약에 따라 자주적, 민주적으로 운영하면 그만이에요. 하지만 노조법은 규약에 반드시 넣어야 할 사항을 정해 두고, 변경 사항은 신고토록 하고 있어요. 심지어 규약 내용이나 결정·집행 사항이 노동관계 법령에 어긋나면 행정 관청이 시정을 명령할 수 있도록 했어요. 국가가 노조 운영에 지배·개입할 여지를 남겨 두고 있는 거죠. 반면 노조원들 사이에 분란이 생겨 조직이 마비되면 이 법에 기대어 문제를 해결하는 경우도 적지 않아요. 이 점에서 노조법은 노동조합 운영의 중요한 기준이 될 수밖에 없는 거죠.

노동조합은 자본과 권력의 지배·개입·간섭에서 벗어나 자주적으로 움직여야 합니다. 억압과 회유에 무릎 꿇고 어용의 길을 걷지 않도록 늘 경계해야 하죠. 아울러 구성원 스스로도 민주주의 원리에 따라 노조 활동에 적극 참여해야 합니다. 노동조합은 현대 사회에서 '1인 1표'의 풀뿌리 민주주의가 실현되는 대표적인 조직이에요. 기업체, 군대, 공직 사회 같은 대다수 조직은 '관료제'의 원리에 따라 움직이죠. 구성원들의 의견을 폭넓게 반영하는 경우도 있지만 어디까지나 '상명하복'이 기본이에요. 주주 총회처럼 민주적 절차라는 모양새를 갖춘 경우라도 '1주 1표'로서 결국 재력이 모든 걸 좌우할 뿐이죠.

반면 노동조합은 민주적 운영이 기본 원리이자 법적 의무 사항이기도 해요. 노조법은 중요한 사항에 대해서는 반드시 총회나 대의원 대회 의결을 거치도록 하고 있어요. 규약 제정·변경, 임원 선거·해임, 단체 협약, 예산·결산, 기금 설치·관리·처분, 연합 단체 설립·가입·탈퇴, 합병·분할·해산, 조직 형태 변경 따위가 그거예요. 보통은 전체 조합원 중 과반수가 출석하고, 그 가운데 과반수가 찬성하면 안건이 통과돼요. 그러나 규약 제정·변경, 임원 해임, 합병·분할·해산·조직 형태 변경 같은 중요한 사항은 과반수 출석과 3분의 2 이상의 찬성이 필요하죠. 아울러 규약 제정·변경과 임원 선거·해임은 조합원의 직접·비밀·무기명 투표로 결정토록 하고 있어요.

모든 문제는 조합원 총회에서 다루는 게 가장 좋지만 자주 총회를 열기란 현실적으로 어렵습니다. 그래서 총회보다 쉽게 열 수 있는 대의원 대회나 운영 위원회 같은 대의 기구를 두는 게 보통이죠. 그래도 1년에 한 번은 총회를 열도록 하고 있어요. 노조 일상 업무는 대표자와 임원진을 뽑아 이들이 집행부를 꾸려 처리하도록 하고 있죠. 임원의 임기는 3년을 넘을 수 없어요. 그러니까 적어도 3년에 한 번씩은 선거를 치러 집행부의 활동 실적을 평가하고 신임을 물으라는 뜻이죠.

한편 노조 임원이나 집행부가 노조 일을 보려면 기업(회사) 업무에서 벗어나야 해요. 노조 일만 하는 사람도 필요하겠죠. 이렇듯 노조 업무만 하는 사람을 '노조 전임자'라고 해요. 그 인원은 노조의 여건, 특히 규모에 따라 다르고 통상 노사 합의로 정합니다. 이 경우 얼마 전까지는 사용자가 노조 전임자의 임금을 지급하는 게 관행이었죠. 그런데 2011년 7월부터는 그것이 '부당 노동 행위'로 금지됐어요. 보완책으로 노동부 근로 시간 면제 심의위원회가 정한 한도 안에서 유급으로 노조 일을 볼 수 있도록 했지만 이전보다 여건이 크게 나빠진 건 분명하죠. 물론 기업이 노조 전임자 임금을 지급하지 않는 게 국제적 관행이에요. 그러나 임금 지급을 법으로 금지하는 나라도 없어요. 요컨대 노사가 알아서 할 수 있는 것을 우리나라는 쓸데없이 법으로 규율하는 셈이죠.

노동조합도 경우에 따라서는 문을 닫을 수 있습니다. 노조법에는 그걸 합병 또는 분할에 따른 소멸, 총회(대의원 대회)가 결의한 경우, 임원이 없고 1년 이상 활동하지 않은 것으로 인정돼 행정 관청이나 노동위원회가 의결했을 경우, 규약에서 정한 사유가 생긴 경우로 규정하고 있어요. 그러나 현실에서는 사용자의 탄압으로 조합원이 집단 탈퇴하는 경우, 기업 도산 따위로 사업장이 문을 닫아 고용 관계가 사라지는 경우가 대부분이죠.

7. 사용자와 협상하려면 어떻게 해야 하나요?

단체 교섭이란?

노동력도 하나의 상품이에요. 따라서 그 가격은 다른 상품과 마찬가지로 판매자(노동자)와 구매자(자본가)의 흥정에 따라 결정되죠. 여기서 노동력의 가격이란 임금을 비롯해 노동자에게 지급되는 금품 일체라는 건 이제 다들 아실 거예요. 그런데 이 노동력은 다른 상품과는 정반대로 파는 사람이 아니라 사는 사람이 거래를 주도해요. 실은 흥정해 볼 여지도 거의 없어요.

이를테면 "이 가격(임금)에 팔기 싫으면 관두쇼! 노동력 팔 사람은 줄을 서 있으니까." 이게 자본가가 흥정하는 태도죠. 실제로 웬만한 대기업의 입사 경쟁률을 보면 수십, 수백 대 일이나 되잖아요. 결국 노동력의 시장 가격은 사실상 고용주가 알아서 결정하는 셈이에요. 노동자로서는 울며 겨자를 먹든가, 실직을 감수하든가 둘 중 하나를 택할 수밖에 없죠.

노동자들은 그래서 개별적 노사 관계의 불리함을 극복하고자 노동조합으로 단결합니다. 아울러 노동 조건을 집단적으로 흥정할 거리, 즉 교섭 의제로 만들죠. 이처럼 노동조합과 사용자 사이에 벌어지는 교섭을 단체 교섭(collective bargaining)이라 합니다. 다시 말해 노동력 판매자들의 단체인 노동조합이 그 조직력을 바탕으로 구매자인 사용자(사용자 단체)와 노동력 거래 조건을 한꺼번에 결정짓는 게 바로 단체 교섭이에요.

단체 교섭 유형

단체 교섭의 틀, 다시 말해 노사가 만나는 형식은 대개 노동조합의 조직 형태를 따릅니다. 쉽게 말해 기업별 노조 체제라면 기업별 교섭이, 산업별 노조 체제라면 산업별 교섭이 된다는 얘기죠.

오늘날 국가 기관은 물론 웬만한 대기업이나 민간 기구, 시민·사회단체에 이르기까지 조직이 전국 단위로 구성되는 게 극히 자연스러운 일입니다. 노동조합 또한 마찬가지예요. 말 그대로 전국 중앙 조직인 노총은 물론이고 산업별 노조 또한 전국을 아우르죠. 그러나 원래부터 그런 건 아니었어요.

노동 운동 발상지인 유럽과 북미 지역을 보면 처음엔 노동조합이 지역 단위로 구성됐어요. 교통·통신이 더딘 탓에 상품시장과 노동 시장이 좁은 범위에서 형성됐기 때문이죠. 따라서 사용자 단체 또한 지역 단위로 구성됐어요. 자연히 단체 교섭도 지역별로 진행되고, 지역별 협정을 맺었습니다. 그 뒤 교통·통신이 발달하자 전국에 걸친 상품시장과 대기업이 생기고, 노동 시장 또한 전국에 걸쳐 형성되죠. 노동조합은 이에 전 산업 기준 임금(industry-wide wage rate)을 요구합니다. 기업들이 전국 차원의 가격 경쟁을 벌이는 틈바구니에서 노동 조건도 덩달아 후퇴하는 걸 막기 위해서죠. 단체 교섭 또한 저절로 전국 범위를 아우르게 됩니다. 이는 한편으로 노동조합이 전국 조직을 조직해 가는 과정이기도 했어요.

그러나 교섭이 전국 단위로만 진행된 건 아니었어요. 어떤 교섭 틀을 택할지는 노동 시장 환경, 노사의 힘에 따라 달라졌죠. 나아가 패턴 교섭(pattern bargaining) 같은 교섭 유형도 있습니다. 전국 단위 노동조합이 우선 경영 여건이 좋은 대기업 하나를 골라 단체 교섭을 해요. 상대적으로 기업의 '지불 능력'이 좋으니 아무래도 노조에 유리한 교섭 결과가 나오겠죠. 뒤이어 노조는 이 교섭 결과를 기준으로 산업별 교섭에 나서는데 이 방식이 바로 패턴 교섭이에요.

한편 오랫동안 기업별 노조 체제를 유지했던 우리나라의 경우 단체 교섭 또한 기업별로 진행됐어요. 그러다 앞서 보았듯 산업별 노조로 조직 형태를 바꾸면서 산업별 교섭을 추구해 왔어요. 반면 사용자 단체는 그러면 노동 운동이 널리 퍼지지 않을까 걱정한 나머지 이를 꺼려 왔죠. 게다가 경영 여건이 좋은 일부 거대 기업은 노사 모두 산업별 교섭보다는 자체 교섭을 선호했어요.

이 때문에 산업별 노조로 전환한 뒤에도 사용자 단체가 구성되지 않거나 더 여 한동안 전국 단위 산업별 교섭이 이루어지지 못했죠. 산업별 교섭이 성사됐더라도 처음부터 이에 참여하지 않거나 중간에 이탈하는 일부 사용자에 대해서는 산업별 노조가 그 각각을 상대로 '대각선 교섭'을 벌이기도 했죠. 이렇듯 우리나라의 산업별 교섭은 아직 제자리를 잡지 못했지만 조금씩 진전되고 있다고 할 수 있습니다.

우리나라의 단체 교섭 제도

우리나라는 노조법(제3장 단체 교섭 및 단체 협약)으로 단체 교섭을 규율합니다. 그런데 이 장은 난데없는 '교섭 창구 단일화' 때문에 첫 조항부터 아주 복잡한 모양새를 띠고 있어요. 제29조부터 제29조의5까지 창구 단일화 절차, 교섭 단위 결정, 공정 대표 의무 따위를 설명하기 위해 무려 20개 항이나 할애한 거예요. 한 가지 사항을 이렇듯 지루하게 다루는 법조문은 아주 드문 경우죠.

2011년 7월부터 사업장 단위 복수 노조가 허용되면서 그에 따른 교섭 형태를 일률적으로 통제하려다 빚어진 '참극'이라 할 수 있어요. 문제는 이 면밀한 법조문이 현실에서는 별 쓸모가 없다는 점이에요. 교섭 구조를 복잡하게 규율하고 있지만 결국은 '다수 노조'가 교섭 대표권을 행사할 가능성이 높은 탓이죠. 사실 복수 노조 체제에서는 교섭 또한 복수일 수밖에 없어요.

우선은 그 상황을 인정하는 것에서 출발하는 게 순리예요. 끝에 가서는 다수 노조가 교섭 대표권을 행사할 수도 있지만 처음부터 그것만 강제하는 건 공정하지 못해요. 사실 뭔가 터무니없고, 옳지 않은 일을 꾸미다 보면 쓸데없이 말이 길어지잖아요. 이 법조문이 그래요. 그저 노사 자율 교섭 원칙만 확인하면 그만인데 말이죠.

그러니까 얘기는 1963년까지 거슬러 올라가요. 당시 박정희 정권은 노동조합법을 개정하면서 복수 노조 금지 조항을 도입했어요. '한국노총 유일 체제'를 강제한 거죠. 한국노총에 맞서는 민주 노조 진영이 형성되면서 이 조항은 '자주적 단결권 침해'로 지탄을 받게 돼요. 국제노동기구(ILO)를 비롯한 국제기구들도 잇따라 개정을 권고했어요. 이에 따라 1996년 노동조합법 개정 때 해당 조항을 고쳐 자유로운 노조 설립의 길을 트죠. 그러나 '교섭 비용 절감'을 이유로 부칙을 통해 사업장 단위의 복수 노조는 여전히 금지합니다.

그런데 지금은 사업장 단위 복수 노조가 허용돼 둘 이상의 노조가 들어서면 교섭 방식을 어찌할지가 문제가 됐죠. 사실 문제될 것도 없이 노사가 알아서 하면 그만이에요. 다른 나라도 그렇게 하고 있거든요. 그런데 사용자 단체와 정부가 굳이 이걸 문제 삼은 거예요. 이름 하여 '교섭 창구 단일화', 1기업 1교섭을 강제해야 한다는 거였죠. 왜냐면 노동조합을 얽어 두는 족쇄로 활용할 수 있거든요.

교섭 창구 단일화 강제 조항은 노동 기본권을 침해하는 위헌적 요소로 가득해요. 국제적으로도 유례가 없어요. 현행법에 따르자면 새로 결성된 노조는 다수 조합원을 조직할 때까지 교섭권을 행사하기 어려워요. 아울러 산별 노조나 지역 노조 같은 초기업 노조의 교섭권도 같은 맥락에서 침해되죠. 그 결과 창구 단일화 도입 논리인 '교섭 비용 절감'보다는 되레 노노 갈등이나 노사 갈등을 더 부추기게 돼요. 따라서 다수 노조에게 특권을 주는 창구 단일화는 없애고 자율 교섭 제도를 도입해야 하는 것이죠.

터무니없는 교섭 창구 단일화 제도 때문에 쓸데없는 설명도 길어졌네요. 아무튼 노사는 신의에 따라 성실히 교섭하고 단체 협약을 맺는 것이 원칙이에요. 아울러 노사 양쪽은 정당한 이유 없이 교섭을 거부하거나 해태, 다시 말해 질질 끌어서는 안 됩니다.

단체 협약

단체 교섭이 타결되면 그 내용을 문서로 작성하게 되는데 그것이 바로 단체 협약이에요. 그냥 '합의서'라고도 하죠. 하지만 노사 양쪽이 서명 또는 날인을 해야 효력이 생깁니다. 단체 협약은 근로기준법과 근로 계약, 취업 규칙(사규)에 우선하는 규범이에요. 이 세 가지 내용 중 단체 협약 수준에 못 미치는 것은 무효라는 얘기죠. 그래서 노동조합이 조직된 사업장에서는 이 단체 협약이 사실상 최고 규범이에요. 노동조합이 나눠주는 〈조합원 수첩〉에 대개 근로기준법이 아닌 이 단체 협약을 싣는 건 이 때문이죠.

단체 협약의 유효 기간은 2년을 넘을 수 없어요. 애초 적어도 2년에 한 번씩은 노동 조건을 개선하라는 취지죠. 그러나 힘이 약한 노조에게는 되레 탄압의 빌미가 되고 있어요. 현행법에 따르면 협약을 맺고 2년 6개월이 지나면 사용자가 마음먹기에 따라 단체 협약이 없는 상태가 됩니다. 경우에 따라선 근로기준법 수준으로 노동 조건이 후퇴할 수 있는 거죠.

단체 협약에는 일반적 구속력과 지역적 구속력이라는 게 있습니다. 쉽게 말해 노조가 없거나 노조에 가입하지 않은 노동자에게도 어떤 단체 협약을 적용하는 제도죠. 일반적 구속력이란 사업장 단위 단체 협약이 과반수 노동자에게 적용되면 그 사업장의 나머지 노동자한테도 당연히 적용되는 제도예요. 지역적 구속력은 그 지역의 동종 노동자 2/3 이상이 어떤 단체 협약을 적용받으면 그 지역의 다른 동종 노동자에게도 그 단체 협약을 적용할 수 있는 제도죠. 이를 보통은 '단체 협약 효력 확장'이라고 해요. 사업장 안에서는 효력 확장에 별 어려움이 없어요. 문제는 지역이나 산업이죠. 현행법대로 하면 사실상 효력 확장이 불가능하거든요.

우리나라는 앞서 보았듯 노조 조직률이 세계 꼴찌인 데다 단체 협약 적용률 또한 마찬가지예요. 스웨덴, 핀란드, 덴마크, 노르웨이 같은 북유럽 국가들은 노조 조직률도 높을뿐더러 협약 적용률 또한 80~90%에 이르고 있어요. 네덜란드, 그리스, 오스트리아, 스페인, 독일처럼 조직률이 20% 안팎인 나라도 협약 적용률은 70~80% 수준이죠.

심지어 노조 조직률이 우리나라와 비슷한 프랑스는 협약 적용률이 거의 100%에 가까워요. 그 이유는 단체 교섭이 전 산업 또는 산업별로 진행되고, 그 단체 협약이 어렵지 않게 같은 산업의 비조합원한테도 적용되기 때문이죠. 반면 기업별 단체 교섭이 지배적인 미국, 영국, 캐나다, 일본 같은 나라는 조직률과 협약 적용률 모두 10~30% 수준에 지나지 않아요. 우리나라요? 두 가지 다 10%도 안 되는 형편이죠.

따라서 우리나라도 '단체 협약 효력 확장' 제도를 개선해야 합니다. 지역적 구속력뿐 아니라 '산업적 구속력'을 신설하고, 지역의 동종 노동자 2/3 이상 요건을 없앨 필요가 있어요. 효력을 확장하려면 어차피 노동위원회 의결을 거치도록 하고 있기 때문이죠. 조직률이 10%도 안 되는데 먼저 66.6%까지 적용하라는 건 사실상 하지 말자는 얘기잖아요.

한편 단체 교섭은 노조 쪽이 요구 사항을 문서로 정리해 사용자 쪽에 건네면서 시작돼요. 요구서를 받은 사용자 쪽은 이를 검토해서 받아들일 수 있는 사항과 그렇지 않은 사항으로 나눠 노조 쪽에 알리죠. 사용자 쪽이 받아들인 내용은 합의된 것으로 봐요. 교섭은 의견이 부딪히는 사항을 중심으로 진행돼요. 양쪽은 서로 양보하거나 조정해서 이견을 좁혀 갑니다.

이렇듯 교섭이 이어지다 보면 서로가 쉽게 물러설 수 없는 몇 가지 사항만 남게 돼요. 이를 흔히 '핵심 쟁점'이라 합니다. 핵심 쟁점은 좀 더 교섭을 해 봐도 견해차가 잘 좁혀지지 않죠. 양쪽 모두가 '더는 해 볼 게 없다'는 판단이 서면 '실력 행사' 국면에 접어들게 됩니다.

8. 파업은 정말 나쁜 일인가요?

단체 행동이란?

노사 양쪽은 단체 교섭에서 자기 뜻을 관철하려 애씁니다. 이 과정에서 논쟁과 주고받기, 힘겨루기 같은 다양한 협상 기법이 동원되죠. 그렇다면 그 결과를 좌우하는 결정적 요소는 무엇일까요? 양쪽 진영의 단결력이나 여론 동향 같은 걸 들 수 있겠죠. 그러나 노동 쟁의에 들어갔을 때, 얼마나 오래 '조업 중단' 상황을 버텨 낼 수 있느냐가 무엇보다 중요합니다. 특히 사용자보다 열세인 노조로서는 더더욱 그렇죠.

여기서 노동 쟁의란 노동조합이 단체 행동에 들어간 상태를 말해요. 노동 쟁의 국면에서 벌어지는 노조의 실력 행사에 대해서는 파업, 쟁의 행위, 작업 거부, 단체 행동 같은 여러 용어로 표현되죠. 이 모두를 아우르는 건 단체 행동이에요. 노동 3권의 단체 행동권 속에 들어 있는 그 개념이죠. 앞서 보았듯 이 단체 행동권이 받쳐 주지 않으면 노동조합도, 단체 교섭도 제구실을 못 합니다. 그걸 실제 행사하느냐와 상관없이 단체 행동권이 중요한 건 이 때문이죠.

단체 행동은 법적 소송도 아니고, 폭력 행위에 맞선 자기 방어도 아닙니다.

일종의 공격 행위죠. 시민법 원리에 따르자면 형사상 '협박'이나 '공동 모의'에 해당하고, 사용자에게는 경제적 손실을 끼칠 수밖에 없어요. 그럼에도 이를 법규범으로 인정하고 보호하는 것은 노사 대립을 단체 행동, 다시 말해 투쟁으로 해결할 수 있다는 뜻이죠.

대표적인 단체 행동이 파업이에요. 파업은 노동자들이 집단적으로 일손을 놓고 노동(작업)을 그만두는 행위죠. 유럽에서는 파업이 산업 혁명 이전에도 수공업 노동자들의 오랜 전통이었어요. 그 뒤 산업화를 거치면서 유럽 전역으로 퍼지죠. 처음에는 노동조합을 교섭 단체로 인정하라는 파업이 많았어요. 자본가들은 오랫동안 자기 맘대로 기업을 경영해 왔는데, 어느 순간부터 노조가 끼어들려 하니 내키지 않았겠지요. 노동자들은 그들대로 종래의 가혹한 노사 관행을 단결력으로 바꾸려 했죠. 결국 노사 양쪽은 정면으로 부딪쳤고 자주 유혈 사태를 빚었어요. 이런 일이 거듭되자 자본가들은 노조를 무시하고 억누르는 것만이 능사가 아님을 깨닫게 되죠. 아무리 그래 봤자 불만이 해소되지 않는 한 노동자들은 투쟁을 계속할 테니까요. 자본가들은 결국 노조를 교섭 상대로 인정하고, 적당한 범위 안에서 파업권도 용인하죠.

현대 국가는 단체 행동에 따른 민·형사상 책임을 모두 면제해 줌으로써 이를 헌법적 권리로 보장합니다. 어떤 과정을 거쳐 그리되었는지는 영국 역사를 통해 이미 살펴본 바 있어요. 요컨대 단결 금지법으로 부정되던 노동조합이 1871년 존속을 인정받고, 1875년 쟁의 행위에 따른 형사 책임이 면제되고, 1906년에는 민사 책임까지 면제됐다는 거죠. 이는 다른 나라에서도 대부분 받아들여져 오늘에 이른 겁니다.

우리나라는 노조법 제3조(쟁의 행위 등에 따른 사용자의 손해 배상 청구 제한)와 제4조(쟁의 행위 등을 처벌하지 않는 '정당 행위'로 인정), 제81조(노동자가 정당한 단체 행위에 참가한 것을 이유로 불이익을 주는 행위 금지)에서 구현됐습니다. 다만, 폭력이나 파괴 행위는 정당한 행위로 보지 않아요.

단체 행동의 종류

단체 행동은 법률 용어는 아니에요. 노조법에서는 '노동 쟁의'와 '쟁의 행위'라는 두 가지 용어를 쓰고 있어요. 법에 나온 정의를 보면 노동 쟁의란 "노동 조건 결정과 관련해 노사간 주장의 불일치로 생긴 분쟁 상태"를 말해요. 쟁의 행위는 "노사가 주장을 관철할 목적으로 행하는 파업·태업·직장 폐쇄 등 업무의 정상적 운영을 저해하는 행위"를 뜻하죠. 그러니까 둘의 결정적 차이는 '상태'와 '행위'라는 점이에요. 그래서 단체 행동은 둘 중 쟁의 행위와 직접 관련이 있어요. 다만 쟁의 행위가 법률적 개념인 만큼 '쟁의 행위인 단체 행동'과 '쟁의 행위가 아닌 단체 행동'으로 나누죠.

먼저, 노조법에 규정된 쟁의 행위에 해당하는 단체 행동을 살펴보겠습니다. 그 핵심은 '업무의 정상적 운영을 저해하느냐' 여부예요. 파업, 태업, 피케팅, 생산관리 따위가 이에 해당하죠.

파업(strike) 노동조합의 통제 아래 그 조합원이 집단적으로 노무 제공을 거부하는 행위. 노동 조건 개선을 목적으로 하는 경제 파업이 가장 일반적이지만 법·제도 개선이나 정치적 요구를 내건 정치 파업, 외부의 파업에 연대하는 동정(同情) 파업을 들 수 있다. 방법에서는 조합원을 밖으로 내보내는 장외 파업과 시설을 점거하는 농성 파업, 출근 거부 파업이 있다. 규모로 보면 조합원 가운데 일부만 실행하는 부분 파업, 일부 지역만 실행하는 지역 파업, 전국·전 산업이 참여하는 총파업(general strike)으로 나뉜다. 이 밖에 노조 규약이나 본부의 지침과 무관하게 벌어지는 비공인 파업(wildcat strike)도 있다.

태업(사보타지) 겉으론 작업을 하면서 집단적으로 작업 능률을 떨어뜨려 사용자에게 손해를 입히는 행위

생산관리 사용자의 지휘명령을 거부하고, 운영 일체를 노조에서 관리하는 행위

피케팅 쟁의 행위를 효과적으로 하기 위해 파업 불참자의 작업을 가로막거나 제품·원료의 반출입을 저지하는 부수 행위

직장 폐쇄 사용자가 쟁의 행위에 맞서 공장·사업장을 폐쇄하는 행위

이 밖에 법원이 판결을 통해 쟁의 행위로 해석한 단체 행동이 있어요. 예컨대 점심시간 끝나기 5분 전에 일제히 식사하기, 배식 창구 한 곳만 이용하기, 단체로 화장실에 가서 한 칸만 사용하기, 집단적 통장 개설·예금·인출하기, 회사 간부 단체 면담, 단체로 의무실에 가서 약 타기, 집단적 조퇴·연월차·생리 휴가, 관행적 잔업의 집단적 거부 따위가 있습니다. 그렇다면 이런 행위(투쟁)를 쟁의 행위로 본다는 것은 무슨 뜻일까요. 노조법에 정한 조정 신청, 쟁의 행위 찬반 투표 같은 절차를 거쳐야 보호받을 수 있다는 애기죠. 큰 부담 없이 할 수 있겠다 싶어 무심코 실행했다가는 '불법 쟁의'라는 멍에를 쓸 수 있다는 겁니다.

반면 쟁의 행위에 해당하지 않는 단체 행동은 '업무의 정상적 운영을 저해하지 않는 행위'입니다. 정상 작업을 하면서도 단결력을 과시함으로써 조합원들의 자신감을 돋우고, 사용자 쪽에는 강한 경고를 보내는 단체 행동을 일컫죠. 흔히 말하는 '준법 투쟁', 다시 말해 법을 지키며 하는 투쟁 또는 법대로 하자는 투쟁이에요. 예컨대 출근 전·점심시간·휴식 시간·퇴근 후 집회·시위·농성, 휴식 시간 노동가요 부르기, 정시 출퇴근, 홍보 전단 배포, 작업을 하면서 할 수 있는 리본 달기, 몸 벽보, 작업복 뒤집어 입기, 넥타이 풀고 일하기 따위를 들 수 있어요.

쟁의 행위의 목적

여기서 굳이 쟁의 행위와 쟁의 행위가 아닌 행동을 나눠 본 것은 쟁의 행위를 하려면 그 목적과 방법, 절차가 관계 법령에 부합해야 하기 때문이에요. 그래야 민·형사상 면책이라는 보호를 받을 수 있거든요. 단체 행동권이 아무리 노동자의 기본권이라지만 민주적 사회 질서를 짓밟거나 사회 구성원의 생명을 위협하는 행위까지 보호할 순 없겠지요. 이때 문제가 되는 것은 법에 정한 목적·방법·절차가 합리적이고 현실적이냐 하는 거예요. 우리나라 노조법은 이 점에서 목적과 방법은 너무 비좁게, 절차는 너무 까다롭게 규정하고 있어요. 당연히 지키기가 너무 어렵고, 많은 경우 사용자 쪽에 편파적이에요.

우선 '노동 조건 결정에 관한 주장 관철'을 목적으로 하는 쟁의 행위만 정당한 것으로 인정해요. 그러니까 '임금·근로 시간·복지·해고 기타 대우 등'을 요구하는 쟁의 행위만이 합법이라는 얘기죠. 여기서 '기타 대우 등'이 무엇인지는 해석의 여지가 큰 편이라 주로 법원 판결에 따르게 돼요. 그런데 우리나라 법원은 이를 너무 좁게 해석하고 있어요. 그래서 사회 경제적 요구를 내건 단체 행동은 노동자의 삶과 직결돼 있더라도 대개 불법 판결을 내리죠.

당연히 국제 사회의 흐름과 동떨어진 거예요. 국제노동기구(ILO)는 단체 행동권이 노동 조건뿐 아니라 조합원의 이해관계에 영향을 미치는 사회 경제적 문제에도 적용될 수 있다고 봐요. 예컨대 한미 FTA 반대 총파업을 들 수 있어요. 당시 정부는 이를 '불법 정치 파업'으로 못 박았었죠. 그러나 한미 FTA가 불러올 사회적 파급력은 노동자의 삶에 엄청난 영향을 주죠. 그럼에도 법원과 행정 기관의 해석은 비좁기만 합니다. 사실 "귀에 걸면 귀걸이, 코에 걸면 코걸이" 식으로 일부러 불법으로 몰아가죠. 그러니 국제 사회가 우리나라를 '노동 인권 후진국'이라며 개선을 촉구하는 겁니다.

좀 씁쓸한 게 하나 있어요. 노조법에서는 오직 '노동 조건 관련'으로만 쟁의 행위를 할 수 있도록 돼 있어요. 그 밖의 목적으로 쟁의 행위를 해서는 안 된다는 뜻이죠. 그래서 어떤 쟁의 행위가 '그 밖의 목적'인지 아닌지는 해석의 여지가 있고, 최종적으로는 법원의 판결에 따릅니다. 그런데 굳이 '이런 목적으로 쟁의 행위를 해선 안 된다'고 명시한 조항이 딱 하나 있어요. 이른바 '무노동 무임금' 조항이죠. 노조법 제44조 2항은 '노동조합은 쟁의 행위 기간에 대한 임금의 지급을 요구하여 이를 관철할 목적으로 쟁의 행위를 하여서는 아니 된다'고 나와 있어요. 이렇게까지 할 만큼 중요한 문제일까요? 쟁의를 마무리하면서 노사가 알아서 결정하면 될 일이죠. 이 법이 사용자에 편파적이라는 걸 보여 주는 조항 중 하나입니다.

쟁의 행위 절차와 방법

다음은 쟁의 행위를 하기 위해 거쳐야 하는 절차입니다. 노조법 제41조는 쟁의 행위에 필요한 절차로서 '조합원의 직접·비밀·무기명 투표에 의한 조합원 과반수의 찬성'을 요구하고 있어요. 그런데 이 쟁의 행위 찬반 투표만 통과하면 되느냐면 그게 아니에요. 쟁의 행위에 이르기까지는 온갖 걸림돌이 깔려 있어요.

우선 '조정 전치'라 하여 조정 절차를 거치지 않으면 쟁의 행위를 할 수가 없습니다. 교섭이 결렬되면 보통의 경우 노조는 의결 기구를 통해 노동 쟁의 발생을 결의해요. 이는 이제 언제든 쟁의 행위에 들어가겠다는 경고이자 스스로의 다짐이죠. 그러나 적어도 10일은 기다려야 합니다. 노동위원회에 노동 쟁의 조정 신청을 하면 조정 기간(일반 사업 10일, 공익사업 15일) 동안은 쟁의 행위가 금지되기 때문이죠. 그래서 예전엔 이를 '냉각 기간'이라고 부르기도 했어요.

노동위원회가 마련한 조정안은 노사 어느 한 쪽이라도 거부하면 효력이 생기지 않습니다.

그럼 조정 기간이 지나면 이제 쟁의 행위를 해도 되냐고요? 잠깐만요. 이번엔 중재의 벽이 가로막고 있어요. 노사가 함께 신청하거나, 단체 협약에 따라 한쪽이 신청하면 노동 쟁의는 중재로 넘어가고, 그 뒤 다시 15일 동안 쟁의 행위가 금지돼요. 다행히 중재로 넘어가는 경우는 그리 흔치 않습니다. 역시 노동위원회가 중재를 맡는데, 중재 재정(중재안)은 조정안과 달리 노사가 거부할 수 없고, 그 자체로 단체 협약과 같은 효력을 지니죠.

중재의 벽까지 넘으면 쟁의 행위 찬반 투표 결과에 따라 쟁의 행위에 들어갈 수 있습니다. 천신만고 끝에 여기까지 왔지만 아직 안심하기는 일러요. 먼저, 주요 방위 산업체의 전력, 용수, 방산 물자 생산 업무에 종사하는 자는 쟁의 행위가 금지돼요. 둘째, 긴급 조정이 기다리고 있습니다. 긴급 조정이란 공익사업이나 국민경제·국민 생활을 위협하는 쟁의 행위를 조정하는 제도예요. '공익사업'이란 정기노선 여객 운수 사업 및 항공 운수 사업, 수도·전기·가스·석유정제 및 석유 공급 사업, 공중위생·의료·혈액 공급 사업, 은행·조폐 사업, 방송·통신 사업을 말합니다. 긴급 조정이 결정되면 즉시 쟁의 행위를 그쳐야 하고 30일 동안 재개할 수 없어요. 셋째, 방법 면에서 폭력이나 파괴 행위, 폭행이나 협박, 주요 시설 점거, 안전 보호 시설 저해 행위, 필수 유지 업무 저해 행위 등은 금지됩니다.

우리나라는 파업 한 번 하기가 이렇게 어렵습니다. 사법 기관이 마음만 먹으면 어떤 파업이든 구실을 붙여 불법으로 만들 수 있을 정도예요. 노조법을 보면 절차나 방법에서 사소한 꼬투리를 잡아 불법 행위로 만들기가 식은 죽 먹기거든요. 그래서 노조 간부 활동을 제대로 하려면 웬만한 사법 처리쯤은 각오해야 하는 형편이죠. 그러나 정상적인 민주 국가에서는 쟁의 행위 자체를 처벌하지 않아요. 그 과정에서 벌어진 폭력 따위는 그 행위자를 형법상 범죄로 처벌할 뿐이죠. 우리나라처럼 쟁의 행위 와중에 폭력이 벌어졌다는 이유로 쟁의 행위 자체를 형사 처벌하지는 않아요. 국제노동기구(ILO)에서도 "누구도 평화로운 파업을 조직하고 참여하였다는 사실만으로 형사 제재를 받거나 그들의 자유를 박탈당해서는 안 된다"고 밝히고 있습니다.

이때 문제가 되는 건 온갖 구실을 붙여 불법 쟁의로 둔갑시킨 다음이에요. 불법 쟁의는 쟁의 행위가 아니므로 노동관계법이 적용되지 않습니다. 형법상의 여러 죄목을 갖다 붙이는데 특히 '업무방해죄'를 남용하죠. 이 문제는 ILO가 관련법 개정을 여러 차례 권고했을 정도예요. 이 밖에 사용자들이 쓰는 수법을 살펴보면 첫째, 각종 가처분을 남발해요. 업무방해 금지 가처분, 명예·신용 훼손 금지 가처분, 집회·시위 금지 가처분 따위가 그거예요. 둘째, 손해 배상 청구와 가압류예요. 손해를 보전하는 게 목적이 아니라 조합원을 위협함으로써 쟁의 행위 참여를 주저하게 만드는 효과를 노린 거죠. 셋째, 각종 형사 고소를 남발함으로써 조합원들이 끊임없이 경찰서를 드나들도록 하는 겁니다.

파업을 바라보는 눈

지금까지 우리는 단체 행동이 노동자에게 아주 중요한 기본권임을 알 수 있었습니다. 그러나 우리나라 노조법은 쟁의 행위를 못하도록 온갖 장애물을 깔아 놨어요. 사용자들은 이를 철저히 악용해 노조를 탄압하고요. 이렇게 봤을 때 노조법은 노동 쟁의 보호라는 면에서는 차라리 없느니만 못한 법이에요. 실제로도 노조법 제1조(목적)에는 "노동 쟁의를 예방·해결함으로써 산업 평화의 유지와 국민경제의 발전에 이바지함"을 목적으로 한다고 밝히고 있으니까요.

그런데 전혀 다른 의미에서 법이 있으나 마나 했던 때도 잠깐 있었죠. 1987년 노동자 대투쟁부터 1989년까지가 그랬어요. 노동자들이 워낙 억눌려 온 탓에 이때 노동 쟁의가 봇물처럼 터져 나왔죠. 한 해 수천 건이나 되었으니까요. 그런데 당시 노동 쟁의는 법에 정한 절차를 거의 지키지 않았어요. 조합원 찬반 투표에서 통과되면 곧바로 파업에 들어가는 식이었죠. 지금보다 더 까다로웠던 절차 규정을 지키기가 불가능했기 때문이에요. 그런데도 '불법 쟁의'로 사법 처리된 경우는 거의 없었죠. 수천 건이나 되는 노동 쟁의가 대부분 '불법'이다 보니 사법 기관이 도저히 손을 쓸 수가 없는 지경이 된 거예요. 당시 노동자들은 역설적으로 "악법은 어겨서 고치자! 불법으로 투쟁하자!"고 외쳤습니다.

어떤 사람은 '무법천지'라는 말을 떠올릴지도 모르겠네요. 그러나 당시 상황을 직접 겪었던 제 기억으로는 도시 기능이 마비되거나 나라 경제에 엄청난 타격을 주는 일 따위는 일어나지 않았어요. 공장 점거 파업이 흔했지만 시설 파괴는 거의 없었죠. 이웃 노동자와 사회단체 회원들의 지지 방문 같은 연대 활동이 활발했어요. 파업 집회는 질서 정연했고요. 오히려 노동자들의 투쟁에 흠집을 내려는 언론의 왜곡 보도가 더 문제가 됐죠.

지금은 그때에 견줘 쟁의 행위 횟수도 한 해 100건 안팎으로 줄었고, 노사 양쪽이 적법성을 면밀히 따지는 분위기죠. 그럼에도 파업에 대해서는 여전히 부정적인 이미지가 강한 게 현실이에요. 여러분의 생각도 아마 비슷할 거예요. '파업' 하면 나라 경제를 해치는 일, 과격한 행동을 서슴지 않는 파괴 행위, 다들 어려운데 제 욕심만 챙기는 이기주의 따위가 떠오르겠죠.

이렇게 된 데는 언론 보도 탓이 커요. 일부러 파업의 부정적인 면만 골라 다루는 경우가 많거든요. 경기가 불황이거나 나라 경제가 어려우면 "경제가 이렇게 어려운데 무슨 파업이냐?" 이래요. 정작 경제가 좀 잘 돌아간다 싶으면 정

반대로 "경제 회복 국면에 파업을 해서 찬물을 끼얹는다"고 합니다. 대체 언제 파업을 할 수 있다는 건가요? 심지어 "월드컵이 열려 외국 손님이 많이 찾으니 파업을 자제하라"거나 "이 가뭄에 웬 파업이냐?" 같은 논리도, 근거도 없는 억지까지 끌어댑니다. 한마디로 "파업은 어쨌든 안 돼!" 이거죠.

어쩌다가 파업까지 하게 됐는지, 노동자들이 무엇을 요구하는지 따위는 무시해 버려요. 파업을 하려면 노동자 스스로도 엄청난 고통을 감수해야 하거든요. 심신이 고달픈 건 둘째 치고 당장 수입이 끊기니 살림이 어려워져요. 파업이 길어지면 생각지도 못했던 고통이 몰려들죠. 이런 내용은 언론 보도에서 쏙 빠져 버려요. 심지어 사소한 충돌 장면 같은 걸 교묘히 편집해서 이미지 조작까지 저지르죠. 그래서 파업이 정당하다거나 불가피하다는 언론의 논조는 거의 찾아보기가 어렵습니다.

언론의 이 같은 태도는 어디서 비롯된 것일까요? 언론사도 다름 아닌 언론 노동자를 고용하고 있는 자본이기 때문이에요. 기자나 아나운서가 자기 뜻대로 기사 쓰고, 뉴스를 전하는 게 아니란 건 잘 아실 거예요. 편집 책임자부터 '데스크'라 불리는 제작 지휘자에 이르기까지 조직적 통제를 받거든요. 최고 경영자 역시 인사권을 무기로 보도 태도에 커다란 영향을 끼칩니다. 게다가 언론사의 수입원은 기업 광고 비중이 절대적이에요. 그러니 설령 편집 책임자가 공정하게 보도하고 싶어도 유력 광고주인 거대 자본의 압박을 뿌리치기가 쉽지 않아요. 물론 자본과 정부의 압력을 뿌리치고 공정하게 보도하는 언론도 있긴 하지만 한계가 많아요. 그런 신문은 아직 소수예요. 방송 또한 노동조합을 중심으로 공정 보도에 애를 쓰지만 최고 경영자 인사권을 쥔 정부의 지배와 간섭에서 자유롭지 못한 형편이죠.

사람들은 대부분 파업 현장을 직접 보지 못하고 신문이나 방송, 인터넷 같은 언론 매체를 통해 그 소식을 접하거든요. 언론 매체의 보도 태도나 논조가 사람들의 의식에 직접적인 영향을 미칠 수밖에 없죠. 따라서 이와 같은 언론 환경에서는 파업을 부정적으로 보는 사람이 많을 수밖에 없겠죠.

그렇다고 사람들이 모든 파업에 부정적인 건 아니에요. 상황에 따라서는, 그리고 노조가 하기에 따라서는 지지를 얻기도 합니다. 예컨대 1996년 개악 노동법 날치기 통과에 맞선 민주노총의 총파업이나 한미 FTA 반대 총파업 같은 경우가 그랬어요. 다수 국민의 공감을 얻거나 이해관계를 같이하는 경우라 할 수 있죠. 사실 노조의 파업은 대부분 국민 일반의 이해와 맞아떨어지는 경우가 많아요. 그런 명분이 없다면 노조로서도 쉽사리 파업에 나서기가 어렵거든요. 예컨대 임금 인상을 요구하는 파업이 일어났다고 치죠. 주민들은 파업 때문에 당장은 불편을 겪습니다. 그러나 파업이 성공해서 임금이 오르면 노동자의 구매력이 커져요. 그러면 소비가 늘어날 테니 지역 경제나 지역 주민에게도 보탬이 되는 겁니다.

설령 이런 이해관계가 없더라도 불편을 참아가며 파업을 존중하는 것이 나를 존중하는 길이에요. 파업이 무슨 오락도 아니고, 좋아서 하는 건 아니거든요. 나름대로 피치 못할 사정 때문이죠. 그건 누구나 마찬가지예요. 지금은 내가 파업 때문에 불편을 겪지만 나 또한 언제 파업 노동자와 비슷한 처지가 될지 모르잖아요. 이 점을 생각한다면 파업이 다시 보이게 될 겁니다. 심지어 파업 취지가 옳지 않다고 생각하더라도, 나의 기본권이 소중하듯 노동자의 기본권인 파업권도 존중하는 게 성숙한 시민 의식이에요.

9. 노동자를 위한 복지 제도에는 뭐가 있나요?

노동자와 사회 안전망

우리는 앞에서 실업, 그러니까 일자리를 잃는다는 게 얼마나 큰 고통인지 알 수 있었습니다. 그런데 뜻하지 않게 직장을 잃더라도 실업 급여를 받아 생활수준을 유지할 수 있다면 그나마 다행이겠지요. 아울러 정부 보조금을 받으면서 직업 재교육을 받을 수 있다면 우리 삶은 한층 인간다워질 거예요. 실제로 사회 진보를 이룬 나라들은 대부분 이런 제도를 갖추고 있어요. 이를 흔히 '사회 안전망' 또는 '사회 보장'이라 일컫습니다.

만약 사회 안전망이 없거나 제구실을 못한다면 노동자의 직장 생활은 살풍경이 될 수밖에 없겠죠. 한 번 실직하면 재취업을 자신할 수 없고, 아무런 도움 없이 오직 혼자서 대책을 세워야 할 테니까요. 그러니 일자리가 있을 때 한 푼이라도 더 벌려고 아등바등할 수밖에 없지요. 건강을 돌보고, 여가를 즐기며, 문화생활을 누리는 건 사치로 보여요. 기회만 있으면 잔업, 특근에 매달리느라 노동 시간은 늘어만 갑니다. 또한 그 직장은 나와 식구들의 생명줄이니 저임금과 악조건, 강압적 노무 관리에도 순응하게 되죠. 사용자의 부당한 통제나 불합리한 조치를 바로잡는 건 엄두도 못 내요. 섣불리 나섰다간 자칫 우리 식구 밥줄이 끊길지 모르니까요. 심지어 내 일자리를 지키는 길이라면 비정규직 노동자를 방패막이 삼는 이기적 행동도 마다하지 않죠.

반면 사회 보장 제도가 잘 갖춰져 노동자에게 제2의 기회가 주어진다면 어떨까요. 사람들은 직업을 선택할 때 무엇보다 자신의 가치관과 취향을 중시할 겁니다. 직업이나 직장을 바꾸게 되더라도 한결 여유가 있을 거예요. 우리 사회 또한 훨씬 너그럽고, 더불어 사는 세상이 되겠지요.

유럽에서는 실제로 일자리를 잃더라도 의료 혜택을 계속 받을 수 있습니다. 공공 임대 주택에서 계속 살 수 있고 주거 보조금도 끊기지 않아요. 실업 수당은 보통 실직하기 전에 받던 임금의 80%까지 지급됩니다. 나아가 국가 보조로 직업 재교육을 받고, 일자리를 구하는 데 많은 도움을 얻을 수 있어요. 그러나 이런 제도를 제대로 갖추지 못한 나라에서는 한 번 잡은 일자리를 절대 놓지

않으려 해요. 일자리를 잃는다는 건 모든 걸 잃는 거나 마찬가지니까요. 고용
보험 자격 요건도 까다롭고, 기간도 짧아요. 재취업도 정부의 도움을 거의 받
을 수 없습니다. 그래서 지금의 일자리에서 떨려나지 않으려 몸부림치는 거죠.
이렇듯 사회 안전망은 노동자에게 경제적 혜택 이상 가는 커다란 의미를 지닙
니다.

사회 보장의 역사

유럽 사회도 처음부터 사회 안전망을 갖추고 있었던 건 아니에요. 가장 먼저
산업 발전을 이룬 영국도 처음엔 자유방임주의 경향이 강했다는 거 기억하시
죠? 반면 후발 산업국 독일은 '철의 재상' 비스마르크(Bismarck, 1815~1898) 주
도로 강력한 노동 정책을 펼치죠. '사회주의 진압법'(1878년)으로 노동 운동을
억제하면서, 다른 한편으로는 노동자를 위한 복지 제도를 시행했어요. 이를테
면 '당근과 채찍' 전략을 쓴 거죠. 이때 도입된 것이 바로 사회 보험 제도예요.
사용자들의 반대를 무릅쓰고 사회 보험 3법, 질병 보호법(1883), 재해 보험법, 양
로·폐질 보험법(1884)을 만든 겁니다. 어린이와 여성 노동자만 보호했던 영국
공장법과 정반대로 독일의 사회 보험 3법은 성인 남성 노동자가 주요 적용 대상
이었어요.

여기서 보험이 뭔지는 아시죠. 재해나 사고를 당하면 생각 못 했던 치료비나
보상비 같은 경제적 부담이 생기잖아요. 그런 위협에 대비하고자 하는 사람들
이 조금씩 돈을 모아 두었다가 사고를 당한 사람을 보상하는 제도가 보험이잖
아요. 손해 보험, 생명 보험을 비롯해 다양한 보험 상품이 개발돼 있어요. 반면
사회 보험이란 개인 보험과 달리 국가가 사회 정책 차원에서 시행하는 보험이에
요. 개인 보험처럼 가입 여부를 자유롭게 결정할 수 없어요. 관련법에 따라 강

제로 시행되죠. 보험료도 기업과 국가가 함께 부담해요. 보험료 액수도 각 개인의 소득에 비례해 분담하기 때문에 소득 재분배 기능을 합니다.

독일에서 태동한 사회 보험 제도는 20세기 들어 유럽 각국으로 급속히 퍼져나가요. 영국에서는 노동자 재해 보상법(1897년)을 시작으로 국민 보험법(1911년)을 통해 본격적인 사회 보험 시대로 접어들죠. 그런데 사회 보험 제도는 노동자와 사용자가 보험료를 분담하고 국가가 보조하는 방식이에요. 그래서 보험료를 낼 여력이 없는 계층은 사회 보험 혜택을 누리기가 어려웠죠.

이에 따라 유럽에서는 2차 세계대전 이후 사회 보장을 실시합니다. 이는 세계 대공황을 거치면서 대다수 국가가 경제에 개입하게 된 결과이기도 해요. 미국에서는 1935년에 사회 보장법을 제정합니다. 공적 구제를 요구하는 대규모 기아 행진(1930년), 실업 반대 시위 행진 같은 움직임에 뒤이은 조치죠.

여기서 사회 보장이 무엇인지 좀 더 자세히 알아볼까요? 한마디로 국가가 국민 모두의 최저 생활을 책임지는 제도예요. 국민의 삶에 위험이 되는 빈곤, 질병, 생활 불안 따위에 대비해 국가가 부담하거나 보험 방법에 따라 마련하는 안전장치라 할 수 있죠. 그래서 사회 안전망이라고도 합니다. 보통은 위에서 살펴본 사회 보험에 공공 부조를 덧붙인 것으로 이해하죠. 우리나라는 여기에 '사회 복지 서비스' 개념까지 포함해요.

영국에서는 '베버리지 보고서'가 발표된 1942년부터 많은 사회 보장 제도가 도입되었습니다. 이 보고서는 최저 생활 보장을 권리로 선언하고, 사회 보장 개념에 처음으로 생존권을 집어넣었어요. 임금 노동자에 한정됐던 적용 범위도 전 국민으로 넓혔죠. 이에 따라 1944년 장애인 고용법이 제정되고 사회보장청이 설치됐어요. 오랜 역사를 지닌 구빈법이 폐지되고 '요람에서 무덤까지' 생애를 아우르는 사회 보장 체계가 마련된 거예요. 1945년에는 노동당이 집권하면서 이를 강력히 시행합니다. 가족 수당법(1945년), 국민 보험법, 국가 보건 서비스법, 국가 부조법(1946년), 아동법, 국가 부조법 규정, 고용·직업 훈련법(1948년)이 잇따라 제정된 거예요. 이로써 영국은 '복지 국가'의 출현을 알렸고, 이는 각국으로 빠르게 번졌습니다.

'복지 국가'는 포드-케인스주의라는 자본주의 축적 체제의 중요한 구성 요소가 되었습니다. 이것은 체제 위기에서 벗어나기 위한 자본주의의 자구책이기도 했어요. 세계 대공황과 두 차례 세계대전, 사회주의권 등장, 노동자 계급의 거센 저항 같은 위기 상황 말이죠. 어찌 보면 독일 비스마르크가 선보였던 '당근과 채찍' 전략과 같은 맥락이라 할 수 있죠. 여기서도 알 수 있듯 사회 보장 체계는 보통 사회 보험 제도를 바탕으로 사회 부조를 보탠 거예요.

한편 사회 보장 제도가 더욱 발전하고 세계로 퍼져 나가기까지는 국제노동기구(ILO)의 조약이나 권고도 한몫했습니다. 1952년 채택된 102호 조약은 사회 보장의 최저 기준을 설정했어요. 여기에는 의료·질병 급여부터 실업 급여, 노령 급여, 고용 상해 급여, 가족 급여, 모성(출산)급여, 폐질 급여, 유족 급여 등에 이르는 모든 영역을 아우르고, 그 기준이 제시돼 있습니다. 이를 통해 노동자를 비롯한 모든 국민이 인간다운 삶을 누릴 수 있도록 하자는 것이죠. 우선 노동 능력이 있는 사람에게는 반드시 취업 기회를 보장하고, 인간다운 노동 조건을 갖춰야 한다는 거예요. 아울러 노동 능력을 잃은 사람, 취업 기회를 잃은 사람에게는 사람답게 살 수 있는 사회 보장 혜택을 제공해야 한다는 겁니다.

그런데 사회 보장 제도, 특히 사회 보험 제도가 한 나라에 도입, 확대되는 방식은 크게 두 가지로 나타났어요. 하나는 주변부(저임금) 노동자에게 먼저 제도를 적용하고, 차츰 안정된 계층으로 넓혀가는 '상향식 모델'이에요. 주로 유럽에서 이 방식을 썼어요. 이와 반대로 공무원, 군인 같은 특수 직역과 안정된 노동자에게 먼저 적용하고, 차츰 주변부 노동자로 넓혀 가는 '하향식 모델'이 있어요. 이는 중남미와 우리나라에서 전형적으로 나타났죠.

우리나라 노동 복지 실태

그렇다면 우리나라 노동자들은 얼마나 사회 보장 제도를 누리고 있는 걸까요. 중소 영세 업체에 취업하려는 노동자들은 보통 '4대 사회 보험이 적용되는지'를 꼭 확인해요. 그만큼 사회 보험이 노동 조건에서 큰 몫을 차지한다는 거겠죠. 여기서 4대 사회 보험이란 고용 보험, 산재 보험, 국민 건강 보험, 국민 연금을 말해요. 이에 대해 간략히 살펴보면 다음과 같습니다. (2012년 기준)

고용 보험 정리 해고 같은 고용 조정을 이유로 직장을 잃은 실업자에게 실업 급여를 주고, 직업 훈련 등을 위한 장려금을 기업에 지원하는 제도. 사업주와 노동자는 임금의 일정 비율을 보험료로 납부. 실업을 당한 노동자는 나이, 보험 가입 기간에 따라 임금 총액의 50%까지 실업 급여를 받을 수 있음. 수급 기간은 90~240일. 실직을 당하면 고용센터에 신고하고 2주 안에 수급 자격 여부 확정. 자격 인정 뒤에는 1~4주마다 고용센터에 나가 실업 인정을 받아야 실업 급여(구직급여)가 지급됨. 실업 인정이란 적극적으로 재취업 활동을 한 사실을 신고해 인정받는 것임. 큰 잘못이나 불법 행위를 저질러 해고됐을 경우, 정당한 사유 없이 스스로 직장을 그만둔 경우에는 실업 급여를 받을 수 없음.

산재 보험 산업 재해로 부상 또는 사망한 노동자와 그 가족을 보호, 보상하는 제도. 원래 근로기준법상 사용자의 재해 보상 책임을 보장하기 위한 보험. 국가가 사업주한테 거둔 보험료로 산재 노동자를 보상함. 산재 보험 보상 업무는 근로복지공단에서 맡고 있음. 보험 급여는 요양 급여(4일 이상의 요양 기간에 대해 요양비 전액 지급), 휴업 급여(요양으로 취업하지 못한 기간 평균 임금의 70% 지급), 장해 급여(재해 치유 뒤 장해가 남는 경우 장해 정도에 따라 지급), 간병 급여(치유 뒤 간병을 받는 자에게 지급), 상병 보상 연금(장기 환자에 대해 휴업 급여 대신 지급), 유족 급여(산재 사망자 유족의 생활 보장을 위해 지급), 장의비(장례에 들어간 비용 지급), 직업 재활 급여(산재 노동자의 재취업 촉진을 위해 지급).

국민 건강 보험 질병이나 부상으로 한꺼번에 많은 진료비가 들어 가계에 큰 부담을 주는 것을 막기 위한 보험. 국민이 낸 보험료를 기금으로 필요 시 급여를 지급함으로써 위험을 나누고, 의료 서비스를 제공하는 사회 보장 제도. 개인의 경제적 능력에 따라 일정한 보험료를 부과해 재원을 마련. 납부한 보험료 액수와 관계없이 필요한 급여를 받음으로써 소득 재분배 기능을 수행.

국민 연금 가입자가 퇴직과 같은 사유로 수입원을 잃었을 때 일정한 소득을 보장하는 제도. 18세 이상 국민이 일정 기간 보험료를 낸 뒤 만 60세부터 연금을 받는 것이 기본. 연금 급여로는 노령 연금(나이가 들어 소득 활동에 종사하지 못할 경우 60세부터 평생 동안 매월 지급), 장해 연금(치유 뒤 심신의 장애가 남았을 때 이에 따른 소득 감소분을 보전), 유족 연금(가입자 또는 수급자가 사망하면 '기본 연금액 40~60% + 부양가족연금액'을 유가족에게 지급), 사망 반환 일시금(장제 보조적, 보상적 성격의 급여) 네 가지가 있음. 연금액은 하후상박 구조여서 고소득자가 저소득자보다 백분율이 낮음.

그런데 취업할 때 4대 보험이 적용되는지 꼭 알아본다는 것은 적용되지 않는 사업장이 꽤 된다는 뜻이에요. 앞서 보았듯 비정규직 노동자 가운데 상당수가 실제 4대 보험을 적용받지 못해요. 사회 보험이 절실한 사람은 정작 저소득층

인데 말이죠. 어쩌다가 이런 일이 벌어졌을까요.

우리나라에 사회 보장 제도가 도입된 것은 1960년대입니다. 1960년 개정 헌법에서 '국가의 사회 보장 노력'을 처음으로 명시했고, 1963년 '사회 보장에 관한 법률'을 만들었어요. 현행 사회 보장 기본법은 사회 보장을 다음과 같이 정의하고 있습니다. '질병·장애·노령·실업·사망 등 각종 사회적 위험으로부터 모든 국민을 보호하고 빈곤을 해소하며 국민 생활의 질을 향상시키기 위하여 제공되는 사회 보험, 공공 부조, 사회 복지 서비스 및 관련 복지 제도.'

이 중 사회 보험은 1964년에 시행된 산업재해보상 보험(산재 보험)과 건강 보험(1977년), 국민 연금(1988년), 고용 보험(1995년)이 있습니다. 여기에 공무원 연금과 군인 연금, 사립학교 교원 연금까지 더하면 사회 보험은 일곱 가지예요. 공공 부조로는 1961년부터 생활 보호 제도를 실시해 오다가 2000년 10월부터 '국민 기초 생활 보장 제도'로 바뀌었어요. 이는 국가가 빈곤 계층의 생계, 주거, 교육, 의료 같은 기초 생활을 보장하는 제도죠. 소득이 최저 생계비에 못 미치는 가구가 대상이고, 부족액을 국가가 보전해 줘요.

이렇게 되기까지는 위에서 밝혔듯 '하향식' 과정을 밟아 왔어요. 사회 보험을 보면 공무원·군인·교사 같은 안정된 집단에 가장 먼저 적용했죠. 이어 500인 또는 300인 이상 대기업 노동자에게 적용한 뒤 차츰 그 대상을 넓혀 왔어요. 그 결과 일용직, 임시직 같은 비정규직 노동자가 많은 소규모 사업장은 사회 보장 제도에서 소외됐죠. 이렇게 된 데는 다음과 같은 우리나라 사회 보장 제도의 특징도 한몫했어요.

첫째, 급여 수급권, 다시 말해 사회 보험 혜택은 보험료 납부 실적에 달려 있어요. 보험료를 내지 않거나 밀리면 혜택을 주지 않는 거죠. 가령 건강 보험료를 석 달 이상 내지 않으면 급여가 중단돼요. 건강 보험 혜택이 끊겨 의료비를 지원받지 못한다는 얘기죠. 심각한 건 이런 사람이 수백만 명이나 될 뿐 아니라 갈수록 늘고 있다는 사실이에요. 둘째, 보험 관리가 어렵다는 이유로 임시직, 파트타임 같은 비정규직 노동자를 사업장 가입 대상에서 제외하고 있어요. 셋째, 보험 재원을 대부분 가입자의 보험료에 의존한다는 점이에요. 건강 보험을 빼고는 사실상 국고 지원이 없는 형편이죠. 그러면 보험료 부담이 늘어날 수밖에 없어 납부를 회피하는 부작용이 생기게 돼요. 넷째, 사회 보험 관리 운영 기관이 제각각인 점도 문제예요. 가입자 처지에서는 한 가지 소득에서 보험료가 빠져나가요. 그런데 보험 행정은 4곳으로 나뉘어 제각각 운영되고 있거든요. 그래서 행정 착오나 서로 아귀가 안 맞는 일이 적잖게 벌어지죠.

기본 소득

사회 보장 제도의 기본 취지는 사회 구성원 모두에게 인간다운 삶을 보장하자는 겁니다. 그런데 관리 체계가 너무 복잡하고, 낭비적이며, 제도 사이의 연계망은 구멍이 숭숭 뚫려 있어요. 그 바람에 서비스에서 소외되거나 불이익을 받는 일이 종종 벌어지죠. 특히 문제가 되는 것은 비정규직처럼 사회 보장 혜택이 절실한 계층에게 오히려 적용되지 않는 현실이에요.

이에 따라 사회 보장 체제의 대안으로 '기본 소득(basic income)'이 주목받고 있어요. 기본 소득은 국가가 모든 국민에게 아무런 조건 없이 최소한의 생계비를 보장하는 제도예요. 가령 직장이 없어 일을 못 해도, 아니 그렇기 때문에 나라에서 월급을 주는 거죠.

우리에게는 아주 낯선 제도라 좀 황당하게 들릴 수 있겠지요. 하지만 유럽을 비롯해 많은 나라에서는 벌써 도입을 검토하고 있습니다. 브라질은 지난 2004년 세계 최초로 시민 기본 소득법을 제정해 단계적 시행에 들어갔어요. 미국

알래스카 주는 1980년대 초부터 1년 넘게 거주한 모든 주민에게 해마다 기본 소득과 비슷한 '배당금'을 지급하죠.

많은 나라에서 기본 소득제를 적극 고려하고 있는 데는 고용 사정 변화가 자리 잡고 있어요. 과거 고도성장 시대에는 지금처럼 고용 사정이 나쁘지 않았어요. 완전 고용에 가까웠죠. 국가는 사회 복지만 관리하면 됐어요. 경기 불황이 닥치면 직업 훈련이나 고용 보험 같은 응급조치로 위기를 넘겼고요. 문제는 실업 급여를 비롯한 보험 급여를 실제 도움이 되는 수준으로 맞추려면 보험료 부담도 커질 수밖에 없다는 거예요. 그 결과 사회 보험 제도가 더욱 절실한 저임금 노동자층은 혜택을 보지 못하고 있어요.

게다가 앞서 보았듯 '고용 없는 성장' 때문에 일을 하고 싶어도 일자리가 없는 사회 경제 체제가 굳어지고 있어요. 이전처럼 노동과 소득이 직결되지 않게 된 거예요. 고용 보험도 우리나라의 경우, 길어야 8개월 실업 급여를 받은 다음엔 뾰족한 수가 없어요. 따라서 고용 없는 성장에는 전혀 새로운 복지 체계가 필요하죠. 그중 하나가 바로 기본 소득이라는 겁니다.

기본 소득은 복잡한 세금 제도와 사회 보장 제도를 단순하게 고치고 묶어 냅니다. 전체 소득에 세금을 물리고, 국민은 저마다 나이와 건강 상태에 따라 기본 소득을 지급받죠. 따라서 이 제도를 시행하려면 아무래도 재원 마련이 중요한 열쇠가 돼요. 각종 복지 제도 통합, 세금 제도 개편 같은 방안이 나오고 있습니다.

기본 소득제가 시행되면 사회 구성원들은 적어도 생존을 걱정하지 않아도 돼요. 수많은 사람을 구제해 다시 일할 수 있도록 도와주죠. 노동자는 자본에 굴종하지 않아도 되고요. 마찬가지로 여성은 남성에게, 실업자는 정부 관리(실업 수당)에게 종속되지 않을 거예요. 나아가 가족의 생명줄인 가장이 사망하거나 실직하더라도 생계 걱정을 덜 수 있습니다.

기본 소득은 무엇보다 위기에 맞서 새롭게 도전할 수 있는 용기를 불어넣어 줄 겁니다. 절대 빈곤 상황에서 과감한 변신, 창조적 활동은 '그림의 떡'일 뿐이죠. 고용주의 필요에 맞춰온 기술 교육, 전직 훈련 내용도 실직자 개인의 의욕적인 도전을 고려하게 될 겁니다. 나아가 가장 중요한 직업 선택 기준도 임금 수준에서 자기실현 쪽으로 차츰 바뀔 거예요. 기본 생계와 인간의 존엄성이 보장되므로, 노동자들은 일자리를 지키는 데만 매달리지 않을 겁니다.

이쯤 되면 "일하지 않는데도 기본 소득을 지급한다? 그럼 누가 일하려 하겠는가?" 의문이 들 겁니다. 풍족한 소비 생활을 할 수 있을 만큼 기본 소득을 지급한다면 그 지적이 옳겠지요. 하지만 기본 소득은 말 그대로 기초 생활을 보장하는 수준에서 액수가 설정됩니다. 그렇기 때문에 사람들은 그동안 해 오던 일을 그만두지 않을 거예요. 실업자도 새로운 일자리가 생긴다면 기꺼이 취업할 겁니다. 다만 생계의 절박함을 모면하려고 내키지 않는 일이나 불리한 노동 조건을 감수하는 일은 없을 겁니다. 저마다 하고 싶은 일을 할 수 있도록 해 주는 제도가 바로 기본 소득인 셈이죠. 아울러 나라 경제 전반에도 좋은 영향을 주죠. 기본 소득이 지급됨으로써 사회 전체의 구매력이 커져 내수가 증진되고, 결국 일자리도 늘어날 것이기 때문이죠.

10. 노동과 정치는 무슨 관계인가요?

노동 운동의 세 가지 영역

노동자들은 노동조합을 중심으로 단결합니다. 그리고 이 단결된 힘으로 사용자한테서 임금 인상이나 노동 시간 단축 같은 노동 조건 개선을 이끌어 내죠. 그러나 이 과정에서 사용자에 편파적이고, 노동자에 불리한 법·제도의 벽에 부닥칩니다. 아울러 행정 기관, 경찰을 비롯한 공권력의 부당한 개입과 탄압에 억눌리기도 하죠. 이런 문제를 해결하려면 노사 관계를 넘어 제도 개선이나 법 개정이 필요해요. 나아가 권력 구조를 바꿔 내는 일도요.

이를 위해 노동자들은 사회 활동, 정치 활동에 나설 수밖에 없어요. 그런데 자본의 이해에 충실하고 노동에는 적대적인 세력이 집권하고 있는 경우가 많아요. 심지어 노동자 계급에 우호적인 정치 세력이 아예 없을 수도 있죠. 상황이 이렇다면 노동자들이 자신의 정당을 만들어 직접 정치에 참여하고 집권을 꾀하게 돼요. 만약 영향력 있는 노동자 정당이 존재하지 않는다면 어떻게 될까요? 노동자들은 산업, 지역, 직종, 지위, 성별에 따라 저마다 자신의 이해관계를 추구할 거예요. 그러면 노동자 계급의 힘이 분산돼 성과를 얻어 내기 어렵게 됩니다.

우리는 이제 '노동 정치'에 대해 알아보려고 합니다. 노동자와 정치라······. 둘의 연결 고리를 찾기가 좀 어색한가요? 아마 여러분이 생각하는 정치와 노동의 세계는 거리가 멀 거예요. 늘 말쑥한 정장 차림에 근엄한 표정과 품위 있고 매끄러운 말솜씨. 이것이 여러분이 떠올리는 정치인의 이미지겠죠. 노동자는 작업복이나 수수한 차림새, 구슬땀을 흘리며 기계를 만지거나 컴퓨터 자판을 두드리는 모습, 붉은 머리띠를 두르고 팔뚝을 추켜올리며 구호를 외치는 집회 장면으로 떠오를 거예요. 역시 정치하고는 거리가 멀다고 생각하겠죠.

그러나 노동조합만이 노동 운동의 전부는 아닙니다. 물론 대부분이 노동조합 활동 영역인 건 분명하죠. 실제로 노동자 계급의 자주적 조직은 오랜 역사를 거쳐 사실상 노동조합으로 굳어졌죠. 노동관계법도 노동조합을 유일한 합법 조직으로 간주하고 있고, 제도 또한 그걸 전제로 마련돼 있잖아요. 그래서 노동조합이 중요하지만 노동 운동의 일부인 것도 사실이죠. 그럼 또 어떤 노동 운동이 있느냐? 정치 운동(노동자 정당)과 생산·소비조합이 있습니다. 요컨대 노동조합은 노동자의 이해를 관철하기 위한 조직으로, 노동자 정당은 자본주의 체제에 대항하고 새로운 체제와 가치를 실현하기 위한 조직으로, 생산·소비조합은 자본주의와는 다른 생산 양식과 소비 형태, 경제 질서가 통용되는 조직으로 존재해 온 것이죠.

노동자 정당 운동

노동 운동은 처음부터 노동자의 삶 전반을 활동 대상으로 삼았어요. 따라서 경제 활동뿐 아니라 사회 활동, 특히 정치 활동도 활발하죠. 눈여겨볼 점은 노동 운동이 원래부터 정치적 성격을 띠었고, 정치 영역에 강하게 끌릴 수밖에 없다는 사실이에요. 노동 운동이 '정치 세력화'를 추구해 온 이유는 뭘까요? 산업 현장은 자본의 논리, 이윤의 논리가 지배합니다. 그러나 정치 영역은 1인 1표의 민주주의 원리가 작동해요. 노동 운동은 사실 노동자 수가 중요한 자산인데, 같은 힘을 들여도 정치 활동 쪽이 훨씬 더 성과적이라는 얘기죠. 노동자 계급 전체로 봐서는 자본과 싸워 사소한 경제적 이익을 따내기보다 정치 활동을 통해 사회 임금(복지)을 확보하는 게 훨씬 낫다는 거예요.

민주주의 발전의 역사는 노동 정치가 발전하고 영향력을 키워 온 과정이나 마찬가지예요. 이를 통해 선거권이 확대되고 사회 보장 입법이 늘어나 민주주의 내용이 풍부해진 거죠. 이 점에서 노동자 정당이 등장하고, 더러 집권까지 하게 된 것은 노동자 정치 세력화의 절정을 이룹니다. 브라질 노총(CUT)과 노동자당(PT)을 예로 들 수 있어요.

군부 정권의 지배를 받던 1970년대 후반, 브라질 노동자들은 기존의 보수 야당에게는 희망이 없다고 여겼어요. 그렇다고 운동과 투쟁만으로는 정책 결정에 영향을 미칠 수 없고, 정치권에 노동자의 이익을 반영해야 한다는 결론에 다다르죠. 1979년 금속 노동자 대회에서 노동자당 창당 논의에 들어가 1980년 2월 PT당이 공식 창당됩니다. 실제로 노동자 당원의 비중이 매우 높았어요. 최초로 선출된 중앙 집행 위원 12명 가운데 8명이 노조 시도사였으니까요. 노조 간부들도 조합원들의 입당을 적극 권유하는 활동을 펼쳤죠. 하지만 초기에는 정당보다는 노조 활동에 더 힘을 쏟았어요. 1983년에 우리나라로 치면 민주노총에 해당하는 전국 중앙 조직(CUT)이 결성됐는데, PT당 최고위직에 있던 노조 지도자들이 노조 선출직에 다시 출마한 게 대표적이죠. 둘의 관계는 정당이 노조를 좌우하는 게 아니라 서로 독립성을 인정하고 기능을 나눕니다.

PT당에는 노동자 말고도 가톨릭 교회 조직과 인종차별 반대 운동, 여성 운동, 인권 운동, 동성애 단체 활동가도 다수 참여하고 있어요. 당의 이념으로는 '사회주의'를 채택했는데, 이는 마르크스-레닌주의(20세기 사회주의)나 유럽식 사회 민주주의와는 다른 길이었어요. 자본주의 체제 변혁을 추구하면서도 폭력 혁명을 통한 집권은 거부한 거죠. 그리고 실제 활동에서는 이념보다는 노동자 계급의 현실적 요구 실현에 더욱 집중하는 경향을 보였어요.

이런 가운데 PT당은 당원 수가 1982년 25만, 1987년 40만, 1990년 70만 명으로 늘어나는 등 빠르게 성장합니다. 아울러 1982년부터 각종 공직 선거에 참여해 하원 의원과 자치 단체장을 배출하는 등 꾸준히 지지율을 늘려가요. 특히 금속노조 위원장 출신으로 PT당을 이끌어온 룰라(Luiz Inacio Lula da Silva, 1945~)는 1989년 대통령 선거를 시작으로 세 차례 낙선 끝에 2002년과 2006년 연속으로 당선됐어요. PT당으로서는 창당한 지 22년 만에 집권에 성공한 거죠.

브라질의 경우 말고도 역사에서는 노동자의 정치 활동, 정치 세력화가 꾸준히 이루어져 왔습니다. 그런데 그 과정이 늘 구상한 대로 매끄럽게 진행되거나 성공적인 건 아니었어요. 무엇보다 노조와 정당의 성격이 다른 데서 비롯되는 문제가 적지 않았죠. 노조 운동은 같은 직업 또는 같은 산업 노동자의 단결을 기반으로 하는 활동이에요. 반면 정당 운동은 추구하는 가치 체계와 사회를

룰라 대통령 (1945~)

초등학교 4학년 중퇴,
구두닦이
선반공
손가락 절단
금속 노조 위원장
투옥
노동자당 창당
상파울로 시장
브라질 대통령
과감한 복지 정책으로 브라질 경제 부흥

252

보는 관점을 집약한 강령을 바탕으로 움직이죠. 따라서 가치 체계와 사회 인식이 다르면 정당은 분열하고 대립하게 돼요. 이 경우 그 후폭풍에 시달려야 하는 노동조합은 정당이 분열되는 걸 경계하죠. 때문에 형식상으로는 정당과 거리를 두고 중립을 표방하면서 필요하면 정당에 압력을 행사해요. 그러나 실제로는 정당과 긴밀한 관계를 유지합니다.

특히 계급적 귀속 의식(연대 의식)이 강한 유럽 노동자들은 사회주의(좌파) 정당을 지지하는 경향이 강합니다. 다시 말해 노동자 계급이 사회주의(좌파) 정당의 지지 기반이 되는 셈이죠. 영국노동당과 영국노총(TUC)의 관계가 그렇고, 프랑스의 3대 노총 CGT, FO, CFDT는 각각 사회당과 공산당, 가톨릭 정당과 긴밀한 관계를 유지해요. 독일(서독)에서는 2차 대전이 끝난 뒤 정당과 공식 관계를 거부하고 통일 조직인 독일노총(DGB)을 결성합니다. 노동 운동은 노동조합 중심의 산업적 노동 운동, 노동자 정당 중심의 정치적 노동 운동, 이렇듯 두 날개를 펼치는 게 보통이죠. 이런 식으로 노동 정치가 자리를 잡으면 노동조합은 자신의 활동을 경제적 영역(노동 조건과 제도 개선)에 집중하고, 정치 활동은 차츰 노동자 정당에 맡기는 경향이 있습니다.

우리나라의 노동 정치

우리나라에서는 한국노총이 오랜 기간 어용 조직으로서 집권당의 일방적 지지 부대 노릇을 해 왔습니다. 1987년 "호헌 철폐! 독재 타도!"를 외치는 민주화 운동이 물결칠 때 발표된 한국노총의 '호헌 지지 선언'은 어용 노조의 상징으로 남아 있어요. 그러나 1987년 노동자 대투쟁 뒤 어용 논란이 거세지자 이런 관행도 차츰 바뀌게 되죠. 일방적인 집권당 지지 흐름에서 벗어나 다양한 길을 모색하게 된 거예요.

먼저 정치 기류에 따라 상대를 바꿔가며 유력 정당과 '정책 연대'를 맺는 것입니다. 예컨대 1997년 대통령 선거에서는 당시 야당이던 김대중 후보와 정책연대를 맺었는데, 2007년 대통령 선거에서는 그 상대가 한나라당 이명박 후보로 바뀐 거예요. 정책 연대란 정당은 집권 뒤 시행할 노동 정책을 약정하고, 노조는 그 대가로 선거에서 그 정당을 지지하는 협약을 말해요. 한편 2004년에는 민주사회당이라는 독자 정당을 창당해 총선에 참여했으나 소득이 없었어요. 여기서 알 수 있는 것은 한국노총은 이념이나 강령보다는 '집권이 유력한 정당'과 손을 잡아 왔다는 사실이에요. 굳이 이름을 붙이자면 정치적 실리주의라 할 수 있겠지요.

이에 견줘 노동 운동의 또 다른 축인 민주노총은 비교적 일관된 정치 행로를 걸어왔다고 할 수 있습니다. 민주노총은 1995년 출범하면서 강령에 '노동자 정치 세력화'를 명시함으로써 정치 활동 방향을 굳히죠. 1996~97년에는 여당의 '노동법 개악 안' 날치기 처리에 맞서 총파업을 벌이게 돼요. 이 파업은 연인원 수백만이 참여한 가운데 한 달 넘게 펼쳐져 범국민적 지지와 세계적 주목을 받았어요. 하지만 노동법은 끝내 노동자들이 바라는 대로 개정되지 못했어요. 국회 안에 노동자를 제대로 대변할 국회의원이 한 명도 없었던 거죠.

민주노총은 정치 세력화에 더욱 힘쓰게 돼요. 1997년 대통령 선거에서는 진보적 정치인들과 함께 국민승리21이란 선거 조직을 꾸리고 독자 후보를 내세웠지만 1.2%를 얻는 데 그쳤죠. 민주노총은 여기서 그치지 않고 2000년 1월 민주노동당 창당을 주도합니다. 우리나라에서는 노동자가 주축이 되고, 노동조합이 결의해 정당을 설립한 건 그때가 처음이었죠. 민주노총의 정치 세력화 전략에는 브라질 PT당의 경험이 많은 참고가 됐어요.

민주노동당은 이후 '정책 정당'으로서의 면모를 쌓아 나가게 돼요. 이어

2002년 대통령 선거에도 독자 후보를 출마시켜 3.9%의 지지를 얻습니다. 기대에 못 미치는 결과였지만 가능성을 확인하게 되죠. 그리고 2년 뒤인 2004년 치러진 국회의원 총선거에서는 10명의 국회의원을 당선시키는 성과를 올립니다. 그러나 2006년 지방 선거 결과는 기대에 크게 못 미쳤고, 2007년 대통령 선거도 득표율이 3%로 뒷걸음질 치죠. 이에 따른 당내 갈등이 극단으로 치달으면서 끝내 분당으로 이어집니다. 2008년 치러진 총선에서는 5석을 얻는데 그쳐 정치적 영향력도 크게 줄어들죠. 결국은 2011년 진보정당 재편 과정에서 해산하게 돼요. 민주노동당을 통한 민주노총의 정치 세력화 실험은 이것으로 일단락되었습니다.

우리나라 노동 운동은 지금 중대한 시험대에 올라 있어요. 노동조합 조직률이 해가 갈수록 줄어들어 이제 한 자릿수로 떨어졌어요. 심지어 노조 간부나 주요 활동가들이 부정 비리나 각종 추문을 일으키는 일까지 종종 벌어지죠. 그 결과 양대 노총 체제로 이루어진 현재의 노동조합이 과연 전체 노동자 계급을 대표할 수 있는지 회의가 일고 있어요. 근로 대중의 신뢰도 예전만 못하고요. 게다가 노동 정치 영역에서마저 뚜렷한 비전을 제시하지 못한 채 혼란에 빠진 모습을 보이고 있어요. 그래서 '노동 운동의 재구성'을 바라는 목소리가 노동 운동 안팎에서 자꾸만 커져 가고 있습니다.

1. '알바'하려는 10대들에게

노동은 자기 정체성을 만드는 일

세상에는 '세대 관념'이라는 것이 있습니다. 신분, 성별과 달리 나이를 기준으로 사람들을 무리 짓고 나누는 개념이죠. 신세대, N세대, 88만 원 세대 따위의 조어가 여럿 있지만 가장 기본이 되는 세대 관념은 바로 '어른'과 '아이(어린이)'예요. 한자 용어로는 성인과 미성년(연소)자가 되겠죠. 그렇다면 어른과 아이는 어떻게 나눌까요. 잘 아시겠지만 그건 시대에 따라 조금씩 달랐어요. 근대 이전까지는 보통 2차 성징이 나타나 육체적으로 성숙하는 순간부터 어른으로 여겼어요. 대략 열댓 살 무렵부터 어른 대접을 하면서 사회적 책임도 지운 거죠. 그건 동서양이 모두 비슷합니다.

그러다가 20세기에 들어설 즈음 '청소년(10대, teenager)'이라는 개념이 생겨나요. 육체적으로는 성숙기에 접어들었으나 가정과 사회의 보호 속에서 어른이 될 준비가 더 필요하다고 본 거죠. 그 기간이 영어 단어에 'teen'이 공통으로 들어가는 13~19세(thirteen~nineteen)와 얼추 맞아떨어졌어요. 이제는 그 시기도 어린 시절로 여기게 됐습니다. 이건 무슨 뜻일까요. 아까 말한 사회적 책임에서 벗어난다는 얘기예요. 쉽게 말해 '노동의 의무'를 지우지 않는 거죠. 자연히 일하는 나이가 늦춰지고, 더 오래도록 부모의 보호를 받게 돼요.

그 대신 청소년에게는 다른 책임이 주어졌습니다. 그것은 바로 자신의 정체성을 만드는 일이에요. 정체성이 무엇인지는 이 책 첫머리에서 알아보았죠. 한마디로 내가 어떤 사람이 될지를 정하는 거잖아요. 자신이 바라는 삶을 그려 보면서 인생관과 세계관을 다듬죠. 장래 직업으로 무엇을 선택할지 여러 가지로 따져 봅니다. 이를 위해 여러 분야의 지식을 탐구하면서 자신의 적성을 가늠해 보기도 해요. 견문을 넓히는 여행, 건강을 지키는 운동, 균형 잡힌 정서와 감수성을 가다듬는 예술 활동 따위도 중요하죠. 동성 또는 이성 친구와 사귀면서 의미 있는 관계를 맺기도 합니다.

그러나 우리 사회는 안타깝게도 청소년들에게 이런 삶을 허락하지 않고 있어요. 입시 위주의 경쟁 교육을 말하려는 게 아니에요. 물론 그것도 청소년들의

청소년,
질풍노동의 시기

우리나라 고등학생 37.4% 알바 경험

어깨를 무겁게 짓누르긴 하죠. 그런데 여기서는 그런 일을 '하고 싶어도 할 수 없는' 경우예요. 적지 않는 청소년들이 집안 형편 때문에 청소년다운 삶을 누리지 못하는 게 숨길 수 없는 현실이에요. 그 대신 노동이라는 버거운 짐을 지는 거죠. 앞에서도 살펴봤지만 고등학생 가운데 37.4%가 아르바이트를 해 봤고, 중학생도 20%를 넘는다고 해요. 청소년들의 노동 현실은 전국교직원노조(전교조)가 지난 2011년 전국의 고등학생 1,681명을 상대로 벌인 실태 조사에서도 그대로 드러났어요. 이 조사에 따르면 고등학생들이 아르바이트를 하는 건 절반 정도가 '경제적인 이유', 다시 말해 돈을 벌기 위해서라고 답했어요. 사회생활을 경험하고 싶다(14.9%)거나 특별한 동기가 없다(23.3%)는 경우보다 훨씬 많지요.

청소년기에 할 수 있는 가장 바람직한 노동 형태는 노작 활동이나 봉사 활동 같은 교육 목적의 노동이라 할 수 있어요. 위 조사 항목 가운데서 찾자면 '사회생활 경험'이겠죠. 그러나 현실은 그렇게 여유 있어 보이지 않아요. 절반에 이르는 청소년이 아르바이트하는 이유로 '돈벌이'를 꼽잖아요. 부모님의 수입만으로는 식구 모두의 생활을 꾸리기 어려운 탓이겠죠. 용돈 벌이가 되었든, 가계에 보태든 결국 마찬가지예요. 그러니 앞에서도 얘기했듯 성인 노동자의 저임금을 없애야만 청소년들이 '돈벌이 노동'에서 벗어날 수 있습니다. 하지만 이윤의 논리가 지배하는 자본주의 사회에서는 사실상 불가능한 일이죠.

현실이 그렇다면 차라리 청소년 아르바이트를 있는 그대로 드러내는 게 나아요. 은어나 비속어로 들리는 '알바'라는 어정쩡한 용어도 '청소년 노동'이란 정확한 이름을 찾아 주어야 합니다. 비록 성인 노동자보다 짧은 시간 일한다고 하더라도 일하는 동안은 엄연히 노동자예요. 사용자가 시키는 대로 일하고, 임금을 받잖아요. 학기 중에 하는 시간제 아르바이트는 앞에서 살펴본 바에 따르면 단시간(시간제) 노동이라고 할 수 있죠.

그러나 청소년 상당수가 노동하는 현실을 감추고 싶은 것일까요. 학교도, 교육 당국도, 노동관청도 마치 청소년 노동이 없거나 한 것처럼 사실상 손을 놓고, 심지어 문제를 덮기에만 바쁘죠. 청소년 노동을 주제로 한 특강이나 교내 상담 같은 안내 활동도 찾아보기 힘들어요. 노동 당국 또한 연중 한두 차례 반짝 점검이나 캠페인 말고는 사업장 관리 감독에 손을 놓고 있는 형편이죠. 그러니 청소년 노동자들 상당수가 법적 보호 제도, 노동 기준 같은 걸 제대로 알지 못합니다. 나아가 고용주의 법 위반이나 인권 침해도 끊이지 않고 있어요.

특성화(전문계) 고등학교 3학년 학생들의 현장 실습도 마찬가지예요. 아니 아무런 법적 보호 장치가 없어 훨씬 심각합니다. 저임금, 장시간의 가혹한 노동에 시달리면서도 실습생이라는 이유로 인권이 무시되기 일쑤예요. 어리다고 깔보고, 심지어 성희롱도 흔하게 벌어지죠. 그래도 한마디도 벙긋할 수 없으니 '노예 노동'에 비견될 수 있었어요. 학교에서는 그저 "힘들고 어렵더라도 참아야 한다. 가서 말 잘 듣고 일하라"고 다독일 뿐이죠. 오래전부터 이런 현실이 문제가 되자 지난 2007년부터는 현장 실습 파견 요건을 크게 제한하는 내용의 정부 개선책이 시행되기에 이릅니다. 그런데 이명박 정부가 들어서면서 이 개선책은 1년 만에 폐지되고 말았어요. 당연히 그 문제점도 되살아났죠. 급기야 2011년 말에는 자동차 회사에서 현장 실습 중이던 학생이 1주일에 72시간까지 혹사당한 끝에 뇌출혈로 쓰러지는 사건이 벌어졌어요. 이에 따라 정부가 진전된 개선 대책을 내놓았지만, 사용자들의 인식이 바뀌지 않는 한 이 개선 대책은 실효를 거두기 어렵습니다.

당당한 청소년 노동을 위하여

청소년 노동을 둘러싼 현실이 이렇듯 암담하니 노동을 보는 우리 10대들의 시각이 이 책 첫머리에서 보았듯 어둠침침한 겁니다. 앞으로 노동자로 살아갈 사람들이 미리부터 자기 존재를 부정하고 비하한다는 건 서글픈 일이 아닐 수 없어요. 거듭 말하지만 청소년 노동도 엄연히 노동이에요. 그런데 경제 정책, 사회 정책을 잘 못 해서 청소년들을 일하게 만든 위정자들이 되레 그걸 부정하죠. 자신의 자녀들은 '알바'를 할 일이 없으니 "기껏 몇 달, 길어야 한두 해 해 보고 마는 일"로 치부해 버려요. 그리고는 "세상 쓴맛 보는 것도 좋은 사회 경험"이라는 따위의 무책임한 소리를 늘어놓죠. 사회 주류의 분위기도 이렇듯 어정쩡하고, 청소년들은 아직 어린 탓에 자기 방어력이 떨어지니 고용주는 함부로 대해도 된다는 유혹에 빠지는 거예요.

자, 어떻습니까? 뭐가 문제인지 조금은 보이기 시작하죠. 우선, 여러분 스스로가 자신의 노동을 존중해야 합니다. 청소년으로서 노동하게 된 이유가 돈벌이든, 사회 경험이든 그래요. 고용주가 은혜를 베푸는 게 결코 아니거든요. 그들은 여러분의 노동력이 필요해서 사들이는 거예요. 여러분은 당당히 제값을 받을 권리가 있어요. 적어도 법에 정한 수준은 되어야 하고, 고용주는 그걸 지킬 의무가 있죠. 악덕 업주들은 흔히 "너 아니라도 일할 사람 많아!" 따위의 막말을 퍼붓죠. 하지만 '아니꼽고 억울해도 돈만 벌면 그만이니까 참자'거나 '어차피 경험 삼아 해 보는 거니 안 되겠다 싶으면 그만두지, 뭐' 이런 식으로 주눅 들 필요가 없습니다. 법에 정한 최저 기준도 안 지키고, 인권을 무시하는 그런 업체에서는 차라리 일을 하지 않는 게 나아요. 거기 말고도 일할 곳은 또 있거든요.

다음으로 여러분의 권리에 대해 제대로 알아야 합니다. 내 권리를 내가 모르는데 누가 챙겨 줄까요? 청소년을 고용하는 사용자들 가운데는 마음씨가 나빠서가 아니라 법·제도를 잘 모르는 경우도 제법 있거든요. 이때는 여러분이 자세히 알려 줘야 해요. 그러려면 여러분부터 최저 노동 조건이나 요건을 잘 알고 있어야겠죠. 그렇게 설명을 했는데도 법을 지키지 않겠다는 업체라면 마찬가지로 차라리 일을 하지 않는 게 좋아요. 그런 태도를 지닌 업주일수록 나중에 임금 체불 같은 위법 행위를 저지를 가능성이 높으니까요.

　여기서는 현행 법령을 중심으로 청소년 노동을 다룰 겁니다. 대부분의 내용이 앞의 2부에서 이어지게 되죠. 다만 2부가 보편적이고 일반적인 내용이었다면, 여기서는 실제로 도움이 되고, 바로 활용할 수 있는 내용 위주예요. 필요하다면 보편 원칙에 비춰 보거나 현행 법·제도의 문제점도 짚어 볼 거예요.

　그렇다면 청소년 노동을 보호하는 규범엔 무엇이 있을까요. 먼저 최고 규범

인 헌법 제32조는 5항에 "연소자의 근로는 특별한 보호를 받는다"고 밝혀 두었어요. 근로기준법은 이를 근거로 '제5장 여성과 소년'에서 비교적 자세하게 미성년자와 연소자 보호 조치를 규정하고 있죠. 청소년 노동과 관계가 있는 법률로는 이 밖에도 최저 임금법, 산업 재해 보상 보험법, 산업 안전 보건법, 남녀 고용 평등법, 청소년 보호법 등이 있고, 현장 실습 관련 법률로는 산업 교육 진흥법과 직업 교육 훈련 촉진법이 있어요.

청소년·연소자·미성년자

우리는 흔히 청소년, 연소자, 미성년자라는 세 가지 개념을 구별하지 않고 비슷한 뜻으로 섞어 씁니다. 그런데 법률 용어에서는 그것이 가리키는 연령대가 저마다 달라요. 한번 볼까요.

미성년자 민법은 만 19세 미만인 자를 '미성년자'라 규정하고, 미성년자의 법률 행위는 반드시 부모를 비롯한 법정 대리인의 동의를 받도록 하고 있음.

청소년 청소년 보호법은 만 19세 미만인 자를 '청소년'으로 규정해서, 여러 유해 업소 출입과 술, 담배 같은 유해 식품 판매 금지 등의 기준으로 삼고 있음.

연소자 근로기준법은 만 18세 미만인 자를 '연소자'로 규정하여, 성인 노동자와 다르게 여러 보호 규정을 적용하고 있음.

그런데 근로기준법은 연소자 기준만 적용하는 게 아니라 사안에 따라 나이 제한 규정을 자세히 나눠 놓았어요.

만 13세 미만, 일 시켜선 안 돼

예술 공연에 참가하는 경우를 빼고는 절대 일을 시켜선 안 됨.(시행령 제35조)

만 13세 이상~15세 미만, 취직 인허증 있어야

원칙적으로 일을 시켜선 안 되지만 취직 인허증이 있으면 가능.(제64조)

만 18세 미만

– 부모(후견인)의 동의서 필요. 이 동의서와 나이를 증명하는 가족 관계 증명서는 누구라도 볼 수 있게 갖춰 두어야 함.(제66조)
– 노동 시간은 하루 7시간~주 35시간 이하. 다만, 당사자 합의로 하루 1시간, 주 5시간까지 연장 가능.(제69조)
– 야간 노동(오후 10시~오전 6시)과 휴일 노동 금지. 다만 당사자가 동의하고 노동부 장관의 인가를 받으면 가능.(제70조)
– 도덕·보건상 유해·위험한 사업과 갱내 작업 금지.(제65, 72조)

만 20세 미만

– 친권자(후견인)가 미성년자의 근로 계약을 대리할 수 없음.(제67조) 미성년자의 계약을 법정 대리인인 부모가 대신할 수 있도록 한 민법 조항에 대한 특별 규정. 만약 근로 계약을 대신할 수 있으면 강제 노동에 시달릴 우려가 있기 때문. 반면 근로 계약이 미성년자에 불리한 경우 부모나 후견인, 노동부 장관이 이를 해지할 수 있음.
– 미성년자도 독자적으로 임금을 청구할 수 있음.(제68조) 사용자가 부모에게 임금을 지급했다 하여 강제 노동을 시킬 우려가 있기 때문.

2. 청소년 일자리는 어떤 게 있나요?

자기 나이에 맞는 일을 찾자

위에서 나이별 보호 규정을 살펴봤지만, '일할 수 있는 조건'만을 놓고 다시 한 번 간추려 볼까요.

만 18세 이상은 성인 노동자와 같은 대우를 받습니다. 따라서 특별한 제한이나 보호가 따르지 않아요.

만 15세, 16세, 17세는 일을 할 수 있지만 친권자(후견인)의 동의서가 있어야 해요.(317쪽 서식 참조) 이는 근로 계약을 할 때 부모가 관여하도록 함으로써 부당한 계약을 막으려는 취지예요. 아울러 청소년 나이를 입증할 수 있는 가족 관계 증명서(읍·면·동 사무소와 인터넷 등에서 발급)도 함께 제출해야 합니다. 사용자는 이 두 가지 서류를 모두가 볼 수 있도록 갖춰 두고 있어야 해요.

만 13세와 14세는 노동부 장관한테 취직 인허증을 받아야만 일을 할 수 있어요. 취직 인허증은 '15세 미만인 자의 취직 인허증 신청서'(316쪽 서식 참조)에 학교장·부모(후견인)를 표기하고, 청소년과 사용자가 될 자가 서명을 해서 지방노동사무소 민원실에 접수해요. 노동부는 주로 유해하거나 위험한 업무인지를 심사해 허가 여부를 결정하죠. 물론 친권자(후견인)의 동의가 필요하지만 취직 인허증이 있으면 '친권자 동의서'(317쪽 서식 참조)와 가족 관계 증명서를 갖추지 않아도 됩니다.

만 13세 미만은 예술 공연을 빼고는 절대 일을 할 수 없어요. 예술 공연인 경우도 취직인허증이 있어야 되고요.

자기 나이 계산하는 법

법령에 나온 나이는 만 나이를 뜻해요. 그러니까 법조문에 '00세 미만'이라 했을 때는 우리 나이로 00살이 아니라 만 00세를 말하는 거죠. 우리는 흔히 새해가 되면 한 살을 더 먹은 걸로 치지만, 만 나이는 월, 일까지 따져서 계산해요. 예컨대 생년월일이 2000년 11월 13일인 사람이 만 13세가 되는 때는 2013년 11월 13일이에요. 따라서 이 사람은 2013년이 되어도 11월 13일 전에는 취업을 할 수 없습니다.

청소년이 할 수 없는 일

일을 구하다 보면 해 보고 싶은 일도 있고, 꺼림칙하지만 돈을 많이 벌 수 있는 일에 끌리기도 해요. 그러나 심신의 준비가 모자라는 청소년기에는 커다란 부담이 되는 일을 피하는 게 좋아요. 청소년이 일을 할 수 있는 곳으로는 제조업체, 패스트푸드점, 술을 판매하지 않는 일반 음식점, 편의점, 주유소 같은 곳을 들 수 있어요. 시행령에 정한 다음과 같은 유해·위험 사업은 만 18세 미만의 청소년에게 일을 시킬 수 없어요. 따라서 다음과 같은 일자리에는 취업을 할 수 없습니다.

18세 미만 청소년이 할 수 없는 일

 – 고압 작업, 잠수 작업

 – 운전·조종 면허 취득을 제한하고 있는 직종 또는 업종의 운전·조종 업무

 – 교도소 또는 정신 병원 업무

 – 소각 또는 도살 업무

 – 유류를 취급하는 업무(주유는 제외)

 – 2-브로모프로판을 취급하거나 노출될 수 있는 업무

 – 그 밖에 고용 노동부 장관이 고시하는 업무

 – '청소년 보호법'의 청소년 출입·고용 금지 업소: 유흥주점, 단란주점, 비디오방,
   노래방, 전화방, 무도 학원업, 무도장업, 사행 행위 영업, 성기구 취급 업소

 – 청소년 고용 금지 업소: 숙박업, 이용업, 목욕장업 중 안마실을 설치하거나 개실
   로 구획한 곳, 담배 소매업, 유독물 제조·판매·취급업, 티켓다방, 주류 판매 목
   적의 소주방, 호프, 카페, 음반 판매업, 비디오물 판매·대여업, 종합 게임장, 만화
   대여업

근로 계약 기간

고용 계약을 맺어야 비로소 노동자와 사용자 관계가 성립합니다. 법률 용어
로는 '근로 계약'이죠. 모든 계약에는 '계약 기간'이 들어가는데 근로 계약
은 그 기간을 정하지 않는 경우가 많아요. 노동자가 스스로 그만두거나 사용자
가 해고하지 않는 한 고용 관계가 유지되는 거죠. 이게 정규직이라는 건 앞에서
살펴본 바 있죠. 만약 계약 기간을 정했다면 비정규직이라고 보면 돼요. 그런데
우리나라는 비정규직이 전체 노동자의 절반을 웃돌고, 청소년의 경우 그 정도
가 더 심해 97%가 비정규직으로 취업하는 실정이에요.

예컨대 '계약 기간은 2013년 7월 1일~2013년 8월 31일로 한다'고 하면 두 달 동안 일할 의무와 권리가 생기게 돼요. 이 기간에는 뜻대로 일을 그만둘 수는 있지만 함부로 해고할 수는 없어요. 거꾸로 2013년 8월 31일 뒤에는 노동자가 더 일을 하고 싶어도 사용자가 거절하면 할 수가 없게 되죠. 따라서 노동자 처지에선 계약 기간을 정하지 않는 고용 계약(정규직)이 가장 좋겠지요.

현장 실습을 가는 경우 계약 기간을 잘 살펴봐야 해요. 만약 현장 실습 기간 동안만을 계약 기간으로 정하면 사용자는 실습이 끝난 뒤 실습생을 고용할 의무가 없어요. 그런데 현장 실습이 끝난 뒤에도 계속 고용하겠다고 약속하거나, 취업 공고를 정규직으로 내는 경우가 있어요. 이런 경우는 사전에 근로 계약을 맺어야 합니다. 그래야 고용이 보장되고, 만약 그만두게 하더라도 부당 해고가 돼서 법률의 구제를 받을 수 있어요.

노동 조건 결정

여러분이 아르바이트를 하는 건 봉사 활동이 아니라 임금 노동입니다. 임금 노동의 목적은 한마디로 임금을 버는 거잖아요. 그만큼 중요한 것이 바로 임금입니다. 여러 차례 얘기했지만 임금은 노동력의 판매 가격이에요. 다른 상품처럼 그것을 구매할 사람과 흥정을 하게 되죠. 아직 경험이 없어 흥정은 못 하더라도 헐값에 팔 수는 없잖아요. 최소한 공정한 가격은 받아야겠죠.

사용자들 가운데는 임금이 후불이라는 점을 이용해 "남들 받는 만큼은 주겠다"거나 "섭섭지 않게 알아서 해주겠다." 또는 "월급으로 치면 대략 110만 원쯤 될 거다"는 식으로 얼버무리는 경우가 더러 있어요. 이럴 때는 정확한 액수를 확인해야 해요. 가끔 "어린 학생이 너무 돈을 밝힌다"고 핀잔 아닌 핀잔을 주는 사용자도 있어요. 하지만 이건 노동력을 제공할 사람에게 크나큰 결례예요. 만약 끝까지 정확한 임금 액수를 확인해 주지 않으면 그곳엔 취업을 포기하는 게 좋습니다.

사용자가 임금 액수를 알려 주면 우선 그것이 최저 임금 이상인지 확인해야 합니다. 그 방법은 나중에 알아보기로 하고요. 아울러 그 임금이 어떤 조건에서 지급되는지도 확인해야겠죠. 예컨대 어떤 일을 하나, 하루(1주일)에 몇 시간이나 일하나, 일은 몇 시에 시작해서 몇 시에 끝나나, 유급 휴일은 어떻게 되나, 퇴직금·상여금 지급 문제, 식비와 작업용품은 누가 부담하나, 안전·보건 장치는 구비돼 있나 같은 것 말이죠.

다른 업체보다 많은 액수를 주겠다고 했는데 알고 보니 그 조건이 좋지 않다면 결코 많은 게 아니에요. 가령 무척 힘든 일을 해야 한다든가, 하루 7시간이 아닌 9시간 일한 대가라든가, 심야 시간에만 일해야 한다든가, 식비는 없고 알아서 해결하라든가 하는 경우죠. 이 밖에도 사용자가 밝히는 모든 노동 조건을 꼼꼼히 따져 봐야 해요. 이 모든 게 관계 법령에 위배되지 않고, 다른 사업장에 견줘 봐도 괜찮겠다 싶을 때 근로 계약을 맺는 게 좋습니다.

근로 계약서 작성

자, 노동 조건이 받아들일 만하면 이를 한눈에 들어오게 정리해서 서로 확인해야겠죠. 그 내용을 말로만 약정하는 경우가 있는데, 그래도 근로 계약은 체결된 것으로 간주돼요. 다만, 근기법에서는 근로 계약을 체결할 때 다음 사항을 반드시 명시하도록 하고 있어요. 특히 임금의 구성 항목·계산 방법·지급 방법, 소정 노동 시간, 유급 휴일, 연차 유급 휴가 관련 사항에 대해서는 노동자가 요구하지 않더라도 반드시 서면으로 교부해야 합니다.(제17조, 시행령)

근로 계약 때 명시해야 하는 사항

임금, 소정 노동 시간, 주 1일 이상의 유급 휴일, 연차 유급 휴가, 취업 장소와 업무, 업무 시작·종료 시각, 휴게 시간, 휴가·교대 근무, 임금 결정·계산·지급 방법, 임금 산정 기간·지급 시기·승급(昇給), 가족 수당 계산·지급 방법, 퇴직에 관한 사항, 퇴직금·상여금·최저 임금, 식비·작업용품 등의 부담에 관한 사항, 노동자를 위한 교육 시설에 관한 사항, 산전후 휴가·육아 휴식 등 모성 보호 및 일·가정 양립 지원에 관한 사항, 안전과 보건에 관한 사항, 성별·연령·신체적 조건 같은 특성에 따른 사업장 환경 개선에 관한 사항, 업무상과 업무 외의 재해 부조(災害扶助)에 관한 사항, 표창과 제재에 관한 사항, 그 밖에 해당 사업 또는 사업장 노동자 전체에 적용될 사항, 기숙사가 있는 경우 기숙사 규칙.

그런데 서로 약속한 것을 지키지 않는 경우가 종종 생기게 마련이에요. 만약 사용자가 말로는 철석같이 약속해 놓고 그걸 지키지 않으면 어떻게 될까요? 다른 곳에 호소하거나 법적 대응을 하려 해도 그걸 입증하기가 쉽지 않겠죠. 이런 위험을 줄이기 위해서는 말만이 아니라 근로 계약서를 작성해서 한 부씩 지니고 있는 게 좋아요. 더욱이 근기법에서는 18세 미만인 청소년과 근로 계약을 맺을 때는 소정의 근로 조건을 반드시 서면으로 명시하도록 하고 있어요.(제67조)

그럼에도 사용자들 가운데는 "뭐 그리 복잡하게 서면 계약서까지 작성하나? 나를 못 믿겠다는 건가?" 하면서 이를 회피하는 경우가 있어요. 이런 경우에는 이 법 조항 때문에 나중에 벌금을 내게 될 수 있다는 점을 들어 사용자를 설득할 수도 있겠죠. 사실, 앞에서 본 전교조의 실태 조사에 따르면 아르바이트를 해 본 학생의 76%가 근로 계약서를 쓰지 않은 것으로 나타났어요. 아울러 18세 미만 학생의 64%가 친권자(후견인) 동의서를 제출하지 않았대요. 당연히 근기법 위반이죠. 특히 조그만 사업장에서는 근로 계약서 양식 자체를 준비해 두지 않는 곳이 있어요. 이 경우 노동부에서 마련해 놓은 '연소 근로자 표준 근로 계약서'(318쪽 서식 참조)를 바탕으로 손수 근로 계약서를 작성해 가는 것도 좋아요.

단시간(시간제) 노동자의 노동 조건

안타까운 사실은 청소년 노동자는 거의 비정규직으로 고용된다는 점이에요. 정규직으로 고용되는 경우는 채 3%도 안 된다고 해요.(2009년 기준) 고용 형태를 보면 단시간 노동이 53%, 기간제가 31%로 였어요. 방학 때가 아니고는 매일 7시간 이상 일하기가 힘들죠. 따라서 단시간 노동을 할 수밖에 없고, 그렇게 근로 계약을 맺게 됩니다. 단시간 노동은 흔히 파트타임, 시간제, 아르바이트 따위로 불리는 고용 형태예요. 사용자와 약정한 기준 노동 시간이 법정 노동 시간(하루 7시간~주 35시간)보다 짧은 경우죠.

단시간 노동자에게도 같은 일을 하는 정규직 노동자와 노동 조건이 똑같이 적용됩니다. 다만, 노동 시간이 짧으니 그만큼 적용 비율이 낮죠. 근기법에는 '통상 노동자의 노동 시간을 기준으로 산정한 비율에 따라 결정'한다고 규정돼 있어요.(제18조) 그 주요 내용을 한번 살펴볼까요.(시행령 제9조)

임금 산정 단위는 시간급을 원칙으로 하되, 일급으로 산정할 때는 1일 소정 노동 시간 수에 시간급을 곱합니다. 초과 노동에 대해서는 당연히 가산 임금을 지급해야 돼요. 아울러 주휴일, 연차 휴가, 여성에 대한 생리 휴가와 출산 휴가도 주어야 해요. 다만, 연차 휴가는 정규직처럼 '날짜'가 아니라 '시간' 단위로 계산합니다. 시행령에는 그것을 계산하는 좀 복잡한 수식이 나오는데 날짜로 환산하면 별 차이가 없어요. 하지만 연차 수당을 계산할 때는 시간에 비례해 액수가 줄어듭니다.

눈여겨볼 것은 사용자가 단시간 노동자와 근로 계약을 맺을 때는 반드시 근로 계약서를 작성해 노동자에게 내주어야 한다는 거예요. 거기에 명시해야 할 내용은 계약 기간, 노동일, 업무 시작과 종료 시작, 시간급 임금, 그 밖에 노동부 장관이 정하는 사항입니다. 이는 단시간 노동자는 계약 내용을 둘러싸고 다툼이 생길 소지가 더 많기 때문이죠.

3. 안전하게 일할 방법을 알려 주세요

우리는 흔히 "나는 이러저러한 조건에서 일하고 싶다"거나 "그런 조건에서는 도저히 일할 수 없다"는 얘기를 합니다. 여기서 말하는 조건이 바로 노동 조건이에요. 앞에 나온 '근로 계약 시 명시해야 하는 사항'이 다름 아닌 노동 조건이라고 보면 됩니다. 그 가운데서도 임금, 노동 시간, 노동 안전과 보건 같은 몇 가지가 중요하죠. 이에 대해서는 2부에서 이미 자세히 살펴봤어요. 여기서는 실제 적용되는 용례와 방법, 청소년 노동에 특히 중요한 내용을 알아보도록 하겠습니다.

임금과 노동 시간

최저 임금

근기법에 '임금은 얼마 정도를 줘야 한다'는 규정은 없어요. 노동자와 사용자가 알아서 계약하는 게 원칙이죠. 그러면 노동자가 너무 불리하기 때문에 최저 임금 제도가 생겼어요. 그런데 현실에서는 이 최저 임금이 청소년 노동자 임금의 기준이 되고 있어요. 성인 노동자보다 미숙하다는 이유 때문이겠죠. 물론 사용자의 시각이 많이 반영된 것이고, 그리 설득력 있는 건 아니죠.

아무튼 우리나라 최저 임금은 해마다 최저임금 심의위원회에서 새로 결정돼요. 2021년 1월 1일부터 12월 31일까지 적용되는 최저 임금은 시간급 8,720원(8시간 기준 일급 6만 9,760원)입니다. 이 액수도 해마다 바뀌므로 2022년 이후에는 새로 확인해야겠죠. 가까운 노동사무소 민원실을 찾거나 전화를 해서 물어보면 됩니다. 인터넷으로도 노동부 홈페이지(www.moel.go.kr)에 접속하면 쉽게 확인할 수 있어요.

임금 지급 방법

다음은 임금 지급 방법입니다. 근기법에는 "임금은 통화로, 노동자에게 직접, 그 전액을, 매월 1회 이상 일정한 기일을 정해 지급해야 한다"고 나와 있어요. 예컨대 주급이나 월급이 있을 수 있고, 보름에 한 번씩 주는 방법도 있겠지요. 그러나 두 달에 한 번 준다거나, 분기별 또는 계약 기간이 끝나는 날 한꺼번에 주겠다는 건 위법이에요. 또 임금을 현금으로 주지 않고 그 회사 제품으로 주거나, 노동 청소년의 부모에게 주거나, 임금의 일부를 적립금 따위의 명목으로 떼고 주는 것 역시 위법 행위입니다.

소정 노동 시간

이제 노동 시간에 대해 알아보겠습니다. 임금 얘기를 하다가 갑자기 노동 시간이라니 의아할 거예요. 물론 노동 시간은 그 자체로 매우 중요해요. 그에 대해서는 이미 자세히 알아봤죠. 그런데 노동 시간은 임금과 뗄 수 없는 관계거든요. 이때는 소정 노동 시간이 중요해요. 노동자와 사용자가 함께 정하거나 단체 협약 등에 명시하는 의무 노동 시간 또는 기준 노동 시간이죠. 이 시간이 임금 산

노동 시간

정의 기준이 돼요. 근기법에서는 이 노동 시간을 "1주 40시간, 1일 8시간을 초과할 수 없다"고 밝혀 두었어요. 그래서 보통은 '법정 노동 시간'이라고 부르죠.

그런데 만18세 미만의 청소년 노동자들은 신체적으로 성인보다 약하고 성장기에 있기 때문에 법정 노동 시간을 '1일 7시간, 주 35시간'을 초과하지 못하도록 제한했어요. 아울러 야간 노동(오후 10시~오전 6시)과 휴일 노동도 시킬 수 없어요. 다만, 노동자가 동의하고 노동부 장관이 인가하면 할 수 있죠.

초과 노동

법정 노동 시간 '1일 7시간, 주 35시간'은 그 시간을 한치도 어기지 말라는 게 아니에요. 물론 노동자는 그 이상 일할 의무는 없어요. 하지만 근기법에 나와 있듯 청소년 노동자가 동의하면 하루 1시간, 1주 5시간 범위에서 더 시킬 수 있어요. 이를 초과 노동이라 하는데 법률 용어로는 '연장 근로'예요. 그러니까 연장 근로까지 포함하면 하루 8시간, 주 40시간까지는 일을 시킬 수 있다는 얘기죠. 다만, 연장 근로 시간에 대해서는 임금을 더 줘야 해요. 여기에다 피로한 상태에서 더 힘들게 일하므로 50% 이상을 덧붙여 줘야 합니다. 이를 '가산 임금'이라고 하죠. 참고로 야간 노동과 휴일 노동에 대해서도 50% 가산 임금을 지급해야 합니다. 자, 그럼 임금 계산을 한번 해 볼까요.

임금 계산법

연장 노동

올해로 만 16세인 철수는 방학 기간 동안 시급 8,350원(2019년도 최저 임금)을 받고 규모가 큰 주유소에서 일하기로 계약했어요. 방학이라 좀 여유가 있는 편이어서 오전 9시부터 오후 6시까지 하루 8시간 근무하기로 했죠. 이 경우, 철수의 하루 일당을 계산해 볼까요.

① 철수는 만 18세 미만이기 때문에 법정 노동 시간이 7시간이에요. 여기에 해당하는 임금은 8,350원×7시간=5만 8,450원이죠.

② 나머지 1시간은 연장 근로이기 때문에 50%를 가산(8,350원×1시간×1.5)해서 1만 2,525원이 돼요. 이 둘을 더하면 철수의 하루 임금은 7만 975원이에요.

야간 노동

그런데 다른 노동자한테 사정이 생기는 바람에 근무 시간을 저녁 7시부터 새벽 3시까지로 바꿨어요. 얘기를 들어 보니 피치 못할 사정인 것 같아 철수도 동의를 했고, 사장이 노동부 장관의 인가도 받아 왔어요. 그럼 이 경우의 임금은 어떻게 될까요.

① 일단 7시부터 10시까지 3시간은 야간 노동이 아니니 시급이 그대로 적용돼요.(8,350원×3시간=2만 5,050원)

② 10시부터 새벽 3시까지는 야간 노동이니 50%가 가산돼요.(8,350원×5시간×1.5=6만 2,625원)

③ 여기다가 마지막 한 시간은 연장 근로니까 추가로 50%를 가산해요.(8,350원×1시간×0.5=4,175원) 그래서 이 경우 철수의 하루 임금은 2만 5,050원+6만 2,625원+4,175원=9만 1,850원이 되는 거예요.

휴일 노동

그러던 어느 날 다른 아르바이트생에게 급한 일이 생겼다면서 사장이 일요일 낮에 10시간 동안 일을 해 달라고 했어요. 얘기를 듣고 보니 어쩔 수 없는 사정이기에 동의를 하고 가게로 나갔어요. 하지만 이는 근기법 위반이에요. 금요일까지 이미 1주 법정 노동 시간인 40시간을 채운 상태에서 다시 10시간을 더 일하면 50시간이 됩니다. 이는 연장 근로 상한인 40시간을 넘기 때문에 근기법 위반이에요. 하지만 위법이라 하더라도 일한 시간에 대해서는 규정대로 임금을 지급해야 할 의무가 있어요. 이에 따르자면

① 일을 안 해도 원래 나오는 임금(8,350원×7시간=5만 8,450원)

② 이날 일한 10시간에 대한 정상 임금(8,350원×10시간=8만 3,500원)

③ 휴일 노동에 따른 가산 임금{(8,350원×8시간×0.5)+(8,350원×2시간×1.0)=3만 3,400원+1만 6,700원=5만 100원}

④ 그래서 이날 하루 철수의 임금은 5만 8,450원+8만 3,500원+5만 100원=19만 2,050원이 됩니다.

일급을 제시하는 경우

그런데 사용자들은 대체로 시급보다는 "일당 얼마" 식으로 하는 게 보통이죠. 이런 경우엔 시간 기준이 어떻게 되는지 확인해야 해요. 가령 "일당 6만 원을 주겠

다"고 했을 때는, 그게 몇 시간 기준인지가 중요해요. 사용자 중에는 근기법 규정을 잘 모르거나 알더라도 어물쩍 넘어가려는 경우가 더러 있거든요. 만약 "7시간 기준"이라고 하면 시급은 8,571원이 되는 거죠. 이 경우 낮 시간에 하루 8시간 일하기로 했다면, 50% 가산 임금이 포함된 1시간분 1만 2,856원(8,571원×1.5)을 더한 7만 2,856원이 하루 임금이 되는 겁니다. 그런데 "하루 8시간 일하는 조건으로 일당 6만 원을 주겠다"면 얘기가 달라져요. 추가 임금 1만 2,856원은 당연히 없는 거죠. 그렇다면 이 경우 시급을 환산해 내는 계산 식은 〈7*x*+1.5*x*=6만 원〉이 되겠죠. 결국 이때의 시급 *x*는 7,058원이 돼요. 그런데 이 액수는 2019년 최저 임금에 못 미치므로 최저 임금법 위반이에요.

휴게·휴일·휴가

밤낮 쉴 틈도 없이 공부에만 매달린다고 해서 성적이 좋아지는 건 아니죠. 일도 마찬가지예요. 쉬지 않고 일하면 능률도 떨어지고, 집중력이 약해져 실수가 잦아지고 자칫 사고가 일어나죠. 알맞게 쉬어야 심신의 활력을 유지해서 능률도 오릅니다. 이런 이유로 근기법에는 소정의 휴게·휴일·휴가를 주도록 하고 있어요.

휴게

휴게는 쉽게 말해 쉬는 시간이에요. 그 시간은 노동자가 알아서 하는 자유 시간이죠. 근기법에는 일하는 도중에 4시간에 30분 이상, 8시간에 1시간 이상 쉬는 시간을 주도록 하고 있어요.(제54조) 그런데 쉬다가도 손님이 오면 일을 해야 하거나, 작업을 해야 하는 이른바 '대기 시간'은 휴게 시간으로 보지 않아요. 이런저런 제한 없이 노동자가 자유롭게 쉴 수 있어야만 휴게 시간이 되는 겁니다. 그런데 점심시간을 휴게 시간으로 할 수 있어요. 그러니까 점심시간을 1시간 주면 휴게 시간이 없어도 되는 셈이죠.

휴일

휴일에 대해 알아볼까요. 근기법에는 '1주일에 평균 1회 이상의 유급 휴일'을 주도록 하고 있어요.(제55조) 이를 주휴일이라고 하는데 보통 일요일이에요. 그런데 주휴일은 1주 근무일을 다 채웠을 때만 주기 때문에, 만약 주중에 하루라도 결근을 하면 '무급'이 돼요. '유급' 휴일이란 임금을 받으면서 쉬는 날이에요. 주휴일 말고는 노동절(5월 1일)이 유일한 법정 유급 휴일이라고 했죠. 여기서 좀 의아하실 거예요. 우리나라는 이미 주 40시간 노동제(주 5일 근무제)를 시행하는데 왜 휴일이 이틀이 아니고 하루냐 이거겠죠. 물론 쉬는 날은 보통 토·일요일 이틀입니다. 그런데 토요일은 근기법상 유급 휴일로 하지 않아도 돼요. 다시 말해 일요일엔 쉬더라도 하루치 임금을 줘야 하지만 토요일에는 주지 않아도 된다는 뜻이죠. 왜 그럴까요? 앞에서 본 것처럼 근기법 제55조 '1주일에 평균 1회 이상'이라는 규정 때문이에요. 그래서 토요일은 '무급'이 되는 거죠. 그것도 휴일이 아니라 '휴무일'이라는 거고요. 만약 노조가 있다면 단체 협약으로 이틀 모두 유급 휴일로 할 수는 있어요. 그러니까 주 40시간 노동제를 도입하면서 이 조항을 '1주일에 평균 2회 이상'으로 바꿨다면 간단했겠죠. 하지만 그렇게 되면 임금 부담이 많아진다고 사용자 쪽에서 반대한 거예요. 그렇다면 어떤 차이가 있는 것일까요? 토요일에 그냥 쉬면 하루치 임금을 안 받으면 그만이죠. 문제는 그날 일을 하게 되는 경우예요.

첫째, 휴무일이라면 18세 미만 청소년에게 노동부 장관 인가 없이도 일을 시킬 수 있어요. 그러나 휴일이라면 인가를 받아야겠죠. 둘째, 취업 규칙이나 단체 협약에 토요일을 어떤 날로 규정하느냐에 따라 임금 액수가 달라져요. 어디 한번 볼까요.

올해 만 15세인 영희 역시 방학을 맞아 시급 8,350원(2019년도 최저 임금)을 받고 패스트푸드점에서 하루 7시간씩 일하기로 했어요. 그런데 이 가게가 토요일에도 문을 열기 때문에 영희 또한 어쩔 수 없다고 판단하고 토요일에도 똑같이 7시간 일을 하기로 했어요. 이때, 이 가게에서 토요일을 어떻게 규정하느냐에 따라 영희의 토요일 임금은 달라져요. 취업 규칙(사규)에 아무 규정이 없다면 관계 법령에 따라 휴무일이 됩니다.

토요일 임금 계산법

유급 휴일인 경우

영희는 기본급(시급)의 250%를 받습니다.

① 일을 안 해도 원래 나오는 임금 100%

② 이날 일한 임금 100%

③ 휴일 노동에 따른 가산 임금 50%. 그래서 이날 하루 영희의 임금은 8,350원×7시간×2.5=14만 6,125원이 됩니다.

무급 휴일인 경우

무급이기 때문에 일을 안 해도 나오는 임금이 없어요. 따라서 이 경우 위의 ①항목(일을 안 해도 나오는 임금 100%)은 빼야 합니다. 하지만 휴일이기 때문에 휴일 노동에 대한 가산 임금 50%는 적용되죠. 그래서 이 경우 영희의 하루 임금은 8,350원×7시간×1.5=8만 7,675원이 됩니다.

휴무일인 경우

일한 시간만큼 임금이 나오지만 휴일이 아니기 때문에 휴일 노동 가산 임금은 적용되지 않아요. 그런데 이날까지 일하면 영희의 1주일 노동 시간은 42시간(7시간×6일)이 되어 법정 노동 시간 35시간을 7시간 초과하죠. 따라서 연장 근로에 따른 가산 임금이 적용돼요. 그래서 (8,350원×7시간×1.5)=8만 7,675원이 됩니다.

휴가

끝으로 휴가를 살펴보겠습니다. 휴가도 '쉬는 날'이라는 점은 같지만, 휴일과 달리 날짜가 고정돼 있지 않아요. 이미 보았듯 근기법에 규정된 휴가는 '연차 유급 휴가'밖에 없어요. '1년간 80% 이상 출근한 노동자에게 15일'을 주도록 하고 있죠.(제60조) 그 뒤 2년마다 하루씩 휴가 날짜가 늘어나지만 25일을 넘지는 못해요. 또한 사용자가 휴가를 쓰도록 적극 권고했는데도 노동자가 이를 쓰지 않으면 남은 휴가는 소멸됩니다. 만약 사용자가 적극적인 조치를 취하지 않아 휴가를 쓰지 못했다면 남은 휴가에 대해 연차 수당을 지급해야 해요.

그런데 연차 휴가는 취업을 하고 나서 1년 뒤에나 생기는 거잖아요. 그럼 1년이 안 되었거나, 대다수 청소년들처럼 1년을 채우기 힘든 경우엔 휴가가 없는 것일까요? 그렇게 되면 꼭 쉬어야 할 때 '결근'을 할 수밖에 없어 여러 가지로 손실이 많아지겠죠. 이런 문제 때문에 아직 1년이 안 된 노동자도 1개월을 개근하면 1일의 유급 휴가가 생겨요.(제60조2항) 물론 안 쓰고 물론 안 쓰고 쌓아 둘 수도 있어요. 하지만 사용자가 1년 이내에 쓰도록 적극적으로 권고했는데도 안 썼다면 휴가는 소멸합니다.

법정 휴가로는 이 밖에 여성 노동자에게 월 1회 무급으로 제공하는 생리 휴가와 공휴일(300인 이상 사업장 2020년 1월 1일부터, 30인 이상 사업장 2021년 1월 1일부터, 5인 이상 사업장 2022년 1월 1일부터 적용)이 있고, 당연히 청소년에게도 적용됩니다.

사회 보험 적용

취업해서 일을 한다 했을 때 관심사 중의 하나가 사회 보험입니다. 여기에 가입할 수 있는 나이는 국민연금만 18세 이상일 뿐 나머지는 나이 제한을 두지 않고 있어요. 산재 보험은 모든 사업장 노동자에게 적용되고, 고용 보험은 월 소정 노동 시간이 60시간(주 15시간, 대략 하루 3시간) 미만인 단시간 노동자에게만 적용되지 않아요. 국민연금과 국민 건강 보험의 경우 여기에다 1개월 미만 고용되는 일용 노동자까지 제외됩니다. 이렇게 봤을 때, 청소년 노동자에게도 국민연금을 빼고는 대부분 사회 보험이 적용된다고 볼 수 있죠.

청소년에게는 특히 고용 보험과 산재 보험이 중요합니다. 그런데 고용 보험의 경우 가입 사업장에서 180일 이상 일해야 수급 자격이 생겨요. 따라서 짧은 기간 아르바이트를 하는 청소년들은 아무래도 혜택을 보기가 쉽지 않겠지요. 그러나 가능성이 낮다고는 하지만 사람의 미래는 어찌 될지 모르는 일이죠. 더욱이 고용 보험은 일정한 요건을 갖춘 사업장은 반드시 가입해야 하는 강제 보험이라는 사실을 기억해 둘 필요가 있어요. 이 섬은 산재 보험도 마찬가지고, 청소년 노동자에게는 특히 중요합니다.

잠깐! 4인 이하 사업장에서 일하세요?

지금까지 청소년 노동자 앞에 놓인 온갖 제약 조건을 피해 여기까지 오시느라 수고 많으셨어요. 그런데 하나 더, 진짜 중요한 관문이 하나 남아 있어요. 참으로 안타깝고, 답답하고, 한탄스런 일이지만 5인 미만, 즉 4인 이하 사업장에는 위에서 알아본 노동 기준 가운데 일부가 적용되지 않아요. 원래는 근기법이 적용되지 않는데 대통령령으로 일부를 적용할 수 있도록 한 거예요. 결국 근기법 규정 가운데 4인 이하 사업장 노동자를 차별하는 내용을 보면 다음과 같습니다.

4인 이하 사업장에서는 ……

해고: 사용자가 정당한 이유 없이 해고하더라도 법적 책임이 없어요.

연차·생리 휴가: 사용자가 연차 휴가, 생리 휴가를 주지 않아도 법적 책임이 없어요.

노동 시간: 사용자가 1일 8시간~주 40시간 노동 시간 규정을 적용하지 않아도 법적 책임이 없어요. 단, 만 18세 미만의 경우에는 1일 7시간~주 35시간 규정이 유효해요.

휴업 수당: 회사 사정으로 일을 못 했을 때 사용자가 휴업 수당(임금의 70%)을 주지 않아도 법적 책임이 없어요.

가산 임금: 연장·야간·휴일 노동 때 사용자가 50% 가산 임금을 주지 않아도 법적 책임이 없어요.

씁쓸하죠? 왜 5명을 고용한 사업장은 법이 적용되고, 4명은 안 되는 걸까요? 영세 업체는 가뜩이나 임금도 낮고, 처우도 나쁜 편이잖아요. 그런데 사용자 맘대로 해고해도 되고, 몇 시간이 됐든 가산 임금도 없이 일을 시켜도 된다니 이건 정말 너무한 처사가 아닐 수 없죠? 만약 이런 악조건 속에서만 유지될 수 있는 업체라면 차라리 노동자를 고용하지 못하도록 하는 게 낫지 않을까요? 하루빨리 근로기준법이 모든 노동자에게 적용될 수 있도록 해야 하겠습니다.

4. 일하기 전에 알아 두어야 할 것들

일을 하다 보면 근로 계약에 넣지 못한 뜻밖의 상황에 닥치게 돼요. 생각지도 못했던 사고를 당하거나, 느닷없이 해고되거나, 사용자가 계약 사항을 지키는 않는 따위의 일들이죠. 그건 청소년 노동자라고 예외가 아닙니다. 청소년이라고 해서 불행이 비켜 가는 것도 아니고, 사용자가 약속을 더 잘 지키는 것도 아니니까요. 사용자들이 다 그런 건 아니지만, 나이가 어리고 사회 현실을 잘 모른다는 점을 악용해 함부로 대하는 경우가 적지 않아요. 신분상의 불이익 조치나 차별 대우, 감시, 성폭력 같은 인권 침해 행위가 그거예요.

전교조의 실태 조사를 보더라도 아르바이트생들이 경험한 부당한 대우는 너무나 심각해요. 사업주의 일방적인 근로 조건 변경(56.7%), 임금 체불이나 삭감(26%), 성희롱·신체 폭력 같은 인격 모독(30.9%) 따위가 그거예요. 명백한 위법 행위죠. 그럼에도 청소년들은 제대로 보호받지 못하고 있어요. 이런 경우 일을 그만두거나 참고 일하는 등 스스로 손해를 감수하고 있죠. 누군가에게 도움을 받은 경우는 고작 7.7%, 교사의 도움은 0.2%에 지나지 않았어요.

이런 현실에 비춰 봤을 때 사용자의 부당한 행위와 인권 침해는 이제 '뜻밖의 상황'이라고 하기 어려워요. 아니, 충분히 예상되는 상황이라 할 수 있죠. 따라서 이에 대해서도 과거 사례 같은 걸 바탕으로 미리 이해하거나 대비해 두는 게 중요합니다.

사용자의 법률·계약 위반

"임금 지급을 자꾸 미뤄요"

사용자들이 다 그런 건 아니지만, (이 말을 참 많이 쓰게 되는군요. 앞으로는 이 말을 빠뜨리더라도 새겨들으시기 바랍니다) 근로 계약 때 약정한 사항을 잘 지키지 않는 경우가 더러 있어요. 임금 체불이 그렇습니다. 급여일이 됐는데, "회사에 급한 일이 생겨서 그러니 며칠만 기다려 달라"고 해요. 그럼 어떻게 되나요? 사람들은 대부분 신용 카드 대금이나 정기적 공과금 따위를 급여일에 맞춰 인출되도록 해 놓잖아요. 굳이 예금 계좌 거래가 아니라도 무얼 사거나, 돈 쓸 약속 같은 걸 급여일에 맞추게 돼요. 꼭 사고 싶은 걸 사고, 휴대 전화 요금도 내야해요. 임금이 안 나오면 이 모든 일이 틀어지는 거예요. 경우에 따라선 심각한 문제가 될 수 있고요. 따라서 '회사가 어렵다'는 건 합당한 이유가 될 수 없겠지요.

이렇듯 임금을 주기로 한 날짜에서 단 하루라도 지나거나, 날짜를 지켰더라도 전액을 주지 못하면 약정 위반이 되는데 이를 '임금 체불'이라고 합니다. 임금 체불은 노동자에게 크나큰 손실을 입히기 때문에 근기법에서는 이를 막기 위해 '상습 체불업자'에 대한 형사 처벌 말고도 '명단 공개' 조치까지 명시하고 있어요.(제43조의 2, 3) 밀린 임금은 빨리 돌려받아야 하고, 해당 업주는 응분의 처벌을 받는 게 마땅하죠. 이를 위해 노동자가 쓸 수 있는 방법으로는 행정적 구제와 사법적 구제, 그리고 조직적 대응이 있어요. 이에 대해서는 나중

에 자세히 살펴보겠습니다. (299쪽 참조)

"부모님을 모셔 와야 준대요"

사용자들 중에는 급여일이 되어 "나이 어린 너를 믿지 못하겠다. 부모님을 모시고 오면 보는 앞에서 주겠다"는 식으로 나오는 경우도 있어요. 어쩌다 보니 부모님 모르게 일하고 있는 청소년도 적지 않은데, 그런 경우라면 참 난처하겠죠. 하지만 사용자의 이런 요구는 아무 근거가 없어요. 근기법에는 오히려 앞서 보았듯 미성년자가 독자적으로 임금을 청구할 수 있다고 돼 있죠.(제68조) 따라서 사용자가 끝까지 이런 태도를 고집할 경우 임금 체불이 되는 겁니다.

"손실을 변상하라며 일부를 떼고 줘요"

음식점 서빙이나 계산대 일을 하다 보면 돈이 안 맞는 경우가 더러 생기죠. 또 일을 하다가 작업 도구나 기물을 파손할 수도 있고요. 어떤 사용자들은 이런 때 "그건 네 잘못이니 급여에서 까겠다"고 나오죠. 일부러 그런 것도 아니고, 더욱이 내가 잘못해서 그리된 게 아니라면 너무 억울하겠죠. 설령 순전히 내 잘못이라고 하더라도 그리 기껍지는 않아요. 왜 안 그렇겠어요. 사용자는 어디까지나 계약 상대방일 뿐 잘잘못에 대해 결정할 위치에 있지 않아요. 더욱이 그 손실액이 정확히 얼마인지 산정할 자격이 있는 것도 아니고요. 설령 사용자의 그런 판단이 합당하다고 하더라도 그건 위법 행위예요. 여러 차례 얘기했지만 근기법은 임금을 노동자에게 직접, 그 전액을 지급하도록 하고 있으니까요. 만약 사용자가 노동자 잘못으로 손해를 봤다고 생각한다면 손해 배상 소송 같은 사법 절차를 따로 거쳐야 해요. 한편 '노동자가 계약을 위반할 우려가 있다'는 이유로 임금의 일부를 '적립금' 따위 명목으로 떼고 주는 경우도 같은 맥락에서 위법이에요. 또 '지각 세 번이면 하루 일당 공제', '한 달도 안 돼 그 만두면 월급 없음' 같은 부대조건도 마찬가지죠. 근기법은 이를 '위약 예정'이라 하여 금지하고 있어요.(제20조)

"계약 내용과 다른 요구를 해요"

사정이 생겨 일을 하게 됐지만 공부도 소홀히 할 수 없습니다. 그래서 일하는 시간을 되도록 짧고, 공부에 방해가 되지 않는 시간대에 잡게 되죠. 계약할 때는 그런 것을 배려해 주기로 약속했는데, 일을 시작하고 조금 시간이 지나면서 언제 그랬느냐는 식으로 나오는 사용자도 있어요. 가게 일이 갑자기 바빠졌다든가, 다른 사람이 관뒀다든가 하는 핑계를 대면서요. 같은 이유에서 계약 땐 전혀 얘기가 없던 업무까지 억지로 떠맡기기도 하죠. 당연히 계약 위반이고, 노동자는 이를 거부할 수가 있어요. 나아가 이 일 때문에 노동자가 손해를 보았다면 배상도 받을 수 있죠.

업무상 재해(산재) 보상

일하는 동안에 다치지 않는다고, 다시 말해 업무상 재해를 당하지 않을 거라고는 아무도 장담할 수 없습니다. 더욱이 청소년 노동자는 산업 재해에 취약한 것으로 나타났어요. 전교조 실태 조사에 따르면 아르바이트 경험이 있는 학생의 11.9%가 사고 경험이 있다는 거예요. 노동부가 밝힌 2010년 산업 재해율이 0.69%라는 사실에 견줘 이는 몹시 심각한 수준입니다. 게다가 사고를 당했을 때 '내 돈이나 부모님 돈으로 해결했다'는 응답이 59.1%예요. 사업주가 치료비를 일부만 부담했다는 응답까지 더하면 65.9%나 됐어요.

근기법에는 산재를 당하면 사용자가 요양(치료와 휴양)을 책임지도록 하고 있어요. 아울러 치료 기간에 일하지 못한 것에 대한 보상(휴업 급여), 치료가 끝나도 장해가 남았을 때의 보상(장해 급여), 사망한 경우의 보상(유족 급여와 장의비)을 해 주어야 함은 이미 알아본 대로죠. 따라서 치료비 등으로 큰돈이 들어가기 때문에 산재 보험이 생긴 겁니다. 산재 보험은 사용자들이 가입하는 보험이고, 노동자는 보험료 부담이 없어요. 설령 사용자가 산재 보험에 가입하지 않았더라도 근로복지공단에 가서 산재 보상 신청을 할 수 있습니다.

이때 문제가 되는 건 앞서도 보았듯 '업무상 재해(산재)'인지 여부예요. 사용자들 가운데는 "다친 건 안 됐지만 네가 부주의한 탓이니 산재 처리를 해 줄 수 없다"고 나오는 경우가 더러 있습니다. 그러나 사용자에게 업무상 재해인지 아닌지를 판단할 자격이 있는 게 아니에요. 그건 근로복지공단의 영역이죠. 따라서 사용자가 끝까지 산재 처리를 거부하면 근로복지공단에 직접 산재 승인 신청을 하면 됩니다. 특히, 사용자들 가운데는 "알아서 잘 처리해 줄 테니 기다리고 있어라." 하고는 계속 미루는 경우가 있어요. 산재 처리를 피하려는 속셈이죠. 이럴 때 마냥 기다리다 보면 산재 보상 기회를 놓칠 수도 있습니다.

사실, 일을 하다가 다치지 않았더라도 사업장 안에서 일어난 사고라면 '자해'가 아닌 이상 대부분 업무상 재해로 인정돼요. 작업 시간이 아닌 쉬는 시간이나 점심시간에 일어났어도, 작업장이 아닌 휴게실, 화장실, 계단 등 사용자가 관리하는 시설에서 일어났다면 산재로 봐요. 대부분 업무 준비와 뒤처리 행위에서 비롯되기 때문이죠. 물론 동료들끼리 장난을 치다가 다쳤다면 인정받기 어렵겠죠. 나아가 사업장 밖이라도 업무와 관련돼 있다면 산재입니다. 예컨대 배달 아르바이트를 하다가 다쳤다거나 출장을 오가는 도중에 일어난 사고가 이런 경우죠. 회사에서 개최한 야유회 같은 외부 행사에서 놀다가 다쳤어도 적용돼요. 심지어 그것이 노동자의 실수 때문에 빚어진 일이라 하더라도 고의성이 없다면 업무상 재해로 봅니다. 가령 편의점 아르바이트를 하는데, 매장 물건을 정리하다가 주의를 게을리 한 나머지 날카로운 금속 물질에 찔려 다쳤더라도 산재로 인정돼요.

그런데 업무상 재해인지 아닌지는 근로복지공단에서 판단한다고 했죠. 물론 산재 보상을 신청한다고 해서 무조건 승인을 해 주지는 않아요. 노동자의 말만 듣고 승인하지도 않고요. 산재 승인을 하려 해도 객관적인 근거가 필요해요. 따라서 증거 자료가 될 만 것을 잘 확보해 두는 게 중요합니다.

첫째, 재해를 당했다면 되도록 빨리, 그 경위를 6하원칙에 따라 자세히 기록해 두어야 합니다. 시간이 지나면 기억이 흐릿해지기 때문이에요. 둘째, 많이 다쳤다면 되도록 119 긴급 호송 차량을 부르는 게 좋아요. 그러면 병원 기록을 근거 자료로 쓸 수 있겠지요. 셋째, 병원에 가면 다친 경위를 있는 그대로 얘기하세요. 어떤 사용자는 산재 처리를 막으려고 "업무와 무관하게 다쳤다"고 진술하라고 종용하거든요. 넷째, 다른 입증 자료도 확보해야 합니다. 목격자 진술서, 현장 사진, 녹음·녹화 등 입증 자료는 많을수록 좋아요. 다섯째, 노동조합이 있는 사업장이라면 도움을 청하고, 필요하다면 노무사, 변호사 같은 전문가와 상담하면 큰 도움이 됩니다.

한편 치료를 끝내고 다시 일하러 갔더니 "미안하지만 이제 나오지 않아도 된다"며 일방적으로 해고를 하는 경우도 있어요. 열심히 일하다 다친 것도 억울한데 이렇게 되면 분통이 터지겠죠. 이건 위법 행위예요. 근기법에는 요양 기간과 치료가 끝난 뒤 30일이 지나기 전에는 어떤 이유로도 해고하지 못하도록 하고 있어요.(제23조) 혹시, 일을 하다 다친 뒤 이런 보호 제도를 잘 몰라 회사를 그만둔 경우에도 보상받을 권리는 유지되므로 되도록 빨리 산재 보상 신청을 하는 게 좋습니다. 현장 실습생에게 산재 보험이 적용된다는 것도 잊지 마시고

요. 나아가 산재 보상을 받는 것도 중요하지만 재해가 일어나지 않도록 예방하는 게 우선이에요. 특히, 작업장 안에 위험 요소가 있다면 그것을 없애도록 하고, 필요한 안전 장구를 사용자에 당당히 요구해야 하겠죠.

폭행·성희롱·감시

우리는 사업장에서 벌어지는 폭력과 성희롱, 노동자 감시가 왜 심각한 문제이고 어떻게 대처해야 하는지 이미 살펴본 바 있습니다. 하지만 노동자를 상대로 벌어지는 이런 인권 침해는 여전히 줄어들지 않고 있어요. 더욱이 청소년들은 나이가 어려 사회 규범을 잘 모르고 세상 물정에 어두울 거라 얕잡아 보는 경우가 많아요. 그래서 성인 노동자보다 쉽게 인권 침해에 시달리는 거죠. 실제로 지금 이 순간에도 인터넷의 다양한 게시판에는 피해 사실을 알리면서 대책을 묻는 글이 꼬리를 물고 있어요. 막말에 욕설, 신체적 폭력과 성희롱, CCTV를 활용한 감시에 이르기까지 폭력 양상도 여전한 실정이에요. 어디 한번 보실까요.

#1

알바한 지 한 2주 정도 됐는데 처음부터 사장님 입이 진짜 심하긴 했어요. 입에 씨×을 달고 살고, 욕이 안 들어가면 말이 안 될 정도예요. 같이 일하는 오빠들 보고 이×끼, 저×끼라고 막 불러요. 음담패설은 또 얼마나 심하고요. 일 시키는 것도 이랬다, 저랬다 변덕이 죽 끓듯 한다니까요. 그래도 알바하면서 이런 사장, 저런 사장 다 만나 봤으니 그냥 참고는 있는데…… 힘들긴 하네요.

2

유명 제과점에서 알바하는데요, 최저 시급도 못 받고 일해요. 얼마 전 사장님한테 왜 여긴 최저 시급을 안 주냐고 하니까 막 화를 내면서 "네가 일을 제대로 해야 주지! 일을 이따위로 하니까 그렇게 주는 거야!" 이래요. 저한테 해 준 거라곤 잔소리와 구박, 별로 좋아하지도 않는 빵이 전부예요. 물론 제가 처음이니까 못하고 어수룩한 부분도 많지만 정말 자존심 상하게 말해요. 정말 기분 나빠요. 화내고 구박하면서 꿀밤을 주는데, 머리를 정말 아프게 때려요. 기분이 나빠져서 때리는 그 손목을 부러뜨리고 싶어져요.

3

답답한 마음에 이렇게 글을 씁니다. 제 여자 친구가 요즘 패스트푸드점에서 알바를 합니다. 이제 고1이고요. 같이 알바하는 동갑내기가 4~5명 있다고 합니다. 그런데 점장의 성희롱이 도를 지나친 듯합니다. 그 친구들이 싫어하는데도 야동 얘기를 꺼낸대요. 알바생들에게 "넌 예쁘니까 어떻고, 넌 못생겼으니까 어떻고" 하는 식으로 대놓고 말을 한다는군요. 심지어 신체의 특정 부위를 장난삼아 여러 차례 만지거나 쓰다듬었다고 합니다. 어떤 때는 냉동실에 같이 들어가서 문을 잠그고 장난삼아 몸을 더듬기도 한대요. 노골적으로 접촉하면 일이 크게 터지니까, 어디까지나 은근히 '장난삼아' 상습적으로요. 그러던 중 고1 알바생 한 명이 강하게 대처했더니 꼬투리를 잡아서 보복을 했대요. 깨끗한 매장을 혼자서 세 번이나 청소하게 하는 식으로요. 결국엔 그만 나오란 소리를 듣고 관뒀대요. 이거 심한 거 아닌가요? 조언 좀 구합니다.

4

PC방에서 알바하고 있어요. 손님 별로 없을 때, 친구랑 둘이서 '무료 사용' 켜 놓고 PC를 쓰다가 손님 오면 자리 비워 주고, 그렇게 하고 있었죠. 그런데 사장한테서 전화가 왔어요. 다짜고짜 "야! 카운터에 앉아라. 너 게임했지?" 그러는 거예요. 그리고는 "내가 언제 게임하라고 했어? 옆엔 또 누구야?" 그러지 않겠어요? 친구라고 했더니만 "뭐가 어째? 그런데 왜 무료 사용이야? 빨리 꺼라!" 이래요. 그러니까 내내 CCTV로 감시하고 있었다는 거잖아요. 카운터 업무 다 해가면서, 손님 오면 바로 자리 내줬는데……. 사실 손님도 별로 없었고요. 아무리 알바생이라지만, 이거 인권 침해 아닌가요?

이런 경우 청소년들은 꾹꾹 눌러 참다가 어느 순간 폭발해 거칠게 대들고는 일을 그만두거나, 끝까지 참고 견디는 게 보통이에요. 하지만 다른 방법도 있지 않을까요?

근기법은 어떤 이유로든 사용자가 직접 또는 관리자를 시켜 노동자를 폭행하지 못하도록 하고 있어요.(제8조) 특히 사용자의 폭행은 형법상의 일반적인 폭행보다 훨씬 엄한 처벌의 대상이 됩니다. 폭행한 사실만으로도 5년 이하의 징역 또는 3,000만 원 이하의 벌금을 물릴 수 있어요. 설령 노동자가 일을 하다가 아무리 큰 실수를 저질렀더라도 결코 폭행을 정당화하지 못해요. 사회 윤리의 가장 기본이 되는 인간의 존엄성을 짓밟는 행위이기 때문이죠. 청소년이라고 다르지 않아요. 따라서 우선은 이 같은 보편적 사회 규범과 가치에 기대어 당당히 맞서야 합니다. 나아가 폭력을 휘두른 사용자를 처벌하고 싶다면 우선 증거를 갖추기 위해 사용자의 욕설이나 폭행 현장을 직접 녹음하거나 녹화하는 게 좋아요. 이게 어렵다면 증인이 될 만한 사람의 진술서를 받아 놓아야겠죠. 이를 근거로 지방 노동사무소나 경찰서에 고소장을 접수할 수 있어요.

직장 내 성희롱도 마찬가지예요. 피해자가 용기를 내서 적극 대처하고, 주변

동료들이 함께 힘을 모아야 합니다. 어떤 게 성희롱인지는 앞에서 자세히 살펴본 바 있어요. 만약 성희롱을 당했다면 바로 그 자리에서 항의하고 사과를 요구해야 합니다. 이와 함께 기록을 남겨 두어야 해요. 성희롱은 피해 사실을 증명하기가 어려운 편이에요. 직접적인 증거나 증인이 있다면 좋겠지만 그렇지 않더라도 당시 상황을 자세히 기록해 두는 게 좋습니다. 성희롱이 일어난 날짜, 시간, 장소, 가해자와 피해자의 구체적 말과 행동, 그때 받은 느낌, 주위 상황 따위가 그거예요. 되도록 사진, 녹음, 녹화 같은 직접 증거와 주변 사람의 사실 확인서를 받아두면 좋겠지요. 직장 내 담당 기구나 해결 절차가 있다면 요구 사항을 정확히 제시합니다. 만약 그런 게 없고 혼자서 하기도 버겁다면 노동부, 여성부에 신고하거나 여성 단체 등에 도움을 청하면 도움을 받을 수 있어요.

퇴직과 금품 청산

언제든 일을 그만둘 자유

노동자의 뜻과 상관없이 직장을 그만두게 하는 해고는 노동자의 삶에 워낙 큰 충격을 주기 때문에 이미 문제점과 대응 방법까지 자세히 살펴본 바 있습니다. 그런데 직장 생활을 하다 보면 해고가 아니라도 일을 그만둘 수 있어요. 기간을 정해 근로 계약을 맺은 경우, 계약 기간이 끝나면 마찬가지로 일을 그만두게 돼요. 어쩔 수 없는 사정이 생겨 스스로 그만둘 수도 있는데, 이런 경우를 보통 '사직'이라고 하죠.

노동자에게는 언제든 자유롭게 일을 그만둘 자유가 있고, 법에서도 아무 제한을 두지 않고 있습니다. 오히려 노동자가 그만두겠다는데도 억지로 일을 시키는 '강제 노동'을 금지하고 있어요.(제7조) 물론 노사 관계도 신의가 바탕이 되기 때문에 그만두더라도, 미리 얘기를 해서 대비책을 세울 수 있는 여유를 주는 게 바람직하죠. 설령 그런 배려를 하지 못했다고 하더라도 그만두지 못하게 하거나 임금을 주지 않는 건 위법 행위예요.

금품 청산

해고가 되었든, 계약 만료가 되었든, 사직이 되었든 고용 관계가 끝나 '퇴직'을 하게 되면 고용 관계가 청산됩니다. 노동자에게 무엇보다 중요한 것은 받아야 할 금품입니다. 근기법은 '금품 청산'이라 하여 마지막으로 근무한 날부터 14일 안에 임금, 보상금 같은 일체의 금품을 지급하도록 하고 있어요.(제36조) 급여일이 언제든 상관없어요. 다만, 특별한 사정이 있다면 노동자의 동의를 얻어 기일을 연장할 순 있어요. 이때 노동자는 언제까지 주겠다는 확인서를 받아 두는 게 좋습니다.

받아야 할 금품으로는 우선 임금이 있겠죠. 월급날이 지난달 6월 30일이었는데 7월 7일에 퇴직을 하게 됐다면 사용자는 이 7일분의 임금을 주어야 합니다. 하루가 되었든, 한 시간이 되었든 그건 마찬가지예요. 임금 말고 흔히 퇴직금이라고 하는 퇴직 급여도 받습니다. 설령 정당하게 해고되었다 해도 나와요. 일한 기간이 1년이 안 됐거나, 소정 노동 시간이 주 15시간 미만인 노동자에게는 주지 않아도 돼요.

퇴직금 계산법

그렇다면 퇴직금은 얼마나 받을 수 있을까요? 계산이 좀 복잡한데요, 우선 쉽게 얘기하면 1년 근무할 때마다 한 달 치 월급이 지급돼요. 가령 3년 동안 계속 일했으면 석 달 치 월급이 퇴직금으로 나오는 거죠. 여기서 '월급'이란 정확히 말해 '30일 치 평균 임금'이에요. 평균 임금이란 그만두기 전 3개월 동안 받은 임금의 평균값을 뜻해요. 그렇다면 예를 들어 볼까요.

철수의 퇴직금은 얼마?

고등학생인 철수는 지난 1년 4개월 동안 하루 4시간씩, 월요일부터 금요일까지 5일을 PC방에서 아르바이트를 해 왔어요. 물론 방학 때도 계속해서요. 힘들기는 했지만 그래도 어려운 집안 경제에 보탬이 돼 한편으로는 뿌듯하기도 했죠. 다행히 얼마 전부터는 아르바이트를 하지 않아도 될 만큼 부모님 사업이 좋아졌어요. 그래서 6월 30일에 PC방을 그만두겠다고 사장에게 알렸어요. 최근 석 달 동안 받은 임금을 봤더니 4월 54만 4,320원, 5월 56만 3,760원, 6월 55만 4,040원이었죠. 그렇다면 철수의 퇴직금은 얼마일까요?

• 일한 날짜는 1년 365일+31일(3월)+30일(4월)+31일(5월)+30일(6월)=487일
• 91일(3개월)간의 임금 총액=166만 2,120원
• 30일 치 평균 임금: 166만 2,120×30일/91일≒54만 7,950원

따라서 철수의 퇴직금은 54만 7,950원×487일/365일≒73만 1,100원이 됩니다.

그런데 앞에서 퇴직금 말고 '퇴직 급여'라는 용어가 있었죠. 과거에는 퇴직금 제도만 있었는데 지난 2005년 12월부터는 여기에 퇴직 연금 제도가 추가됐어요. 쉽게 말해 연금처럼 퇴직금을 매월 나눠서 받는 제도죠. 따라서 퇴직 급여 제도는 앞에서 설명한 퇴직금을 기본으로 하되, 노동자 대표의 동의를 얻어 퇴직 연금제도 바꿀 수 있어요. 퇴직 연금에는 확정 급여형과 확정 기여형 두 가지가 있어요. 그런데 퇴직 연금은 가입 기간이 10년 이상이어야 하는 등의 조건이 복잡해 현실적으로 청소년에게는 적용하기 어려워요.

임금 채권 우선 변제

부도가 나거나 해서 직장이 갑자기 문을 닫는 경우가 있죠. 이렇게 되면 노동자들도 어쩔 수 없이 퇴직할 수밖에 없어요. 하지만 이런 경우에도 퇴직금은 생기게 돼요. 하지만 부도가 나서 문을 닫았으니 회사가 진 빚이 많을 수밖에 없겠죠. 회사 재산을 담보로 또는 토지, 건물을 저당잡고 돈을 빌려준 사람이나 은행도 있을 테니까요. 노동자도 밀린 임금과 퇴직금을 받아야겠지만, 이런 채권자들도 사정은 비슷하거든요. 회사 재산을 모두 처분해도 빚을 다 갚지 못하는 경우가 많아요. 이때 무엇부터 지급해야 하는지 그 차례가 법률로 정해져 있어요. 근기법에는 '임금 채권 우선 변제'라 하여 '최종 3개월분의 임금과 재해보상금을 가장 먼저 지급하도록 하고 있어요.(제38조) 그다음 차례는 질권·저당권 등에 우선하는 조세·공과금→질권·저당권 등에 따라 담보된 채권→나머지 임금과 퇴직금을 비롯한 노동관계 채권→조세·공과금, 그 밖의 채권이 됩니다.

한편 법원이 파산 선고를 했거나 노동부가 도산을 인정한 경우, 임금 채권 보장 제도를 이용할 수 있어요. 이는 사용자가 줘야 할 임금을 국가가 일정 범위에서 대신 지급하는 제도예요. 그렇게 해서 노동자의 생활을 보장해 주고 나중에 사용자한테서 그 돈을 받아 내는 거죠. 이 제도에 따라 받을 수 있는 임금 채권은 퇴직 전 3개월분의 임금이나 휴업 수당, 퇴직 전 3년간의 퇴직금 중 미지급액입니다. 하지만 이를 다 받을 수 있는 건 아니고 나이에 따라 상한 금액이 정해져 있어요.

해고 예고 수당

해고됐을 경우에는 사직보다 조금 복잡한 금품 청산 문제가 있어요. 적어도

30일 전에는 해고될 것임을 노동자에게 미리 알려 줘야 하고, 그렇잖으면 30일분 이상의 통상 임금을 해고 예고 수당으로 줘야 한다고 했죠. 그런데 해고 예고를 하지 않아도 사용자의 책임이 면제되는 경우가 다섯 가지 있어요. 일용 노동자로서 3개월을 계속 근무하지 아니한 자, 2개월 이내의 기간을 정하여 사용된 자, 계절적 업무에 6개월 이내의 기간을 정하여 사용된 자, 수습 사용 중인 노동자.

또 하나 유의할 것은 부당 해고 여부를 놓고 노동위원회나 법원에서 다투고 있는 경우, 해고 예고 수당을 받으면 판결(정)에 불리하게 작용한다는 점이에요. 해고 예고 수당 수령이 해고를 받아들인 것으로 해석될 수 있기 때문이죠. 하지만 퇴직금은 받아도 문제가 없어요.

권익 침해, 이렇게 대응하세요

지금까지 우리는 법령 위반, 약정 위반, 부당한 처우, 인권 침해 등에 어떻게 대응해야 하는지 살펴보았습니다. 이제 어떤 불이익을 받았을 때 일반적으로 대응할 수 있는 방법과 절차에 대해 알아보겠습니다. 여기에는 크게 '행정적 구제'와 '사법적 구제'가 있어요. 행정적 구제는 진정 제도라고도 하죠. 사법적 구제에는 형사적 구제와 민사적 구제가 있습니다. 물론 누누이 강조하지만 노동자들이 힘을 모아 대응하는 게 무엇보다 중요해요. 동료들과 상의하거나 노동조합에 도움을 청하는 일부터 시작하는 게 좋겠죠.

노동부, 노동위원회에 진정

행정적 구제란 국가 행정 기관이 부당한 행위를 조사하여 적절한 시정 조치를 내리는 거예요. 노동 사안의 경우 노동부(노동사무소·노동청)에 진정하거나 노동위원회에 구제 신청을 할 수 있어요. 노동사무소는 모든 사안을 다루지만, 부당 해고에 대해서는 반드시 노동위원회의 판정을 받아야 해요. 때문에 부당 해고를 당했을 때는 노동사무소에 진정, 노동위원회 구제 신청을 함께 하는 게 좋아요.

노동사무소에는 근로 감독관이 있어요. 근기법 노동관계법 위반 사건을 다루는 경찰관이라고 보면 되죠. 직접 또는 우편, 노동부 홈페이지를 통해 온라인으로도 진정서를 접수할 수 있어요. 근로 감독관은 진정서를 바탕으로 조사를 벌이는데 그 결과 위법 사실이 드러나면 사용자에게 시정 명령을 내리죠. 사용자가 이를 받아들여 시정 조치를 하면 사건이 마무리됩니다. 그러나 이에 따르지 않을 경우 형사 처벌을 받게 돼요.

형사 처벌 원하면 노동부에 고소

사용자의 죄질이 너무 나쁘고, 다시는 그러지 못하도록 형사 처벌하고 싶을 때도 있을 겁니다. 형사 처벌이란 법질서를 위반한 사람에게 국가가 형벌권을 행사해 징역을 살리거나 벌금 따위를 물리는 제도예요. 노동관계법 위반 사건의 경우 노동부에 '고소'를 하면 돼요. 그러면 노동관계 사법 경찰인 근로 감독관이 조사를 거쳐 사건을 검찰에 넘기죠. 그 뒤 과정은 다른 형사 사건처럼 사법 절차(재판)를 거쳐 유죄가 확정되면 처벌을 받게 됩니다.

민사소송, 소액 심판, 지급 명령

형사 소송에서 사용자의 유죄가 확정돼 징역이나 벌금이 선고되더라도 그 원인이 된 임금 체불 같은 경제적 손해까지 해결되는 건 아닙니다. 따로 민사소송을 내야 해요. 물론 형사소송에서 사용자의 유죄가 확정됐다면 민사소송에 아주 유리하게 작용하죠. 하지만 민사소송은 재판이 길게는 몇 년씩이나 걸리고, 소송 비용도 적잖게 들어요. 그래서 임금, 노동 시간, 업무 내용 같은 사용자의 위법 행위로 손해를 봤을 때는 우선 노동부나 노동위원회에 구제 신청을 하는 게 좋아요. 또한 청구액이 2,000만 원 이하일 때는 '소액 심판 제도'를 활용하는 수도 있어요. 소송 비용이 적을 뿐 아니라 소송 기간도 몇 개월 정도로 비교적 짧은 편이에요. 만약 오래도록 체불 임금을 받지 못했다면, 법원이 이행을 독촉하는 '지급 명령'을 신청하는 방법도 있어요.

5. 현장 실습은 너무 힘들어요

교육 목적이 사라진 현장 실습

직업계 고등학교 학생들은 3학년이 되면서 취업이냐 진학이냐를 놓고 고민에 휩싸입니다. 그 결과 상당수 학생들은 집안 형편 때문에, 또는 학교의 설득으로 취업을 선택합니다. 학교에서 취업을 적극 권장하는 이유는 취업률이 학교 평가에 큰 영향을 미치기 때문이죠. 교육 당국은 정기적으로 취업 상황을 점검하고, 목표 취업률에 못 미치는 학교는 통폐합하거나 일반고로 전환한다고 채찍질합니다. 거꾸로 취업 성적이 좋으면 장학금 따위를 집중 지원하는 당근을 내놓죠. 이를테면 취업률이 높은 학교 200여 곳에만 취업 관련 예산을 지원하는 거예요.

교육부는 이런 식으로 시·도 교육청 사이의 경쟁을 부추기고, 교육청은 다시 일선 학교를 닦달하죠. 존폐의 갈림길에 선 학교에서는 교사들에게 큰 짐을 지웁니다. 짐을 떠넘길 곳이 없는 교사들은 울며 겨자 먹기로 취업 성적 올리기에 매달릴 수밖에 없어요. 학생의 전공이나 적성을 따질 겨를도 없죠. 교사들은 참담한 심정을 억누르며 '일단 보내고 보자'는 식으로 취업 현장에 등을 떠밀 수밖에 없어요. 어떤 교사는 이렇게 하소연해요. "나는 45라는 숫자만 봐도 떨려……. 어떻게든 취업률 45%를 달성해야 하거든." 일반계 고등학교가 (명문대) 진학률에 목매어 학생들의 적성과 취향을 희생시킨다면 직업계 고등학교에서는 취업률이 그걸 대신하는 셈이죠.

이제부터 살펴볼 현장 실습은 바로 이런 상황에서 실시됩니다. 취업을 전제로 말이죠. 그러나 앞에서 밝혔듯이 청소년들의 가장 바람직한 노동 형태는 교육 목적의 노동입니다. 사실 현장 실습이란 본래 그런 거잖아요. 그러나 현실에서 벌어지고 있는 현장 실습을 교육 목적의 노동이라고 볼 사람은 아무도 없습니다. 이 제도를 도입하고 관할하는 교육 당국도, 현장 실습을 보내는 학교도, 현장 실습생을 받아들이는 산업체도, 현장 실습을 하는 학생 스스로도 그걸 '실습'이라 여기지 않아요. 현장 실습이란 학교에서 배운 전공 실무·전문 기술을 산업 현장에 적용하고 숙달하는 과정이잖아요. 그런데 전자를 전공한 학생이 온종일 포장 상자에 스티커 붙이는 일만 하는 걸 과연 실습이라 할 수 있을까요? 묻기조차 민망한 일이죠. 2012년에 실시된 한 조사에 따르면 실습생들조차 10명 가운데 7명이 졸업 뒤 취업하기 위해(39%) 또는 돈을 벌기 위해(32%) 현장 실습을 한다고 합니다.

그렇다면 차라리 이런 현실을 그대로 드러내는 게 낫지 않을까요? 청소년 아르바이트 문제처럼 말이죠. 실습이 아니라 그냥 '조기 취업'으로 보고, 그에 따른 권리를 보장하도록 관리 감독을 철저히 하는 쪽으로요. 청소년 아르바이트의 경우 근로기준법에 관련 조항이 있으니 이를 근거로 근로 감독을 하고, 안 되면 행정적, 사법적 구제라도 기대할 수 있죠. 그러나 현장 실습은 기댈 수 있는 법적 근거가 뚜렷하지 않아요. 산재 보험법을 현장 실습생에게도 적용한다는 규정과 직업 교육 훈련 촉진법 정도가 있을 뿐이죠.

학생도 노동자도 아닌 '실습생'

직업 교육 훈련 촉진법이 있다 해서 현장 실습생에게 큰 도움이 되는 것 같진 않아요. 이 법은 직업계고 학생을 비롯한 직업 교육 훈련생이 산업체에서 현장 실습을 받을 때 적용해요. 직업계고 학생의 경우 선택에 따라 안 할 수도 있어요. 산업체를 선정할 때는 실습생의 전공 분야, 프로그램의 적절성 따위를 고려하도록 하고 있습니다. 그러나 고려하지 않더라도 문제될 게 없어요. 한 조사에 따르면 실습생의 39%가 전공과 관계없는 분야에서 실습을 한다고 해요.

이 법에는 또 현장 실습생과 학교, 산업체가 현장 실습 계약을 맺도록 하고 있어요. 계약을 맺을 때는 실습생의 권리와 산업체의 의무 등을 담은 현장 실습 표준 협약서를 사용해야 해요. 그러나 이 실습 계약은 냉정히 말해 일종의 '신사협정'에 지나지 않아요. 그걸 지키지 않아도 '법적 책임'을 물을 수 있는 근거가 별로 없어요. 예컨대 근기법을 보면 사용자의 의무를 규정하고 이를 위반했을 때의 벌칙도 함께 명시하고 있어요. 그래도 위법 행위가 자주 벌어집니다. 그런데 직업 교육 훈련 촉진법은 벌칙 조항도 몇 개 없어요. 어겨도 처벌이 미흡하고요. 그러니 이 법에 나온 여러 제도는 사실상 '권장 사항'일 뿐이죠.

이는 법원 판결로도 확인됩니다. 대법원은 지난 1987년, 실습생 신분으로 일할 경우 근기법이 적용되는 노동자라 볼 수 없다고 판결했어요. 다만, 채용 관련 계약 내용, 작업의 성질, 보수 지급 등에서 사용 종속 관계가 인정되는 실습생은 근기법이 적용되는 노동자에 해당한다고 덧붙이고 있죠. 근기법을 적용할 수 있는지 없는지는 실습생마다 그때그때 법원에서 따져 봐야 한다는 얘기예요.

참 답답한 노릇이죠. 어쩌다 일이 이 지경에 이르렀을까요. 현장 실습은 지난 1963년부터 시작됐어요. 하지만 처음부터 교육 목적보다는 부족한 교육 예산 탓에, 또는 3D 업종 인력 공급 같은 산업 정책 차원에서 운영됐습니다. 이런 뒤틀린 구조가 수십 년째 이어지면서 숱한 문제가 빚어졌죠. 결국 현장 실습이 기업에 값싼 노동력을 제공하는 수단으로 자리 잡아 온 겁니다. 실습생들은 그 와중에 권리를 빼앗기고, 인권의 사각지대에서 소리 없이 희생을 감내해야 했어요.

21세기에 들어와서도 현실은 크게 나아지지 않았어요. 실습생들을 노동조합 활동을 탄압하는 구사대로 동원하는가 하면, 여고 실습생에 대한 성폭력이 끊이지 않고, 실습 도중 목숨을 잃는 사고까지 일어났어요. 이 과정에서 현장 실습생의 심각한 인권 실태가 고스란히 드러나자 제도 개선을 요구하는 목소리가 들끓었어요. 이에 노무현 정부는 교사 단체와 인권 단체 등의 의견을 수렴해 2006년 5월 '현장 실습 운영 정상화 방안'을 시행합니다. 그 요지는 현장 실습 대상자와 기간을 엄격히 제한해 '3학년 2학기 수업일수를 2/3 이상 이수하고, 졸업 뒤 취업이 보장된 경우'에만 현장 실습을 허용한다는 거였죠. 이 조치로 모든 문제가 풀리리라 기대하긴 어려웠어도 근본적 제도 개선을 향한 물꼬는 튼 것으로 보였어요.

그러나 이 정상화 방안은 이명박 정부가 들어선 뒤 '학교 자율화' 명목으로 2008년 4월, 시행된 지 1년 만에 폐지됩니다. 그 결과 현장 실습은 사실상 학교의 재량에 맡겨지게 되죠. 이런 상황에서 '직업 교육 선진화 방안'이 발표되자 앞에 나온 취업률 압박이 시작돼요. 2011년 25%, 2012년 37%, 2013년 60% 이상이라는 목표 수치까지 들이밀면서 말이죠. 형편이 정상화 방안 이전의 '고삐 풀린 현장 실습' 시대로 되돌아간 건 당연합니다.

인권과 노동 보호 사각지대

여기서 현장 실습 제도의 문제점을 살펴보면 다음과 같습니다. 먼저 학생들의 교육받을 권리를 빼앗아요. 실습 기간은 학교장 재량으로 짧게는 34시간부터 길게는 6개월까지 정할 수 있어요. 그러나 학교에 따라서는 3학년 1학기부터, 조기 취업 형태로 6개월 넘게 보내는 곳도 있어요. 진로 개척이라는 미명 아래, 교육 과정을 마치지도 않은 학생들을 값싼 노동력으로 산업 현장에 내모는 거죠. 그 결과 실습생들은 고등학교 과정에서 마땅히 이수해야 할 교과목을 배우지 못한 채 졸업하게 돼요. 뿐만 아니라 학교에서 배운 전공과 상관없는 일을 합니다. 이미 교육이 아니라 완전한 노동 과정이죠.

이렇듯 실상은 노동자로 일하지만 실습생이라는 이유만으로 노동법의 보호를 받지 못했어요. 정규직도, 비정규직도 아니고 법적 지위가 모호한 제3의 신분이죠. 다른 노동자와 같은 일을 해도 임금과 노동 조건에서 차별 대우를 받습니다. 특히 18세 미만인 경우 특별한 보호를 받아야 함에도 되레 저임금, 장시간 노동, 허드렛일에 시달려요. 한마디로 법률과 인권의 사각지대에 갇혀 있는 겁니다.

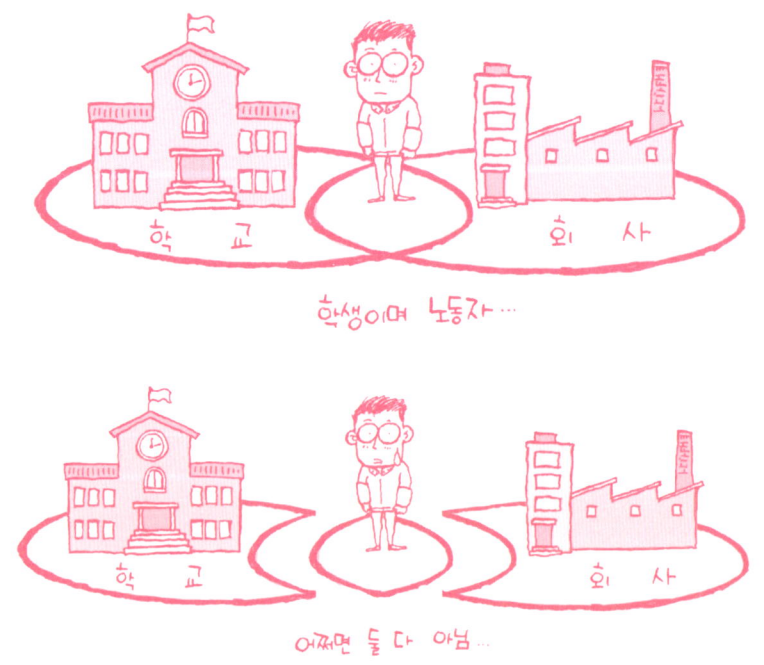

학생이며 노동자...

어쩌면 둘 다 아님...

교육부는 이에 대해 "실습생은 학생 신분이며, 산재 보험 같은 경우를 빼고는 노동자로 취급해선 안 된다"고 밝혀 왔죠. 노동부 또한 줄곧 실습생은 노동자가 아니기 때문에 노동법이 적용되지 않으며 자신의 소관 업무도 아니란 태도였습니다.

그러던 중 기아자동차 광주 공장에서 현장 실습을 하던 한 학생이 2011년 12월, 뇌출혈로 쓰러져 의식불명에 빠지는 사고가 일어나요. 전공이 자동차 디자인이었지만 도장 부서에서 일하던 학생이에요. 더욱이 그 부서의 노동자가 얼마 전 백혈병에 걸려 산재 판정까지 받았어요. 이 학생 또한 유해 물질을 취급하면서 도장 작업을 했다고 합니다.

회사는 연중 8월부터 이듬해 2월까지는 직업계고 학생, 3월부터 8월까지는 전문대 학생이 돌아가며 현장 실습을 해 왔어요. 실습생들도 주야 맞교대, 주 58~72시간에 이르는 장시간 노동에 시달려 왔죠. 회사는 필요한 노동력을 값싼 실습생으로 대체함으로써 지난 2005년부터 6년 동안 정규직을 단 한 명도 뽑지 않았어요. 당연히 그 기간 중 채용된 실습생도 없었습니다.

그뿐이 아니에요. 18세 미만 청소년의 노동 시간 한도를 훨씬 넘겼고, 노동부 장관 인가 없이 야간·휴일 노동을 시켰으며, 유해·위험 노동 금지 규정도 어겼죠. 노동부 특별 근로 감녹에서도 금품 제불 같은 위법 행위가 확인됐어요. 그야말로 현장 실습 제도가 지닌 문제점을 고스란히 보여 준 셈이죠.

이 사건을 계기로 현장 실습 제도가 다시 사회 문제로 떠오릅니다. 이에 정부는 2012년 4월, '특성화고 현장 실습 제도 개선 대책'을 발표합니다. 실습생이라도 채용을 약정하고 사업장 노동자와 같이 일하는 경우 근로 계약을 맺도록 한다는 게 핵심이에요. 이를 통해 실습생에게도 노동관계법을 전면 적용한다는 겁니다. 이와 함께 1998년 이후 처음으로 현장 실습 표준 협약서를 개정했어요. 그 주요 내용을 보면 실습 시간을 하루 7시간(최대 8시간~주 40시간)으로 제한하고, 주 5일제 수업을 감안 주 2일 이상 휴무를 보장하며, 야간·휴일 실습을 금지한다는 겁니다. 아울러 현장 실습 전에 학교에서 실습 계획·방법을 사전에 교육하고, 기업은 노동관계법을 교육하도록 했어요.

‘근로 계약 권장’으로 실마리가 풀렸을까?

이 개선 대책은 그 자체로 보면 상당히 진전된 내용이라 할 수 있어요. 특히, 실질적 사용 종속 관계에 있는 실습생은 노동자로 인정해 노동관계법을 적용한다는 것이 그렇습니다. 노동부가 줄곧 고집해 온 “실습생은 노동자가 아니기 때문에 노동법이 적용되지 않는다”는 방침을 바꾼 것이죠.

그런데 관계 법령을 고쳐서 그리하겠다는 것이 아니었어요. 예컨대 ‘사실상 노동에 종사하는 현장 실습생은 노동자로 본다.’ 같은 특례 조항을 관계 법령에 집어넣거나, 청소년 노동 보호를 위한 특별법을 제정하는 방식이 아니었던 거죠. 실습생과 산업체가 근로 계약을 맺도록 ‘지도’하겠다는 거였어요. 다행히 산업체가 그 지도를 받아들여 근로 계약을 맺으면 실습생의 법적 지위는 당연히 노동자가 됩니다. 노동관계법의 보호도 받게 되죠. 그러나 지도가 먹히지 않아 근로 계약을 회피한다면 실습생의 처지는 하나도 달라지는 게 없어요.

이 개선 대책이 시행된 후 안타깝게도 이런 우려는 현실이 되었어요. 산업체는 근로 계약을 맺긴 했지만 노동관계법을 제대로 지키지 않았어요. 또, 현장 실습 표준 협약서보다는 근로계약서를 쓰다 보니 실습생을 저임금 노동자로만 봤어요. 2011년 기아자동차 사건 이후에도 실습 중 사고나 사망하는 일이 반복해서 일어났고요. 사고가 일어날 때마다 비슷비슷한 대책만 나왔을 뿐 실습생의 처지를 바꾸진 못했어요.

사고 이후 나온 대책마다 군색했고, 사용자들은 당국의 권고를 제대로 받아들이지 않았어요. 가장 확실한 방법은 다른 나라들처럼 실습생의 노동 기본권을 법률로 보장하는 겁니다. 예컨대 독일은 '청소년 노동 보호법'으로, 프랑스는 '노동법'으로 18세 미만 직업 훈련생·실습생의 노동 기본권을 보장하고 있어요. 아울러 노동 시간 제한, 야간 노동 금지 같은 규정도 있습니다. 교사 단체와 노동 단체, 인권 단체들이 줄곧 현장 실습생 보호 입법을 촉구해 온 건 이 때문이죠.

우리는 기아자동차가 노동에 종사해 온 실습생을 6년 동안 한 명도 채용하지 않았다는 점을 눈여겨봐야 합니다. 교육 과정을 돕거나 '우수 인력 발굴'을 위해 현장 실습을 유치한 게 아니란 얘기죠. 고분고분하면서도 임금은 싸게 먹히고, 게다가 법적 책임까지 거의 없는 노동력이 필요했던 거예요.

현장 실습 제도, 전면적 개혁으로

아무튼 제도가 바뀌어서 실습생들이 근로 계약을 맺고 노동관계법의 보호를 받게 됐다고 치죠. 이렇게 되면 말 그대로 조기 취업이 확정되는 겁니다. 그렇다면 현장 '실습'은 근로 계약을 맺는 순간 사실상 끝나는 거죠. 사용자는 더 이상 현장 실습 틀에 얽매이지 않고 실습생을 업무에 투입할 수 있어요. 실습생또한 이제 학생이 아닌 노동자로 일하게 됩니다. 그렇다면 현장 실습이라는 제도가 왜 필요하죠?

현장 실습의 본래 취지는 학교에서 배운 실무·전문 기술을 산업 현장에 적용하고 숙달하는 것입니다. 하지만 그 목표는 현실적으로 이루기가 어렵습니다. 무엇보다 지금까지 살펴본 산업체의 실상으로는 현장 실습을 제대로 운영할 의지도 없고, 준비도 안 돼 있어요. 사실 산업체가 이 일을 맡는다면 이윤의 논리가 아닌 '기업의 사회적 책임'이나 '사회 공헌 활동'이어야 마땅하죠. 과연 법규를 충실히 이행하면서 교육 취지를 살리는 현장 실습을 제공할 업체가 몇 곳이나 될까요?

사정이 이렇다면 지금 같은 현장 실습 제도는 폐지해야 마땅합니다. 그 빈자리는 대안적 형태의 직업 교육 제도로 채우면 돼요. 예컨대 3학년 2학기에는 산업체의 지원을 받아 학교에서 수준 높은 실습을 하고, 졸업 전 겨울방학에는 진로 탐색과 현장 학습이라는 본래 취지를 살려 견학 위주로 현장 실습을 하는 방안을 들 수 있어요. 바람직한 대안 직업 교육 제도를 마련하기 위해서는 우선 직업 교육과 관련된 기관과 각계 단체를 망라한 협의 기구를 꾸려 사회적 합의를 이끌어 내야 할 것입니다.

현장 실습생 권리 찾기

지금까지 살펴보았듯 현장 실습 제도는 심각한 문제를 안고 있는 까닭에 반드시 전면적인 손질이 필요합니다. 2017년 2명의 학생이 사망하는 사고가 있은 후 정부는 '학습 중심 현장 실습' 대책을 발표했어요. 그러나 아쉽게도 크게 바뀐 게 없어요. 따라서 전면 개편 이전까지는 실습생을 위한 현실적 대비책을 마련해야 합니다. 무엇보다 부당한 처우, 차별 대우를 받지 않고 노동 인권을 존중받으려면 어떤 점에 유의해야 하는지 미리 알아 두는 게 좋겠지요. 여기서는 '학습 중심 현장 실습의 안정적 정착 방안' 발표 뒤 새로 바뀐 제도를 바탕으로 살펴보겠습니다. (참고로 개선 대책이 발표된 지 얼마 안 되는 시점에서 이 글을 쓰고 있습니다. 따라서 그 파급 효과라든가, 실제 시행 결과가 확인되지 않은 탓에 다루는 내용이 제한될 수밖에 없음을 미리 밝혀 둡니다.)

현장 실습 표준 협약서 작성

산업체 현장 실습은 학생 선택에 따라 할 수 있고, 현장 실습 표준 협약서로 계약을 맺어야 합니다. 그러니 여기에 실습생의 권리를 분명히 밝혀 두어야겠죠. 직업 교육 훈련 촉진법은 현장 실습을 실시하기 7일 전까지 표준 협약서에 따라 현장 실습 계약을 맺도록 하고 있어요. 표준 협약서는 교육부 장관이 고용노동부 장관, 산업통상자원부 장관 및 중소벤처기업부 장관과 협의해 고시해요. 협약서에는 실습생과 산업체의 권리·의무, 현장 실습의 내용·방법·기간, 실습 평가, 실습생의 복리 후생 등에 관한 사항이 담겨 있어요.

교육부에서 고시한 현장 실습 표준 협약서를 사용하지 않거나 협약서에 정한 내용을 지키지 않으면 사업주는 처벌을 받게 됩니다. 실습 계약에는 특히 수당, 수당 지급 날짜, 실습 시간, 휴게, 휴가, 실습 내용, 실습 장소 같은 중요한 내용을 반드시 담아야 해요. 적잖은 실습생이 이런 기본적인 내용조차 모르거나 실습 계약서를 작성하고도 보관을 하지 않는 경우가 많아요. 무엇보다 학교와 교사의 세심한 배려가 절실합니다. 그럼에도 만약 학교와 산업체가 이를 빠뜨린다면 실습생 스스로 알아서 챙길 수밖에 없겠죠.

현장 실습 계약은 표준 협약서 양식을 바탕으로 보통 학생-산업체-학교장 3자가 체결합니다. 하지만 표준 협약서를 무시하거나 일부 내용을 빼고 작성하는 경우도 있어요. 심지어 학교와 산업체끼리만 맺기도 하죠. 실상 실습생이 계약 내용에 개입할 여지가 거의 없는 게 현실이지만 자신이 계약 주체라는 점에서 그 내용을 꼼꼼히 살펴보는 게 당연하겠죠. 표준 협약서(320쪽 서식 참조)는 모두 22개조로 구성돼 있어요. 그 가운데 실습생이 눈여겨봐야 할 내용은 다음과 같습니다.

현장 실습 조건

- 실습 시간 하루 7시간(최대 8시간~주 40시간)으로 제한

- 현장 실습 중 휴게 시간 명시

- 주 5일제 수업 감안 주 2일 이상 휴무 보장

- 야간 실습·휴일 실습 금지

- 현장 실습 수당 지급일, 연장 실습 가산 수당 명시

- 업무상 재해 발생 시 산재 보상

사업주의 의무

- 근로기준법, 산업 안전 보건법 등 노동관계 법령과 성희롱 예방 교육 실시

- 실습생의 전공과 희망을 고려해 실습 부서 배치, 현장 실습 담당자 배치,
  순환 실습 기회 제공

- 식당, 휴게실, 의무실, 기숙사, 통근 버스 등 복리 후생 시설 편의 제공

- 실습 교재, 작업복, 실습 재료, 공구, 안정 보호구, 기타 실습용품 무상 제공

- 산업 재해 예방을 위한 안전·보건 조치

- 현장 실습 수료자 우선 채용 노력

실습생의 권리

- 한 달에 한 번 이상 학교에 출석해 교육 훈련이나 평가

- 여성 또는 18세 미만은 유해·위험 업무 제외, 여성은 월 1일 생리 휴무

기타

- 실습생과 학교의 동의를 얻은 뒤 현장 실습 내용 변경

15세 미만인 자의 취직 인허증 ☐ 교부 신청서 ☐ 재교부	처리기간
	3일

15세 미만자	성 명		주민등록번호	
	주 소			(전화:)

사용자	사업장명		사업의종류	
	대표자성명		주민등록번호	
	소 재 지			(전화:)
	15세 미만자의 종사 업무		임 금	
	근로 시간		사용 기간	

학교	학 교 명		학교장 성명	(인)
	소 재 지			(전화:)
	수업시간			
	의 견			

친권자 또는 후견인	성 명	(인)	주민등록번호	
	주 소			(전화:)
	15세 미만인 자와의 관계		동의 여부	

근로기준법 제62조 제1항, 동법 시행령 제31조 및 동법 시행 규칙 제13조 제1항, 제2항의 규정에 의하여 위와 같이 15세 미만인 자의 취직 인허증

                              ☐ 교부
                                        를 신청합니다
                              ☐ 재교부

                         년   월   일

                      사용자가 될 자   (서명 또는 인)
                      15세 미만인 자   (서명 또는 인)

                      지방노동청(사무소)장 귀하

※ 구비서류: 취직인허증을 못 쓰게 되거나 잃어버리게 된 사유서 (재교부 신청시에 한합니다)

＊만 13세 이상~15세 미만이 일을 하려고 할 때

친권자(후견인) 동의서

○ 친권자(후견인) 인적 사항
  성　　명 :
  생년월일 :
  주　　소 :
  연 락 처 :
  연소 근로자와의 관계 :

○ 연소 근로자 인적 사항
  성　　명 :　　　　　　　　(만　　세)
  생년월일 :
  주　　소 :
  연 락 처 :

○ 사업장 개요
  회 사 명 :
  회사주소 :
  대 표 자 :
  회사전화 :

본인은 위 연소 근로자 ＿＿＿＿＿＿가 위 사업장에서 근로를 하는 것에 대하여 동의합니다.

년　　월　　일

친권자(후견인)　　　　　　　　(인)

첨　부: 가족 관계 증명서 1부

연소 근로자 표준 근로 계약서

_____ (이하 "사업주" 라 함)과(와) _____ (이하 "근로자" 라 함)은 다음과
같이 근로 계약을 체결한다.
1. 근로 개시일: _____년 ___월 ___일부터
   ※근로 계약 기간을 정하는 경우에는 " 년 월 일부터 년 월 일까지" 등으로 기재
2. 근 무 장 소:
3. 업무의 내용:
4. 소정 근로 시간: ___시 ___분부터 ___시 ___분까지 (휴게 시간: 시 분~ 시 분)
5. 근무일/ 휴일: 매주 ___일(또는 매일 단위)근무, 주휴일 매주 ___요일
6. 임 금
   - 월(일, 시간)급: _____원
   - 상여금: 있음 (   ) _____원, 없음 (   )
   - 기타 급여(제수당 등): 있음 (   ), 없음 (   )
   · _____원,   _____원
   · _____원,   _____원
   - 임금 지급일: 매월(매주 또는 매일)   일(휴일의 경우는 전일 지급)
   - 지급 방법: 근로자에게 직접 지급(   ), 근로자 명의 예금 통장에 입금(   )
7. 연차유급휴가
   - 연차 유급 휴가는 근로기준법에서 정하는 바에 따라 부여함
8. 가족 관계 증명서 및 동의서
   - 가족 관계 기록 사항에 관한 증명서 제출 여부:
   - 친권자 또는 후견인의 동의서 구비 여부 :
9. 사회보험 적용여부(해당란에 체크)
   □ 고용보험 □ 산재보험 □ 국민연금 □ 건강보험
10. 근로 계약서 교부
   - 사업주는 근로 계약을 체결함과 동시에 본 계약서를 사본하여 근로자의 교부 요구와
   관계없이 근로자에게 교부함(근로기준법 제17조, 제67조 이행)
11. 기타
   - 13세 이상 15세 미만인 자에 대해서는 고용노동부장관으로부터 취직 인허증을
   교부받아야 하며, 이 계약에 정함이 없는 사항은 근로기준법령에 의함

                    년   월   일

(사업주)   사업체명   :   (전화:)
          주   소   :
          대 표 자   :   (서명)
(근로자)   주   소   :
          연 락 처   :
          성   명   :   (서명)

*만 18세 미만이 일을 하려고 할 때

표준 근로 계약서

_____(이하 "사업주" 라 함)과(와) _____ (이하 "근로자" 라 함)은 다음과
같이 근로 계약을 체결한다.

1. 근로 계약 기간: _____년 __월 __일부터 _____년 __월 __일까지
   ※근로 계약 기간을 정하지 않는 경우에는 "근로개시일" 만 기재
2. 근 무 장 소:
3. 업무의 내용:
4. 소정 근로 시간: __시 __분부터 __시 __분까지 (휴게 시간: 시 분~ 시 분)
5. 근무일/ 휴일: 매주 __일(또는 매일단위)근무, 주휴일 매주 __요일
6. 임 금
   – 월(일, 시간)급: _____원
   – 상여금: 있음 (   ) _____원, 없음 (   )
   – 기타급여(제수당 등): 있음 (   ), 없음 (   )
   · _____원,   _____원
   · _____원,   _____원
   – 임금 지급일: 매월(매주 또는 매일) __일(휴일의 경우는 전일 지급)
   – 지급 방법: 근로자에게 직접 지급(   ), 근로자 명의 예금 통장에 입금(   )
7. 연차유급 휴가
   – 연차 유급 휴가는 근로기준법에서 정하는 바에 따라 부여함
8. 사회보험 적용여부(해당란에 체크)
   □ 고용보험 □ 산재보험 □ 국민연금 □ 건강보험
9. 근로 계약서 교부
   – "갑" 은 근로 계약을 체결함과 동시에 본 계약서를 사본하여 "근로자" 의 교부
     요구와 관계없이 "근로자" 에게 교부함(근로기준법 제17조 이행)
10. 기 타
    – 이 계약에 정함이 없는 사항은 근로기준법령에 의함

                              년   월   일

(사업주)   사업체명   :   (전화:)
           주   소   :
           대 표 자   :   (서명)
(근로자)   주   소   :
           연 락 처   :
           성   명   :   (서명)

※ 만 18세 이상이 일을 하려고 할 때

317

현장 실습 표준 협약서

제1조 (목적) 이 현장실습협약서는 ○○기관 대표(이하 "현장실습기관"이라 한다)와 ○○학교 학생 (또는 ○○훈련원생)(이하 "현장실습생"이라 한다) ○○학교장(또는 ○○훈련원장)(이하 "직업 교육훈련기관"이라 한다) 상호간에 현장실습에 필요한 사항을 정하고 이를 성실하게 준수할 것을 약정함을 그 목적으로 한다.

제2조 (용어의 정의) "현장실습"은 교육 또는 훈련을 목적으로 하는 사업 또는 사업장에서 일을 경 험하는 것을 말하며, "현장실습생"은 임금을 목적으로 근로를 제공하는 근로자와 달리 교육 또는 훈련을 목적으로 사업 또는 사업장에서 일을 경험하는 자를 말한다.

제3조 (현장실습 기간 및 장소) ① 현장실습 기간은 20 년 월 일부터 ~ 20 년 월 일으로 한다.
② 현장실습은 직무를 수행하는 "현장실습기관"의 산업현장시설을 이용하여 실시한다. 다 만, 직무와 관련된 이론 등의 교육훈련의 경우 산업현장시설 내외부의 별도의 시설에서 실시 할 수 있다.

제4조 (현장실습방법 및 절차) ① 현장실습은 교육과정(또는, 직업교육훈련과정)에 의거 "현장실습 기관"이 "직업교육훈련기관"과 협의하여 작성한 현장실습계획에 따라 실시한다. 이 때 현장 실습계획에는 정해진 기간 동안 필요한 직무능력을 높일 수 있도록 교육훈련 목적 및 목표, 교육훈련 내용 및 방법, 현장실습담당자, 교육훈련 장소 및 시간, 교육훈련 대상 등이 포함되 어야 한다.
② "직업교육훈련기관"은 현장실습의 내실화를 위해 제5조 제4호에 따른 산업체 현장실습 담당자와 직업교육훈련기관의 교사(또는 직업교육훈련교사)가 참여하는 현장실습협의체를 구성하며, 현장실습협의체는 "현장실습기관"과 현장실습에 관한 제반사항을 협의한다. 다만 "현장실습기관"의 산업현장시설에서 현장 실습하는 현장실습생이 적어 현장실습협의체 구성 의 필요성이 없는 경우 "직업교육훈련기관"이 "현장실습기관"과 직접 현장실습에 관한 제반 사항을 협의한다.
③ "현장실습기관"은 "현장실습생" 또는 "직업교육훈련기관"이 요청시 매월 1회 이상 "현 장실습생"이 소속된 직업교육훈련기관에 출석하여 직업교육훈련 및 평가를 받을 수 있도록 한다.

제5조 (현장실습기관의 의무) "현장실습기관"은 현장실습이 내실 있게 실시되도록 다음 각 호의 사 항을 준수한다.
1. "현장실습생"의 전공과 희망을 고려하여 현장실습부서에 배치하고, "현장실습생"이 다양 하고 폭넓은 현장경험을 쌓을 수 있도록 순환실습기회를 제공할 것
2. 현장실습에 부합하는 범위 내에서 "현장실습생"의 신체적 부담 능력을 고려하여 현장실 습과제를 부여할 것
3. 현장실습에 필요한 시설, 공구, 재료 등을 제공할 것
4. 현장실습을 지도할 능력을 갖춘 현장실습담당자를 배치하여 "현장실습생"의 현장실습을 성실하게 지도할 것

5. "직업교육훈련기관"이 현장실습표준협약의 이행 여부 등을 확인하고자 할 경우 이에 협조하는 한편 그 확인 결과 드러난 개선 및 변경사항을 현장실습에 반영하도록 노력할 것
6. "현장실습생"에게 「근로기준법」, 「산업안전보건법」 등 노동관계법령에 대한 교육을 실시할 것
7. "현장실습생"에게 직장 내 성희롱 예방교육을 실시할 것

제6조 (직업교육훈련기관의 의무) ① "직업교육훈련기관"은 "현장실습생"의 현장실습에 앞서, 현장실습 협약 내용, 계획, 방법, 준수사항, 관련법, 제7조 및 제8조에 따른 현장실습생의 권리와 의무에 관한 사항 등을 포함한 교육을 실시하여야 하며, 이 때 교육내용은 "현장실습기관"과 협의해야 한다.
② "직업교육훈련기관"은 "현장실습생"의 현장실습 출결상황을 관리해야 한다.
③ "직업교육훈련기관"은 현장실습에 관한 제반사항을 매월 1회 이상 점검해야 한다.

제7조 (현장실습생의 권리) ① "현장실습생"은 현장실습 시 산업현장의 적응력을 배양할 수 있도록 적정한 지도를 받을 수 있는 권리를 가진다.
② "현장실습생"은 현장실습기간 중 산업재해로부터 보호받을 권리와 산업재해 시 적정한 보상을 받을 권리를 가진다.
③ "현장실습생"은 고의 또는 중대한 과실이 있는 경우를 제외하고는 현장실습과 관련하여 손해배상 책임 등의 불이익을 받지 않을 권리를 가진다.

제8조 (현장실습생의 의무) "현장실습생"은 다음 각 호의 사항을 준수한다.
1. 현장실습과제를 성실하고 근면하게 수행할 것
2. 현장실습기간 중 실습에 필요한 범위 내에서 해당 사업장 질서에 관한 규정을 준수할 것
3. 현장실습을 위한 기계, 공구, 기타 장비가 파손되거나 분실되지 않도록 주의 깊게 사용할 것
4. 현장실습도중 알게 된 "현장실습기관"의 기밀을 누설하지 않을 것

제9조 (현장실습 시간과 휴식) ① 현장실습 시간은 주 ○○시간을 원칙으로 하며, 1일에 ○○시간(현장실습 초기의 적응기간 ○○일은 ○○시간)으로 한다. 다만, 직업교육훈련촉진법 제9조의 2에 따라 1일 7시간 이내, 주당 35시간을 넘지 않도록 하되 "현장실습기관"이 "현장실습생"의 동의를 얻은 경우에는 현장실습 학습목적에 한해 1일에 1시간, 1주일에 5시간 범위 내에서 연장할 수 있다.
■ 1일 1시간 연장에 대한 동의 여부: (동의, 부동의)(해당사항에 ○표)
② 현장실습 중 휴식시간은 ○○분(집체교육훈련 시 1시간당 ○○분)으로 한다.
다만, 「근로기준법」 제54조에 따라 1일 현장실습시간이 4시간 이상일 경우 30분 이상, 8시간인 경우에는 1시간 이상의 휴식시간을 현장실습 시간 중 부여하여야 한다.
③ "현장실습기관"은 "현장실습생"에게 1주 2회 이상의 휴일을 주어야 한다.
④ "현장실습기관"은 직업교육훈련촉진법 제9조의 2에 따라 야간(오후 10시부터 오전 6시까지) 및 휴일에 "현장실습생"에게 현장실습을 시켜서는 아니 된다.

제10조 (현장실습생 특별보호) ① "현장실습기관"은 "현장실습생"을 「근로기준법」 제65조 및 같은 법 시행령 제40조 별표 4에서 정하고 있는 도덕상 또는 보건상 유해·위험한 사업에 현장실습을 시켜서는 아니된다.

② ("현장실습생"이 18세 미만인 경우) "현장실습기관"은 「근로기준법」 제65조 및 제72조에 따라 "현장실습생"을 보호하여야 한다.

③ ("현장실습생"이 여성인 경우) "현장실습기관"은 "현장실습생"이 청구하면 월 1일의 생리결석을 인정해야 한다.

제11조 (안전·보건상의 조치) "현장실습기관"은 "현장실습생"의 산업재해를 예방하기 위하여 안전·보건교육 실시, 작업에 적합한 보호구 지급, 해당 기계·기구·설비 등에 대한 위험방지조치 및 원재료·가스·분진 등에 의한 건강장해 방지조치 등 안전·보건상 필요사항을 조치한다.

제12조 (재해보상) "현장실습기관"은 "현장실습생"이 현장실습과 관련하여 재해를 입은 경우에는 「산업재해보상보험법」 제123조(현장실습생에 대한 특례)에 따라 재해보상을 한다. 다만, "현장실습기관"의 사업이 「산업재해보상보험법」이 적용되지 아니하는 경우에는 「산업재해보상보험법」의 보상에 준하는 재해보상을 한다.

제13조 (현장실습 수당 및 용품 등) ① "현장실습기관"은 식비, 교통비, 복지비 등을 포함한 현장실습 수당을 다음과 같이 매월 ○○일에 지급한다. 다만, "현장실습기관"은 "현장실습생"이 현장실습을 중도 포기하거나 무단결근하는 경우에는 그 실습일수에 비례하여 현장실습 수당을 지급한다.

- 다 음 -

■ 20 년 월 일부터 ~ 20 년 월 일까지 매월(일)　　　원

② 중식의 제공 여부는 "현장실습기관"의 사규 또는 사업장 관행을 준용한다.

③ "현장실습기관"은 현장실습기간 중 "현장실습생"에게 현장실습교재, 작업복, 실습재료, 개인용 공구, 안정보호구, 기타 현장실습에 필요한 물품을 무상으로 제공한다.

제14조 (복리후생) "현장실습기관"은 "현장실습생"에게 식당, 휴게실, 의무실, 기숙사, 통근버스 등의 복리후생시설을 이용할 수 있도록 편의를 제공한다.

제15조 (현장실습의 평가) "현장실습기관"은 "직업교육훈련기관"이 정한 기준에 따라 "현장실습생"의 현장실습 결과를 평가하여 그 결과를 "직업교육훈련기관"에게 통보한다.

제16조 (포상) "현장실습기관"은 "현장실습생"의 현장실습태도가 우수하여 타의 모범이 되거나 현장실습기간 중 특별한 선행이 있는 경우에는 포상할 수 있다.

제17조 (현장실습내용의 변경) 현장실습생의 소질·건강·기능습득의 정도 또는 기타의 사유로 인하여 "현장실습기관"이 현장실습내용을 변경하려면 "현장실습생"과 "직업교육훈련기관"의 동의를 얻어야 한다.

제18조 (현장실습계약의 해지) ① "현장실습기관"과 "현장실습생"은 현장실습기간 동안에 계약을 해지해야 할 부득이한 사유가 있을 때에는 계약해지일 ○○일 전에 해지예고를 하고 계약을 해지할 수 있다. 이 경우 "현장실습기관"과 "현장실습생"은 "직업교육훈련기관"과 사전에 협의한다. 다만, "현장실습생"이 「근로기준법」 제65조 및 같은 법 시행령 제40조 별표 4에서

정하고 있는 도덕상 또는 보건상 유해·위험한 상황에 있다고 판단되는 경우에는 즉시 계약을 해지할 수 있다.

② 계약의 해지는 서면으로 하며 해지예고 시에는 그 사유를 명기하여야 한다.

제19조(현장실습중단 방지) "현장실습기관"은 "현장실습기관"의 귀책사유로 인하여 "현장실습생"의 현장실습이 중단될 경우에는 "직업교육훈련기관"과 협의하여 "현장실습기관"과 동일하거나 유사한 직종의 다른 현장실습 산업체로 "현장실습생"을 알선하는 등 "현장실습생"의 현장실습이 중단되지 않도록 노력하여야 한다.

제20조(취업) "현장실습기관"은 현장실습 수료자에 대해서는 우선적으로 채용하도록 노력하여야 한다.

제21조(수료증명서) ① "현장실습생"이 제4조 제1항에 따른 현장실습계획에 따라 현장실습을 이수후 "현장실습생" 또는 "직업교육훈련기관"이 요청시 "현장실습기관"은 "현장실습생"에게 현장실습 수료증명서를 교부한다.

② "현장실습기관"은 계약기간 종료 전에 현장실습계약이 해지되었을 때 "현장실습생" 또는 "직업교육훈련기관"이 요청시 "현장실습생"이 이미 이수한 내용과 기간 등을 기입한 증명서를 "현장실습생"에게 교부한다.

제22조(준용) 이 협약서에 명기되지 아니한 사항에 대해서는 직업교육훈련촉진법을 준용한다.

본 협약서는 3부를 작성하여 "현장실습기관", "현장실습생", "직업교육훈련기관"이 기명날인한 후 각각 1부씩 보관한다.

20   .   .

(현장실습기관) 기 관 명
대표이사   (인)

(현장실습생) 주   소
성   명   (인)

(직업교육훈련기관) 직업교육훈련기관명
대   표   (인)

참고 문헌

강상구, 『자주유주의의 역사와 진실』, 문화과학사, 2006

강상구, 『Hi 마르크스 Bye 자본주의』, 레디앙, 2009

강수돌, 『살림의 경제학』, 인물과사상사, 2009

강수돌, 『일중독 벗어나기』, 메이데이, 2007

구춘권, 『지구화-현실인가 또 하나의 신화인가』, 책세상, 2007

구해근(신광영 옮김), 『한국 노동계급의 형성』, 창작과비평사, 2002

김낙중, 『한국 노동 운동사-해방 후』 편, 청사, 1982

김유선, 「산별 단체교섭과 단체협약 효력확장」, 〈노동사회〉 2007.10

김윤환, 『한국 노동 운동사-일제하』 편, 청사, 1982

김의석·문수영·엄진령·한은정, 『청소년을 위한 노동법 길라잡이』, 우리교육, 2007

더글러스 러미스(김종철 옮김), 『경제성장이 안 되면 우리는 풍요롭지 못할 것인가』, 녹색평론사, 2008

데이비드 하비(구동회 옮김), 『포스트모더니티의 조건』, 한울, 2000

리오 휴버먼(장상환 옮김), 『자본주의 역사 바로 알기』, 책벌레, 2003

바레 프랑소아(편집부 옮김), 『노동의 역사』, 광민사, 1979

박승옥, 「한국 노동조합 과연 노동 '운동' 조직인가」, 〈노동사회〉 2007.11

박준식 외, 『한국사회의 쟁점과 전망』, 박영률출판사, 2008

비버리 J. 실버(백승욱 외 옮김), 『노동의 힘』, 그린비, 2005

비비안느 포레스테(김주경 옮김), 『경제적 공포-노동의 소멸과 잉여존재』, 동문선, 1997

신광영·이수인·문윤걸·유현, 『노동계급 형성이론과 한국사회』, 문학과지성사, 1990

앙드레 고르(임희근 옮김), 『에콜로지카』, 생각의나무, 2008

에릭 홉스봄(김동택 옮김), 『제국의 시대』, 한길사, 2004

에릭 홉스봄(이용우 옮김), 『극단의 시대』, 까치, 1997

에릭 홉스봄 외(임지현 엮음), 『노동의 세기-실패한 프로젝트?』, 삼인, 2007

에릭 홉스봄(정도영 외 옮김), 『자본의 시대』, 한길사, 2002

에릭 홉스봄(정도영 외 옮김), 『혁명의 시대』, 한길사, 2003

오리오 기아리니·파트릭 리트케(김무열 옮김), 『노동의 미래-로마클럽보고서』, 동녘, 1999

우석훈·박권일, 『88만원 세대』, 레디앙, 2007

울리히 벡(홍윤기 옮김), 『아름답고 새로운 노동세계』, 생각의나무, 1999

이안 앵거스(김현우 외 옮김), 『기후정의』, 이매진, 2012

이원보, 『한국 노동 운동사 100년의 기록』, 한국노동사회연구소, 2005

이철수·박현희·송승훈·배경내·하종강, 『나는 무슨 일을 하며 살아야 할까?』 철수와영희, 2011

이필렬, 『생태적 삶을 찾아서』, 한국방송통신대출판부, 2007

이황현아, 「정보화와 노동자 감시」, 한국사회포럼 자료집, 2005

장주영, 「기후변화와 정의로운 전환」, 〈노동사회〉 2008. 6

장하준(김희정 옮김), 『그들이 말하지 않은 23가지』, 부키, 2011

전국사회교사모임, 『사회선생님이 들려주는 경제이야기』, 인물과사상사, 2010

정이환·이병훈·정건화·김연명, 『노동시장유연화와 노동복지』, 인간과복지, 2003

정희진, 『페미니즘의 도전』, 교양인, 2006

제러미 리프킨(이경남 옮김), 『공감의 시대』, 민음사, 2011

제러미 리프킨(이영호 옮김), 『노동의 종말』, 민음사, 2002

제러미 리프킨(이원기 옮김), 『유러피언드림』, 민음사, 2009

조순경 엮음, 『노동과 페미니즘』, 이화여자대학교 출판부, 2000

中尾美知子(편집부 옮김), 『해방 후 전평 노동 운동』, 춘추사, 1984

짐 스탠포드(안세민 옮김), 『자본주의 사용설명서』, 부키, 2010

청소년노동인권네트워크, 『똑똑 노동인권교육 하실래요?』 사람생각, 2006

최장집 엮음, 『위기의 노동』, 후마니타스, 2005

칼 마르크스(김수행 옮김), 『자본론 I』, 비봉출판사, 1990

폴 라파르그(조형준 옮김), 『게으를 수 있는 권리』, 새물결, 1997

하종강, 『그래도 희망은 노동 운동』, 후마니타스, 2006

해리 브레이버맨(이한주 옮김), 『노동과 독점자본─20세기에서의 노동의 쇠퇴』, 까치, 1987

홀거 하이데(강수돌 등 옮김), 『노동사회에서 벗어나기』, 박종철출판사, 2000

황광우, 『철학콘서트』, 웅진지식하우스, 2006

황광우·장석준, 『레즈를 위하여』, 실천문학사, 2003

A. R. 혹실드(이가람 옮김), 『감정노동』, 이매진, 2009

E. F. 슈마허(김진욱 옮김), 『작은 것이 아름답다』, 범우사, 1998

E. K. 헌트(김성구 옮김), 『경제사상사』, 풀빛, 1982

E. P. 톰슨(나종일 외 옮김), 『영국 노동계급의 형성』, 창작과비평사, 2003